本成果受"中国人民大学科学基金项目（16XNI004）"支持。

Supported by the Foundation of Renmin University of China (16XNI004).

耕地细碎化
对中国粮食生产的影响

谭淑豪 ◎ 著

中国财经出版传媒集团

经济科学出版社
Economic Science Press

·北 京·

图书在版编目（CIP）数据

耕地细碎化对中国粮食生产的影响/谭淑豪著
. --北京：经济科学出版社，2024.1
（人大农经精品书系）
ISBN 978 - 7 - 5218 - 5417 - 6

Ⅰ. ①耕… Ⅱ. ①谭… Ⅲ. ①耕地管理 - 影响 - 粮食
- 生产 - 研究 - 中国 Ⅳ. ①F326.11

中国国家版本馆 CIP 数据核字（2023）第 247863 号

责任编辑：刘 莎 刘 瑾
责任校对：郑淑艳
责任印制：邱 天

耕地细碎化对中国粮食生产的影响
GENGDI XISUIHUA DUI ZHONGGUO LIANGSHI SHENGCHAN DE YINGXIANG
谭淑豪 著
经济科学出版社出版、发行 新华书店经销
社址：北京市海淀区阜成路甲 28 号 邮编：100142
总编部电话：010 - 88191217 发行部电话：010 - 88191522
网址：www. esp. com. cn
电子邮箱：esp@ esp. com. cn
天猫网店：经济科学出版社旗舰店
网址：http://jjkxcbs. tmall. com
固安华明印业有限公司印装
787 × 1092 16 开 23 印张 340000 字
2024 年 1 月第 1 版 2024 年 1 月第 1 次印刷
ISBN 978 - 7 - 5218 - 5417 - 6 定价：120.00 元
（图书出现印装问题，本社负责调换。电话：010 - 88191545）
（版权所有 侵权必究 打击盗版 举报热线：010 - 88191661
QQ：2242791300 营销中心电话：010 - 88191537
电子邮箱：dbts@ esp. com. cn）

前言　18亿亩耕地红线"不能破"

中国以占世界不到 10% 的耕地，养活了占世界 20% 多的人口。人多地少，且耕地资源呈高度细碎化的状况，要求中国一方面要维持 18 亿亩耕地红线，另一方面要适度减轻耕地细碎化，以保障 14 亿多人口的粮食安全。为什么 18 亿亩耕地红线"不能破"？2015 年笔者与合作者在《中国经济社会论坛》第 6 期对此做进一步阐述，以此开启本书的写作。

关于中国是否需要保持 18 亿亩耕地红线的讨论，在研究者、政府官员和民众中热烈而持久。近来有一种颇为流行的观点认为：中国 18 亿亩耕地红线的提法缺乏严格的计算和论证，没有可靠的量化依据；中国只需要 8 亿亩耕地作为基本口粮田，而无须担心粮食不安全的问题；只要有需求，中国就可以依靠国际贸易进口来解决粮食问题。因此，中国不用死守 18 亿亩耕地红线。

笔者认为，这种观点若被接受，对保障中国未来的粮食安全、生态安全及土地的其他功能将具有一定的危险性。

保持耕地红线是保障粮食安全的需要

对于耕地红线与粮食安全的关系，有两点需要考虑：首先，粮食的生产需要较长的时间和必要的自然生态条件。中国耕地产能的确还有潜力，但前提是必须具备正常的甚至是较好的自然生态条件和足够的资本投入（如中低产田改造）。尽管农业科技已较为发达，但农业依然没能改变"靠天吃饭"的状况。因此，为了防止因发生自然灾害而可能出

1

现的粮食产量大面积下降，中国的粮食生产能力应该留有较充足的缓冲余地，这就要求保持足够的耕地数量。

其次，依靠国际贸易来解决国家的粮食供给，对于有些国家而言不失为一种明智之举；而对于中国这样一个人口大国，粮食是关乎国计民生的重要资源，战略性地适当进口粮食，对于减轻耕地和水等自然资源的压力很有必要，但粮食生产能力必须掌控在自己手中。企图依靠人道主义力量来保障这样一个大国的粮食安全，风险是相当高的。此外，气候变化对全球粮食生产有很大影响，一旦由于气候变化而出现全球性的粮食减产，进口粮食就可能成为空谈。

2014年"中央一号"文件明确指出，中国要不断提升农业综合生产能力，确保谷物基本自给、口粮绝对安全。中国人的饭碗要端在中国人自己手里。因此，为确保中国的粮食安全，耕地保护一定要划定一条红线，并且这条红线必须要留有足够的余地，才有望缓解紧张的人地关系，从某种程度上克服耕地总体质量不高（中低产耕地占2/3）、不同质量耕地空间分布极不平衡的问题。

保持耕地红线是保障生态安全的需要

耕地存在着质量上的时空异质性以及利用上的生态不可逆性。不同区域土地的质量差异，要求耕地总量控制必须在数量和空间的配置上都预留一定余地。过于追求精确的数量控制而忽视耕地的时空分布特点，可能会导致不可逆转的未知生态后果。

如果耕地数量不留余地，而某些地方由于发展的需要又必须占用耕地，那么，为了维持有限的精确数量，就不得不转而去开发新的耕地。而这就可能带来极大的不确定性。例如，为了平衡转为建设用地造成的耕地损失，西部某地抽取珍贵的地下水来给一些不宜耕种的土地洗盐，将这种改造过的暂时符合质量标准的耕地交付抵数。仅从耕地的数量来看，看不出全国的耕地出了什么问题。但从这种行为可能导致的生态后果来看，问题就大了。在这些蒸发量远高于降水量而使土地不适宜耕作的干旱半干旱地区，这种"耕地"过不了几年很快就会返盐，从而造成该块耕地甚至周围土地的退化。20 世纪 60 年代，苏联在中亚地区种"白黄金"（棉花）而导致的生态灾难，就是一个干旱土地不能作为耕地利用的惨痛教训。

设定一条严厉的红线，有利于控制和土地的随意转用和以劣质耕地替代优质耕地的行为。但如果红线设定得太低或者根本没有红线，就极可能出现大量位于经济发达地区的优质高产耕地被转为非农用地，而经济效益较低的劣质土地则被用来冲抵耕地数量的现象。例如，1986～2005 年，全国年均约有 285 万亩耕地被转为建设用地，且被转用的多为地势平坦、基础设施齐全、较为适合农机耕作的城郊优质高产农田。由于转用优质耕地相对简单容易、成本低廉，因此任何政策的松动都可能造成优质耕地的流失。而耕地被转用也造成了生态系统服务功能的丧失。相关研究表明，每转用一公顷耕地（农田），每年就将丧失价值达 764 美元的生态系统服务功能，包括大气和气候调节、供水及生物多样性保护等。

若将基本耕地定为 8 亿亩，宏观控制土地将更加困难。首先，地方政府并不会因为土地供给量增加而降低农地非农化的冲动，很多时候资源越是充足反而越容易出现"摊大饼"、粗放利用的行为；其次，由于土地利用的微观监察和控制十分困难，国家如果不从宏观层面严格把关，就可能出现"千里之堤，溃于蚁穴"的失控局面。因此，保持耕地红线、防止随意和过分地非农化耕地，对于提供一定的生态系统服务功能，保障我国的生态安全至关重要。

保持耕地红线是确保土地其他功能的需要

中国的耕地只占国土总面积的 14.3%（张凤荣等，2021），土地上的人口压力巨大。人们所需粮食之外的其他农产品也多来源于耕。因此，为了确保耕地对其他农产品的有效供给，也有必要保住耕地红线。

同时，耕地是个复杂的大系统，涉及生态、经济及政治各个方面。因此，不能仅用经济学的方法量化就得出需要多少耕地的结论，而既要考虑土地的经济属性，又要关注土地的生态环境属性和社会政治属性。

为保证经济的适度发展和城镇化的稳步推进，用于经济发展和城镇化的土地需要得到保障。关键是供给何种土地和如何供给所需的土地。农业生产对土地利用的要求极为严格，需要同时满足几个方面的要求：自然和生态方面的适宜性、技术和经济上的可行性以及制度上的可接受性，即符合制度的规定和土地利用规划的要求。土地利用这几个方面的要求，迫使人们在权衡土地的利用方式时，应对耕地给予特殊重视：对于生态上不可逆的土地，转为非农用途时应该慎而又慎，应从生产能力和生态保护的角度设法留住比较优质的耕地；城镇化用地要有规划、有选择、有控制，即尽量利用生产能力及生态恢复力不高的土地作为建筑和道路等用途。

盲目乐观地提出中国只需要保留8亿亩耕地作为口粮田就够了，有可能会放松国人保护耕地的意识及诱导基层政府"野马脱缰"。一旦没能控制住，优质耕地就难免会被用来盖房修路，导致难以保住口粮田。并且耕地面积的"够"与"不够"，是否考虑了预留足够休耕的面积？耕地只有在得到合理利用时才能成为可更新资源，才能被永续利用。耕地若年复一年地种下去，肥力会被耗竭，土地必将退化！因此，一定要让保有的耕地面积留有休养生息的机会。而数字算得太精确还会带来实际操作层面的困难，即如何在8亿亩耕地中，科学地平衡不同作物的种植结构和耕地的空间分布？这也是确保土地的经济、生态和政治公平性所不能忽略的问题。

笔者认为，18亿亩耕地红线的意义，更多的不在于其计算得有多么精确，而在于其宏观上是否更有利于警告、遏制以及微观层面防止对于耕地的以次充好、以假乱真、"摊大饼"和粗放利用等行为。这条红线的预防和警告意义远大于实际的精确量化意义。例如，为了防止高速行驶的汽车追尾，两车之间的距离必须保持在100米以上；更为精确的物理计算或许不需要这么长的间距，但交通规则留出了更多的缓冲余地，以便更有利于安全行驶。

综上所述，笔者认为，中国保住18亿亩耕地红线的意义，不仅在于保障粮食安全、生态安全及土地其他功能的提供，而且更多的在于为这样一个重要而复杂的大系统提供一定的冗余，避免事态发展出现没有足够缓冲的局面。耕地问题不仅是个单纯的数字问题，而需要统筹规划、合理安排、严格控制、系统考虑。

本书所探讨的耕地细碎化对粮食生产的影响，是在以上保住18亿亩质量较好耕地的前提之下进行的。18亿亩耕地红线"不能破"，不仅要保持耕地面积不能低于18亿亩，更要在维持18亿亩耕地面积数量不减的情况下，忌用新开垦的边际土地替换原本质量较好的耕地。

目　录

第1章

绪论

1.1 概　　述

耕地是中国农业最重要的自然资源，保障着全世界 1/5 人口的口粮安全。自 20 世纪 80 年代初耕地承包到户以来，国家虽然进行了大规模土地整理，在一定程度上降低了耕地的细碎化程度，但小规模和细碎化的耕地经营格局及高化肥农药等外部投入仍然是中国粮食生产的重要特征。根据中国农村固定观察点的数据，2020 年，中国农户户均承包耕地为 9.39 亩[①]，户均经营耕地为 12.79 亩，户均经营地块为 5.12 块。

耕地细碎化对中国粮食生产影响的话题由来已久。随着农村大量非农人口的转移和农机的普遍采用，这一话题仍受到极大关注。例如，《中国土地科学》2023 年第 4 期包括研究进展在内的 13 篇文章中，以耕地细碎化为主题的文章就有两篇，一篇为耕地细碎化对生态效率的影响，另一篇为耕地细碎化治理对农户收入的影响。与 20 年前相比，我们目前面临的粮食供应短缺和农业可持续发展受到的挑战非但尚未能解

[①] 为便于理解，本书保留非法定计量单位——"亩"对耕地面积进行说明。

1

除，且恐有过之而无不及。因此，继续探讨这一话题更显必要。

本书的主要目的在于探讨耕地细碎化对中国粮食生产的影响。本书利用笔者土壤科学本科背景、农业资源经济与土地利用管理硕士背景和发展经济学博士背景，采用多学科交叉视角，分析耕地细碎化对粮食生产的直接影响，并进一步探讨耕地细碎化对关乎中国未来粮食生产潜力的土壤肥力管理及土壤质量的影响。

1.1.1 问题的提出

自莱斯特·布朗的《谁来养活中国》（Brown，1995）一书出版以来，中国的长期粮食前景就受到了全球的广泛关注。随后几年，中国政府为加强粮食生产做出了巨大努力。因此，粮食产量在 1998 年达到峰值（5 123 亿公斤[①]）。然而，自那时起，中国粮食产量连续五年下降，并在 2003 年粮食产量达到最低点（4 306 亿公斤），导致中国粮食供需出现负平衡（Zhao，2004a）。确保中国充足的平价食品供应仍然是中国决策者的首要任务（OECD，2005）。

中国是一个人口众多、土地资源相对稀缺的国家。中国的耕地仅占其总土地面积的 14.3%，人均只占有 0.10 公顷（张凤荣等，2021）。中国不足世界总耕地的 10%，面临着养活世界 22% 人口的挑战。

尽管莱斯特·布朗（Brown，1995）预测的 2030 年粮食短缺 2.16 亿吨可能被高估（由于低估了潜在的粮食生产能力），由于人口增长和预期的福利增长，中国的农业生产在满足各行业对食品和原材料的需求方面将面临巨大挑战（Zhong et al.，1999）。根据预测，到 2030 年，中国人口将增至 14.5 亿左右。这将给我国农业部门带来沉重负担。如何

---

① 为便于理解，本书保留非法定计量单位——"公斤"对粮食产量进行说明。

2

在未来维持和确保充足的粮食供应和促进农业可持续发展，已成为政府和科学家面临的重大挑战。

为了应对这一挑战，政府和学者正在研究如何进一步提高农业生产力。鉴于人口压力大且耕地资源稀缺，保证中国粮食长期充足生产的最有效方式，是维持农业生产基础和提高生产率。而这面临的一个重要障碍可能是土地高度细碎分散。20 世纪 90 年代末，中国农民户均土地拥有量平均只有 0.53 公顷，分为 6 块以上的非相邻地块。至 2020 年，户均经营的耕地依然在 5 块以上。

根据大量的实证研究，过去几十年，中国农业增长可归因于三个主要来源：（1）投入使用的增加；（2）技术变革；（3）制度变迁（Fan，1991；Chen et al.，1997；Fan and Pardey，1997；Lin，1992；Zhong et al.，1999；Zhang et al.，1996）。农业生产增长的第一个来源是投入使用的增加。据樊胜根（Fan，1991）估计，1965～1985 年，投入使用占总产量增长的 58%。由于耕地稀缺，传统投入（特别是土地）对农业生产增长的重要性正在下降，化肥和农药等现代投入品正变得越来越重要。然而，化学品的使用也可能导致食品质量下降，并可能会使农业环境恶化，而农业环境是粮食生产的基础（Zhao，2004b）。整合零碎地块、降低土地细碎化程度，可能在促进粮食产量增加方面发挥重要作用。根据黄季焜等（Huang et al.，1997）的研究，消除土地细碎化，可额外增加 3%～10% 的耕地面积用于农业生产。此外，由于农场管理更方便，整合零散地块可以提高农民的投入使用效率。

农业生产增长的第二个来源是技术变化。1965～1985 年，技术变化带来的农业增长约占农业生产增长总量的 16%（Fan，1991），这比许多其他国家低得多。例如，1960～1980 年，技术变革对日本农业增长的贡献率为 47%，对美国农业增长的贡献率为 84%（Hayami and Ruttan，1985）。1985～1990 年，中国农业技术变革对农业生产增长的贡献率为28%，而美国为81%（Li et al.，1998）。这表明，通过鼓励农民在生产中使用现代技术，中国的农业增长潜力巨大。然而，土地拥有量小和土地细碎化程度高可能是小农户采用新技术的重要障碍。

农业增长的第三个主要来源是制度变迁。根据樊胜根（Fan，1991）的研究，1965～1985年，制度变迁贡献了农业增长的27%。在经济改革的最初几年，从公社制度向家庭承包责任制的转变在刺激农业生产方面发挥了重要作用。家庭联产承包责任制通过给予农民土地使用权和决策自由，将收入与其自身表现紧密联系起来，为农民提供了增产激励（McMillan et al.，1989；Lin，1992；Hu，1997；Carter and Yao，1999）。事实证明，这是一个巨大的成功。然而，它在刺激进一步增产方面的作用可能有限。

自2004年初以来，中国政府对农村家庭实施了一系列收入支持政策。这些措施包括对种粮农民的直接收入补贴、削减农业税、对改良的种子和机械进行补贴，以及增加农村基础设施支出（Gale et al.，2005）。2004年粮食产量增至4.69亿吨，农村家庭人均实际净收入增长6.8%，使2004年成为1997年以来农民收入增长最大的一年，也是扭转粮食产量下降趋势的关键一年。然而，中国政府意识到，推动2004年农业生产和农民收入增长的主要因素是价格上涨和有利的天气条件。在未来保持这种增长将更加困难。近年来，可耕地面积减少，灌溉和水利设施老化，维护不足。农业科学没有产生足够的应用研究成果，技术推广体系被认为是不足的。因此，加强农业生产能力成为首要政策重点。建议采取的措施包括加强耕地保护和改善生态环境，加快灌溉和水利设施建设，促进农业科技进步。在某种程度上，所有这些措施都可以通过整合零散细碎的土地经营模式而得到加强。

1.1.2　研究目标和研究问题

本书研究的目的在于探讨高度细碎化的土地会如何以及在多大程度上影响中国的粮食生产。从研究中获得的见解可能有助于改进农业政策，从而提高农业生产能力，并确保为中国不断增长的人口提供充足的粮食供应。

本书研究的重点为江西省和湖北省的水稻小农。江西省和湖北省是中国的主要水稻产区。水稻是中国最重要的作物，不仅因为它是种植面积最大的谷类作物（播种面积占 27% ~ 29%，占粮食总产量的 41% ~ 45%），还因为它提供了 40% 的热量摄入，约 60% 的中国人口将大米作为主食（Zhang，2002；Zhao，2004a）。因此，水稻生产对中国粮食安全和经济至关重要。

早前的研究选择江西省进行，因为它既是中国的主要水稻种植区，也是土地细碎化程度较高的地区。2002 年，江西水稻播种面积占粮食（包括大豆）播种面积的 87.4%，农业产出占区域总 GDP 的 21.9%，比全国水平（15.4%）高出 6.5%（国家统计局，2003）。然而，1999年江西平均每户农业家庭经营的耕地面积仅为 0.33 公顷，而全国的户均耕地面积为 0.53 公顷。同年，江西每个农户的平均地块数为 8.4 块，而全国平均为 6.1 块[①]。

因此，江西省可视为满足本书目标的理想案例研究地。此外，本书基于大食物观，探讨耕地细碎化对近年来飞速增长、被视为农业绿色发展模式的稻田复合种养的影响。这一案例选择了稻虾共作的发源地和发展最多最广的湖北省。

[①]　国家数据来源农村固定观测办公室。江西省的土地细碎化数据为笔者从江西省农村固定观测站查阅。国家数据来源农村固定观测办公室。笔者从位于南昌市的省级农村固定观测站收集了江西省的土地细碎化数据。

本书的总目标可通过回答以下核心问题来实现：

（1）中国耕地细碎化有何特点？是什么导致了耕地细碎化的差异？

（2）耕地细碎化对小农的水稻生产成本和技术效率有何影响？

（3）与其他因素相比，耕地细碎化在小农农场管理决策中的相对重要性如何？由此导致的农场管理决策怎样影响水稻产量和土壤质量？

（4）耕地细碎化对农业绿色发展新模式的稻田复合种养有什么影响？

（5）耕地细碎化该如何治理，以提高中国粮食安全保障？

1.1.3　本书的安排

本书的主要内容由 6 章构成：

第 1 章为绪论，包括 5 节。第 1 节为概述。第 2 节介绍了耕地细碎化相关理论，包括耕地细碎化的定义、成因、衡量方式和成本及收益。第 3 节利用全国农村固定观察点的时间序列数据①，探讨中国及其不同地区耕地细碎化的演变，并基于文献和联合国粮农组织的数据整理其他国家的耕地细碎化状况。这有助于读者了解中国耕地细碎化的趋势和严重程度。这一节回答了研究问题（1）的前半部分。第 4 节梳理了耕地细碎化对粮食生产影响的文献，并对文献进行简要评述。第 5 节为本章小结。

第 2 章为耕地细碎化对水稻生产影响的早前研究，即本书的核心内容。第 1 节使用了江西省 2000 年 11 个村（位于 11 个不同的县）860户家庭的农村固定观测数据，探讨耕地细碎化的驱动因素，回答研究问题（1）的后半部分。第 2 节和第 3 节从成本和技术效率方面考察土地细碎化对小农水稻生产的直接影响，侧重于回答研究问题（2）和研究

---

①　在本书的剩余部分，这些数据将被称为农村固定观测数据。有关此次调查的详细信息，参见附录 1.1。

问题（3）。第 2 节利用了来自江西省三个村庄 334 个家庭的实地调查数据①分析了土地细碎化对水稻生产成本的影响。我们收集了 2000 年家庭特征（包括家庭组成、成员年龄、教育和职位）、农场特征（包括农场规模、地块数量、牛和拖拉机的所有权、获得推广、储蓄和信贷的可用性）及地块特征（包括地块大小、地块到住处的距离和土壤肥力等）数据。生产成本是家庭在特定社会经济和农业生态条件下决策的结果。为此，本节使用了简化形式的农户模型。第 3 节采用参数方法研究土地细碎化对水稻生产者技术效率的影响。本节中的水稻生产分为三种类型：早稻、单季稻（中稻）和晚稻，这三种水稻生产类型代表了三种不同的生产结构。本节使用了三个村庄 334 户的数据。第 2 节和第 3 节为耕地细碎化对水稻生产直接影响的偏相关分析。然而，农户通常同时对活动、技术和投资作出决定。第 4 节使用家庭和地块层面的模型分析了细碎化对小农水稻生产决策的影响及对土壤质量的影响。该小节旨在回答研究问题（3）。模型采用两阶段最小二乘（2SLS）经济计量技术进行估计。本节使用的数据来自三个村庄部分农户地块层面的数据。将更详细的地块层面调查数据与相同农户层面数据相结合，探讨与其他因素相比，耕地细碎化在小农场管理决策中的相对重要性及由此作出的农场管理决策对水稻产量和土壤质量的影响。这项地块层面调查涵盖了 47 户、154 个地块层面的投入/产出信息，以及这些地块土壤样本的采集和土壤总氮、土壤总碳、土壤 pH 值、土壤速效钾、土壤速效磷和土壤黏粒含量等的测试数据。

第 3 章为耕地细碎化对水稻生产影响的进一步分析。这一章还包括 4 节，利用补充的数据进一步探讨了耕地细碎化的成因（第 1 节），以及耕地细碎化对水稻生产成本的影响（第 2 节）和对农户土壤肥力管

---

① 这项调查是在 SERENA 项目的框架下进行的。有关本次调查的详细信息，参阅第 2 章第 1 节。

理行为的影响（第 3 节），并分析耕地细碎化对农地耕层土壤养分含量的影响（第 4 节）。

第 4 章针对近年来在一些主要水稻产区快速兴起和蓬勃发展的稻田复合种养，以稻虾共作为例，利用 2017 ~ 2020 年在稻虾共作发源地和核心产区湖北省荆州市和潜江市多次进行的农户调研数据，探讨了耕地细碎化对稻虾共作生产的影响。这一章回答了研究问题（4），包括 4 节内容：第 1 节为耕地细碎化对稻虾共作生产的影响概述；第 2 节分析耕地细碎化对稻虾共作生产成本的影响，第 3 节和第 4 节分别探究耕地细碎化对稻虾共作经济效率和环境效率的影响。

第 5 章主要探讨如何促进耕地细碎化治理，创新农业知识体系，以提高中国的粮食安全保障。这一章包含 3 节内容，回答了研究问题（5）：第 1 节梳理了目前中国耕地细碎化的治理；第 2 节为一个通过规模化经营治理细碎化冬闲田的案例。以目前中国耕地利用状况，无论是农户分散细碎地利用，还是政府主导或推动下的规模利用，如果不进行农业知识体系创新，是很难保障粮食安全的。因此，第 3 节探讨如何在现有土地经营制度下，创新农业知识体系，提高中国粮食安全保障。

第 6 章总结了研究的主要结论及其政策含义，并提出了进一步研究的建议。

1.2　耕地细碎化相关理论

耕地细碎化是发展中国家农业中普遍存在的现象。耕地细碎化，又称为土地细碎化、农地细碎化，也有学者称土地零碎化、耕地零碎化及土地破碎化等，英文研究中用 land fragmentation 表示。自 17 世纪以来，耕地细碎化一直是许多国家的突出特征。但全球对它的关注，特别是研究人员对量化其对农业生产影响的兴趣，开始得比较晚。这可以追溯到 1911 年，当时召开了一次关于"整合分散地块"（consolidation of scattered holdings）的会议，以处理"细碎化的罪恶"（evils of fragmentation）（Lusho and Papa，1998）。自那时以来，产生大量关于土地细碎化的文献。然而，与土地细碎化有关的主要问题还未解决。麦弗逊（McPherson，1983）认为，主要原因是从农民角度分析这一现象的研究很少。

1.2.1　土地细碎化定义

文献对土地细碎化有不同的定义。麦弗逊（McPherson，1982）认为，"当许多非连续拥有或租赁的地块作为单一生产单元耕种时，就存在土地细碎化"。这意味着农场的地块在空间上是分开的。舒尔茨（Schultz，1953）将细碎化定义为"现有农业土地存量的不当分配"。他指出，细碎化农场是"……由两块或多块土地组成的农场，这些土地相互之间的位置使得不可能像重新组织和合并地块时那样高效地经营特定农场和其他类似农场"。显然，舒尔茨将土地细碎化视为低效率的根源。

多夫林（Dovring，1960）在分析欧洲的土地改革时，将土地细碎化视为"将土地划分为大量不同的地块……"他指出，法国人在其合并细碎化土地行动中使用了两个概念："土地所有权"和"土地分割"（McPherson，1982）。前者指的是一个人拥有的一块土地，周围是其他人的财产。后者是一个位于"所有权"之外的地块。土地细碎化意味着农民拥有不属于其自有的地块。多夫林还引入了"过度细碎化"的概念，他认为，如果农场中的地块数量超过其面积（以公顷为单位），则存在过度细碎化，地块之间存在距离是细碎化导致效率低下的主要原因。

与多夫林一样，帕帕乔乔（Papageorgiou，1963）强调了距离在细碎化中的作用。他指出，细碎化意味着在一个广阔的区域内由若干分散的地块组成。阿加瓦尔（Agarwal，1972）根据对土地整理工作的详细审查，将土地细碎化定义为农场平均规模的减少；每个农民土地的分散程度增加；以及农场中单个地块的面积减小。

与上述定义不同的是，宾斯（Binns，1950）将细碎化视为"……农业土地发展的一个阶段，其中一个农场由许多通常分散在广阔区域的地块组成"。根据宾斯的定义，土地细碎化代表了农业土地发展的一个阶段。这表明，如果持有的土地正在朝着整合方向发展，土地细碎化可能是一种暂时现象。

尽管土地细碎化的称谓在不同的研究中各不相同，但其含义基本一致，对象均为农地。本书中耕地细碎化和土地细碎化交叉使用。普遍认同的土地细碎化是从农地的物理特征和自然状态角度进行定义的，指由于自然因素、经济因素、社会因素、政策因素等的影响，农户在农业生产过程中出现土地的块数相对较多、单个地块的面积较小、互不相邻、肥沃程度不一致且家庭距离地块远近不同的现象（赵凯，2011；陈培勇，2011）。从土地产权的角度进行定义的，指农户所经营的土地被分割为零碎的、分散的、地块大小不一的若干小块，并且每块的面积比较小（孙雁等，2010）。主要站在农户经营的视角考量土地的细碎化，但就其本质而言，还是强调土地本身的面积较小、块数较多。罗必良等（2019）认为，土地细碎化有三层含义：一是因地形地貌的自然特性所形成的大小不同的多个地块，表现为地理层面的细碎化；二是连片耕地被分割给不同的主体经营，形成产权界定上的土地细碎化；三是不同经营主体或者同一经营主体在连片区域的多样化种植，形成作物布局上的细碎化。

除依据土地本身的形状、面积、地块数、离农户家庭距离远近等因素从不同的角度进行定义,也有学者从农业生产角度进行定义。王海娟等(2018)认为,如果农户的地块很多且散布各地,但每块地的面积达数十亩乃至上百亩,或者地块面积虽然很小,但每户所有的土地都集中在一片,就不存在土地细碎化问题。只有当农地利用存在较强排他性的时候,比如单个农户的势力很强,拥有一定规模的土地和一个相对独立的资源系统,在使用水、电、路等资源的时候不与他人产生竞争性使用的冲突,或者说,农业生产力水平低下,农户之间因为自己经营的范围有限,不会产生资源使用的交叉,此时细碎化问题较小;而当农户竞争性使用资源,也即农业生产力水平上升时,即使土地规模不变,土地细碎化程度也会提高。

综上所述,尽管定义不同,但土地细碎化有三种不同的解释:(1)细碎化意味着将农场财产细分为太小而无法合理耕种的小单元;(2)细碎化表明,这些地块是不连续的,与其他农民经营的地块混合在一起;(3)距离被视为土地细碎化的一个重要方面。

在本书中,我们认为土地细碎化是农场管理中存在的一种现象。当一个家庭同时经营多个自有或租用的非连续地块时,土地细碎化就存在。我们将会在后文中看到,土地细碎化在本书的案例研究区域及中国其他地区和世界上的诸多国家和地区非常普遍。

1.2.2 土地细碎化的测度

尽管土地细碎化是一种普遍现象,但测度土地细碎化程度的方法多种多样。根据这些测度方法,各国的土地细碎化程度差异很大。因此,细碎化成为一个模糊的术语:它对不同的人意味着不同的东西(Walker,1990)。一般而言,土地细碎化程度可用单一指标和综合指标测度。

许多研究使用了单一维度的土地细碎化指标。例如，雷姆博尔德（Rembold，2004）使用三个单一指标（见图1.1）：（1）每个国家（或地区）的土地所有者数量；（2）每个国家（或地区）的土地使用者数量；（3）这两者的重叠。

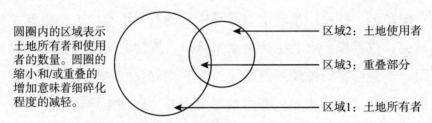

圆圈内的区域表示土地所有者和使用者的数量。圆圈的缩小和/或重叠的增加意味着细碎化程度的减轻。

区域2：土地使用者

区域3：重叠部分

区域1：土地所有者

图1.1 雷姆博尔德测量土地细碎化的方法

资料来源：雷姆博尔德（Rembold，2004）。

图1.1对雷姆博尔德测量土地细碎化的方法进行了解释。区域1表示土地所有者的数量。考虑到总土地面积和人口压力，较大的圆圈对应于更多的土地所有者，因此每个土地所有者的面积较小。在有关中欧和东欧的研究中，这通常被用作细碎化指标（Rembold，2004）。然而，所有权分配本身并不能提供完整的细碎化图景。在土地租赁普遍的地区，经营土地的细碎化程度通常要低得多。因此，由区域2指示的土地使用者数量被用作细碎化的第二个指标。细碎化的第三个指标是两个区域的重叠。此重叠区域表示既是土地所有者，也是土地使用者。因此，区域1减去区域3代表不耕种土地的土地所有者的数量；区域2减去区域3表示不拥有其土地的使用者数量。显然，圆的任何缩小和/或重叠的增加意味着细碎化的减轻。尽管这些措施在中欧和东欧国家普遍用于分析土地细碎化，但在其他国家却使用不多。一种可能的原因是土地市场的存在。另一种可能的原因是，这些方法只关注所拥有或经营土地的平均规模，而未关注持有土地内部的地块数量或持有土地内部地块的空

间分散性。

多夫林（Dovring，1960）在分析 20 世纪初欧洲的土地改革时，使用地块数量与农场总面积（公顷）的比率来衡量过度细碎化。他声称，如果一个农场的地块数量超过其面积，则存在过度细碎化。例如，一个 10 公顷的农场如果被划分为 10 个以上的地块，就出现过度细碎化。多夫林还通过测量农民在每次巡视所有地块并返回农庄所需的总距离来量化距离因素。这种方法的主要缺点是，它假设了统一的田地大小和农民的日常生活（McPherson，1983）。在实践中，由于定义过度细碎化的任意阈值水平和距离指标存在缺陷，多夫林建议的指标通常没有被用于量化土地细碎化。

一些研究（King，1977；Bentley，1987；Simmons，1988）确定了衡量细碎化程度的 6 个参数：农场大小、农场中的地块总数、平均地块大小、地块大小分布、地块空间分布和地块形状。农场规模用于衡量农场的总土地数量。在其余指标中，尺寸和空间分布（即距离）通常被认为是最重要的。当机械化引入农业系统时，地块的形状是一个重要指标。例如，在矩形地块上，农业机械利用被认为是最高效的。

与单一维度指标不同，综合指标试图将多个单一指标的信息纳入一个指标。两个最流行的综合指标是 Januszewki 指数（JI）和 Simpson 指数（SI）（Blarel et al.，1992）。Januszewki 指数定义如下：

$$JI = \sqrt{\sum_{i=1}^{n} a_i} \Big/ \sum_{i=1}^{n} \sqrt{a_i}$$

其中，n 是地块的数量，并且是每个地块的面积。该指数位于 0~1 的范围内。JI 值越小，土地细碎化程度越高。

JI 值结合了关于地块数量、平均地块大小和地块大小分布的信息。它有三个属性：当地块数量增加时，细碎化程度增加（指数值减少）；当平均地块大小减少时细碎化程度增加；当地块大小不平等增加时细碎化程度降低。然而，该指数未能考虑农场规模、地块距离和地块形状。

辛普森指数（Simpson Index，SI）在某种程度上类似于 Januszewski 指数。它通过以下方式衡量土地细碎化程度：

$$SI = 1 - \sum_{i=1}^{n} a_i^2 / (\sum_{i=1}^{n} a_i)^2$$

辛普森指数也位于 0～1。与 JI 相反，SI 值越高，土地细碎化程度越高。辛普森指数的值也由地块的数量、平均地块大小和地块的大小分布决定。它也没有考虑农场大小、距离和地块形状。

康宽等（2023）借鉴景观生态学的研究成果，采用景观格局指数衡量 2001～2019 年中国省级土地细碎化水平。在采用 ArcGIS10.7 对 MCD12Q1 完成坐标转换和掩膜提取的基础上，使用 Fragstats 计算农地景观格局指数。从面积、形状、分布三个维度，分别选取平均斑块面积、形状指数和聚合度指数构建农地细碎化指标体系，并采用熵值法测算土地细碎化指数。

首先对维度指标进行归一化处理，并采用变异系数法计算的权重进行缩放：

$$x_i = w_i \times (X_i - \min X_i) / (\max X_i - \min X_i) \quad （形状维度的计算公式）$$

$$x_i = w_i \times (\max X_i - X_i) / (\max X_i - \min X_i)$$

（面积和分布维度的计算公式）

其中，x_i 表示进行归一化处理且缩放后的维度 i 指标；X_i 表示维度 i 指标的原始数值；$\max X_i$ 表示维度 i 指标的原始数值最大值；$\min X_i$ 表示维度 i 指标的原始数值最小值；w_i 表示采用变异系数法计算的维度 i 权重。

在维度指标归一化处理的基础上，采用欧式距离法计算土地细碎化指数：

$$FF = (x_1^2 + x_2^2 + x_3^2)^{1/2} / (w_1^2 + w_2^2 + w_3^2)^{1/2}$$

其中，*FF* 表示土地细碎化指数，其取值范围是 0 ~ 1。越接近于 0，表示农地细碎化水平越大，越接近于 1，表示土地细碎化水平越大。

罗必良等（2019）采用承包地地块数/承包地总面积衡量土地细碎化程度。

土地细碎化测度在土地细碎化定量分析中非常重要，因此需要高度重视方法的选择。理论上，包括农场规模、非连续地块数量、每个地块的面积、每个地块到住处的距离及地块形状在内的指标体系可以提供农场层面土地细碎化的全貌。然而，数据的可得性通常限制了指标的选择。本书使用了单维度指标（农场规模、地块数量、平均规模和地块距离）和辛普森指数。由于目的不同，各章节对细碎化指标的选择也有所不同，并将在各章节中加以论述。本书中未考虑地块形状，因为测量问题，此类信息不可获取。此外，与农场规模和地块规模相比，地块的形状在中国环境中可能不太重要。

1.2.3 土地细碎化原因

1.2.3.1 土地细碎化原因的供给面和需求面解释

关于土地细碎化的出现和持续存在，通常有两大观点，即"供给面"和"需求面"的解释（McPherson，1982；Bentley，1987）。供给面观点将细碎化视为对农民的一种外来强加，例如，由继承、人口压力和土地稀缺造成的。持这一观点的许多笔者声称，当农民希望为几个继承人中的每一个提供类似质量的土地时，人口增长中的可分割继承在逻辑上会导致土地细碎化（Downing，1977；World Bank，1978；Anthony et al.，1979）。

另一个供给面的因素是在人口增长压力下共同财产制度的崩溃。这种崩溃导致了肯尼亚（King，1977）和尼日利亚（Udo，1965）等发展中国家的土地细碎化加剧。同样，土地稀缺可能导致土地分散，因为寻求额外土地的农民将倾向于接受其房屋合理距离内的任何可用地块。

供给方面的原因不能完全用于解释土地细碎化。当地块的土壤类型、保水能力、坡度、海拔和农业气候条件不同时，需求面因素可能对土地细碎化起作用。需求面的解释认为，土地细碎化主要是农民做出的积极选择。这一观点假定，土地细碎化给农民带来的好处超过了其引发的成本。一些研究人员认为，当保险、储存或信贷等替代性风险分散机制不可用或成本较高时，土地细碎化将持续作为降低风险的手段（Charlesworth，1983；Ilbery，1984）。在欠发达地区，农民需要土地作为保障。当土地质量不均匀时，地块的分散可以降低洪水、干旱、火灾或其他危险造成的损失风险，农民可以在不同的种植条件下使种植组合多样化。当粮食商品市场失灵时，土地细碎化可能有利于作物多样化，使农民能够种植（非市场化的）自给作物。费诺阿尔泰亚（Fenoaltea，1976）给出了另一种需求面解释。他认为，分散的地块使农民能够更好地分配他们的劳动力。如果农业劳动力市场缺失，农业劳动力的供应取决于家庭规模，随着时间的推移，分散劳动力的需求更大。

一些研究（例如，Buck，1937；Chao，1986；Nguyen et al.，1996）考察了中国过去和现在的土地细碎化。在中华人民共和国成立之前，有两种"供给面"理论被用来解释细碎化土地所有权的存在（Chao，1986）。一种是中国的分家制度，即家中的某个儿子结婚时，在儿子之间平均分配家庭财产的制度。已婚儿子可以从父母的家庭财产中分得自己的一份家庭财产（其中，土地是最重要的家庭财产）。另一种是11世纪后随着人口增长而出现的耕地短缺。由于土地严重短缺，对土地的需求大大超过了土地的供应。出现了所谓的卖方市场，导致土地分割。

作为一个农业国家，非农活动在当时的中国非常有限。大多数人不得不靠耕种土地为生。因此，一旦家庭获得了土地，它将非常不愿意放弃土地。一个典型的土地所有者通常会持有分散在同一村庄甚至邻近村庄的小块土地。由于大多数买家只能买得起小地块，所以大地块在出售时往往被分割成小块土地。

1.2.3.2 土地细碎化原因的一般解释

土地细碎化产生的原因是多方面的、复杂的，涉及自然因素、人为因素、传统因素、资源的稀缺性、农业生产组织形式及人多地少的客观现实等。田孟和贺雪峰（2015）认为，农地细碎化一方面反映了地块之间的关系，另一方面反映了地块与人之间的关系，更为重要的是它反映了人与人之间的关系。

自然因素包括地形条件和自然灾害等原因，较为常见且常常无法避免（吕晓等，2011）。人为因素又分为制度与经济因素、传统因素、人地比例。其中，制度与经济因素主要包括家庭联产承包责任制下的土地分配过程、因为人口变动而引起的土地的（局部）调整、政府的土地整理项目等（谭淑豪等，2003）。许多研究也将这一制度因素看作劳动力生产水平的提升对于土地细碎化的加深。以家庭经营为主要形式，以精耕细作为主要特征，以多种经营为主要内容，以牛耕、铁犁为主要劳作方式的小农经济条件下的生产力水平，要求土地细碎化（周应堂等，2008）。传统因素主要指中国的财产继承制度——诸子均分制（陈培勇等，2011），分家所导致的土地细碎化。

人地比例对土地细碎化的影响主要体现为我国土地的稀缺性与巨大的人口压力。由于土地稀缺，农户之间租入和租出土地，也就是所谓的市场交易，其实更大程度上是一种卖方市场，买方没有太大的选择余地（陈培勇等，2011）。土地资源的稀缺性，导致农民不轻易出售地块，即使使用土地进行抵押、出卖，也是分块进行，需要多少出售多少，土地供应者较少，有价无市，因此土地成片困难（周应堂等，2008）。这就导致租入者不可能按照自己的意愿将所租土地集中起来，或者说想要实现将土地集中起来生产这一愿望而去租入相应的土地是较为困难的。

叶春辉等（2008）通过对土地细碎化相关的国内外历史学和社会学文献的梳理发现，土地细碎化的存在与土地的私有或者公有没有任何关系；它的产生与中国极高的人地比例、传统的诸子均分财产制度以及投资性质的不在地地主有着密切的关联；同时土地细碎化的存在还受农业生产经营方式的直接影响。其中，投资性质的不在地地主购买土地主要出于投资或储蓄的目的，并非自己耕种，因此他们在购买土地时并不考虑地段距离的远近（费孝通，2004）。这种理论与事实不符，因为自耕农的土地也是零星分布的。

当下研究土地细碎化问题的不少学者认为，家庭联产承包责任制是土地细碎化的主要成因，加重了土地细碎化（纪月清等，2016；李春梅等，2023），并从根本上影响生产力（田孟和贺雪峰，2015）。许庆等（2007）认为，新中国成立之后，实施了集体化大生产，人民公社成为生产的组织形式，土地细碎化现象才暂时在中国的农业生产领域中消失，但随着"分田到户"家庭联产承包责任制的实行，农地细碎化又再次出现。家庭联产承包责任制的实施，使土地根据其质量的差异、好坏搭配，按照人口数量均分。李功奎和钟甫宁（2006）认为，20世纪80年代初家庭联产承包责任制的推行，在促进农业生产、提高农民收入的同时，由于土地的平均分配，农户经营的土地进一步呈现出分散化、细碎化的特征。2003年，中国农户家庭平均土地经营规模为7.5亩，户均拥有地块为5.7块，平均每块面积为1.3亩，在有些地区，农地细碎化现象更为突出。

农户（将种植大户、公司等均视为农户）经营多块面积不均、空间位置不连续的耕地（田块），也造成了一定程度的耕地细碎化（李春梅等，2023）。

1.2.3.3 中国土地细碎化的历史原因

一些研究人员研究了当代中国土地细碎化的原因。龚启圣（Kung，1994）、陈等（Chen et al.，1997）和林（Lin，2000）认为，土地分配制度在很大程度上导致了中国目前的细碎化程度。赵冈（2006）在《中国传统农村的地权分配》中对中国土地细碎化的历史原因进行了阐述。赵冈（2006）认为，中国古代是以私有产权为基础的市场经济，在重农抑商的政策下，作为其中最重要生产要素的土地，其买卖市场是相当自由的，土地市场是中国历史上最大最广泛的要素市场。影响土地细碎化的因素主要有：市场交易因素和人口因素。

市场交易因素。虽然经商的收益率高于务农，但是中国历来的重农思想，使商人在赚钱之后把资金投向农村，购买土地，这一购买并不会使商人兼并农民的土地成为大地主，而是会通过以下三种途径，进一步加剧土地的细碎化程度。其一，商人带着资金回乡购买土地，增加土地的需求，根据经济学原理，需求增加，土地的卖方便有更高的议价能力；其二，商人的投资，削弱了农村原有的地主势力，竞争的人越多，垄断的可能性就越小；其三，经商收益率高，赚钱更为容易，这为农民提供了新的出路，更多的贫农通过经商致富，然后回乡买地。

人口因素。导致中国历史上土地细碎化的主要人口因素包括两个：一是人口的不断增加；二是诸子均分家产的传统继承制。古代人口的不断增加导致土地细碎化居高不下。

首先，人口增加对土地的需求增加。中国古代土地可以自由买卖，在竞争之下，土地产权日趋分散，土地周转加快，土地的细碎化进一步加剧。人口增加后，土地市场不但更趋活跃，而且变成了卖方市场，出卖田地的人有更大的讲价能力。每个人都想买得一些田地，一旦买到便

19

尽量保持，除非在万不得已的情形下，绝不出卖土地。从买方的意愿来看，他们希望买到大片的田地，最好是毗连的，坐落在本乡本区内，但宋朝以后的发展却是出卖田地之人都将原来是整片的田地分割成若干小块，再按家中需款的紧急程度，逐步分块卖出。所以买田之人只能买到散落各乡各村中之小片田地，难以构成一个大农场。

其次，从南宋开始，典押土地之风盛行，小业主们保持其土地所有权的意图强烈。典押土地是暂时地对土地所有权放弃，但仍然保留回赎权。这样做的人家是为了应对一时的财务困难，总希望有一天能赎回土地。此外，追贴、追补、回找等惯例及安排，都是出于同一动机，反映卖方市场的特色。在这种很多人愿意买地，很少人愿意卖地的情形下，除非利用强权或政治压力，要想在短期内累积大量的田地，是很不容易的事，凑成大片毗连的田产更是困难。

诸子均分家产的传统继承制也在很大程度上导致了土地的细碎化。春秋战国以后，公田逐渐私有化，正式承认土地私有制。此后两千多年，中国社会确立了继承制的基本原则：诸子均分，不分嫡庶。中国的诸子继承制度，特别强调平均分配的原则。分配家产的时候，要"肥瘠均搭"。如果父母有三块地，肥瘠不同，先由兄弟五人均分，往往是把三块地的每一块都切割成五等份，每房各得三块不毗邻的田地，由此土地越来越细碎化。

1.2.4 土地细碎化的收益和成本

关于农村社会中土地细碎化为什么会持续和普遍存在的辩论，集中于农民个人或整个社会的收益和成本权衡。社会成本和收益的存在表明，农民个人的最佳土地细碎化程度可能与社会最佳细碎化程度不同。

麦弗逊（McPherson，1983）在一篇著名的论文《农业中的土地细碎化：不利？有益？为谁？》中回顾了土地细碎化的不利和有利的影响。他区分了农民喜欢分割地块的两个原因：通过活动的空间多样化降低风险，以及获得不同质量的土地。

宾利（Bentley，1987）支持这一观点。他声称，通过使用多个生态区和作物调度的实践，分散的地块使农场能够从风险管理中受益。农民不仅可以种植更多种类的作物，还可以在几个不同的地块上种植相同的作物。因此，细碎化使农民能够利用各种土壤和其他微气候和微环境变化分散和减少风险。细碎化还使农民能够种植各种不同时间成熟的作物，以便他们能够在不同时间将劳动力集中在不同的地块上，从而避免家庭劳动力瓶颈。值得注意的是，麦弗逊（McPherson，1983）和宾利提供的论证与上一小节中讨论的土地细碎化的需求面解释非常相似。个人利益是需求面解释的基础。

除了个人利益，细碎化还可能带来社会利益。在许多国家（例如，保加利亚、越南和中国）土地改革期间，土地分配导致的细碎化实现了小农之间的高度公平，并促进了国家粮食高度自给自足。

与高度细碎化相关的成本研究主要表现在资源（劳动力和资本）配置效率低下及由此导致的农业生产成本增加方面。根据麦弗逊（McPherson，1983）和西蒙（Simmons，1987）的研究，土地细碎化可能通过三种方式对农业造成不利影响：（1）带来效率损失；（2）阻碍农业现代化；（3）使消除其不利影响的土地整理和调整项目实施时成本高昂。

从单个农民的角度来看，土地细碎化可能会造成物理问题、操作困难和放弃投资，从而不利于农业生产。物理问题可能包括在田间巡视中损失的劳动力时间，在标记边界或修建通道时损失的土地，以及围栏或边界建设的更高成本。操作困难包括移动重型设备、使用拖拉机和其他机械及虫害防治等困难。此外，管理农场和监督工人更加困难。因此，距离住所相对较远的地块更有可能被抛荒。最后，由于规模效应和外部性的存在，在土地严重分散的农场，改善农业设施、水土保持等方面的投资利润较低。

从社会的角度来看，土地细碎化可能有一些成本。例如，投资于道路和灌溉系统等基础设施，以及实施区域农业政策，在某些特定区域进行农业专业化生产等，难度更大，致使区域或国家产出受到负面影响。由此导致的较低生产力水平和相对较高的粮食价格意味着消费者要支付更高的成本，而农民在其生产决策中是不会考虑这一点的。

1.3 中国及一些国家和地区的耕地细碎化演变

耕地细碎化虽然在不同国家或地区可能有不同含义，但它包括两个主要方面：一是指农民的地块在较大面积范围内呈现空间分散的状况；二是意味着农场的土地被细分为规模过小的单元，这些单元太小而不足以用来合理（高效）地耕种。正如我们看到的，在某些情况下（如果保险、农业劳动力等市场缺失）和在某些时间点（取决于技术水平和制度安排），这种细分为小单元的做法可能对农民有利。

耕地细碎化在中国并不是一个新现象。根据卜凯（Buck，1937）的说法，耕地细碎化是20世纪30年代的一个重要特征，当时一个农户平均拥有0.34公顷的土地，分散在5.6个地块上，或每个地块0.06公顷。然而，与20世纪30年代和土地产权改革之前相比，20世纪70年代末引入的新土地经营权制度，即家庭承包责任制，使这种现象在中国更加明显（Hu，1997）。

本节将回顾中国耕地细碎化的趋势。我们首先根据中国农村固定观测数据，在1.3.1介绍中国耕地细碎化演变趋势。对20世纪80年代至

2000 年中国三个主要经济带（东部、中部和西部）① 的耕地细碎化趋势进行比较，接着介绍 2000 年以来中国及三个主要经济带耕地细碎化的演变；1.3.2 介绍中东欧和亚洲一些国家早前的耕地细碎化状况；1.3.3 介绍欧盟一些国家近年来的耕地细碎化分布；1.3.4 将中国的土地碎化与其他国家的土地细碎化进行大致比较。

1.3.1 中国耕地细碎化演变

中国目前的耕地细碎化起源于 20 世纪 70 年代末和 80 年代初引入的家庭承包责任制。在家庭承包责任制实施之前，农村土地是集体所有和管理的；土地划分与土壤类型、灌溉和排水条件相匹配并便于管理。根据家庭承包责任制，耕地使用权通常分配给个人家庭，最初期限为 15 年。在这一制度下，耕地细碎化主要是由于考虑了土地质量的差异以及家庭对土地拥有平等使用权造成的。因此，与 20 世纪 30 年代相比，土地细碎化更加明显。以下对此进行更为详细的讨论。

1.3.1.1 中国 20 世纪 80 年代至 2000 年的耕地细碎化

图 1.2～图 1.4 显示了 1986～2000 年中国及其主要地区的耕地细碎化程度。自 20 世纪 80 年代以来，中国开始系统收集有关这一问题的数据②；即建立农村固定观察点。图 1.2 表明，每个农户平均承包的土地面积从 1986 年的 0.61 公顷下降到 1999 年的 0.53 公顷。平均农场规模

---

① 除港、澳、台外，中国的其他省、自治区、直辖市通常可分为三个经济区：东部、中部和西部。东部包括辽宁省、河北省、山东省、江苏省、上海市、浙江省、福建省、广东省、海南省、广西壮族自治区、北京市、天津市；中部包括黑龙江、吉林、山西、河南、湖北、湖南、江西、安徽和内蒙古自治区；西部包括陕西、甘肃、青海、四川、云南、贵州和西藏、宁夏、新疆维吾尔自治区。

② 图 1.2～图 2.7 的数据来自中国农村固定观测办（2001 年）。遗憾的是，该机构没有提供 1992 年和 1994 年的数据。

中部地区最大，东部地区最小。农场平均规模在 1996 年之前减少最多，之后大致保持不变。1996～2000 年，东部地区的增长非常小。

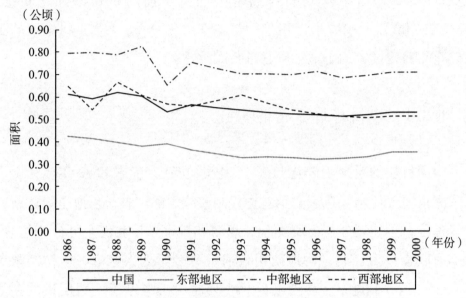

图 1.2　1986～2000 年每个地区每户的平均面积

资料来源：中国农村固定观察点。

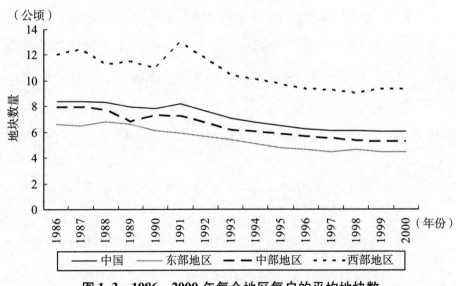

图 1.3　1986～2000 年每个地区每户的平均地块数

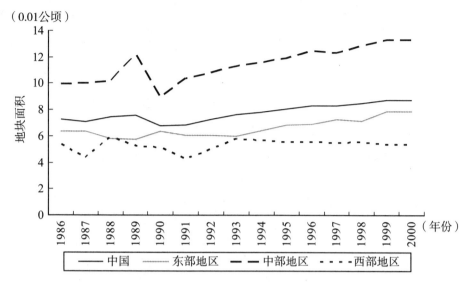

图 1.4　1986～2000 年各区域平均地块面积

图 1.3 显示了每个农户的平均地块数量。它证实了在家庭承包责任制开始几年后，中国的土地细碎化程度很高。1986 年农户平均拥有 8.43 个地块。在 1986～1999 年，每户的地块数量西部最高，东部最低。尽管可以观察到一些小的波动，但随着时间的推移，三个区域的地块数量都在下降。1999 年农户平均拥有 6.06 个地块。

如图 1.4 所示，每个地块的平均面积在 20 世纪 90 年代初之前略有下降，但之后有所增加。在整个期间，中部经济带的平均每个地块面积最大。自 1993 年以来，东部和中部经济带平均地块面积增大了，而西部经济带的平均地块面积没有增大。从这些趋势可以得出的总体结论是，中国西部（地块数量多而地块面积小）和东部（农场规模和地块规模都较小）的土地细碎化最为严重。20 世纪 90 年代，所有三个地区的土地细碎化略有减少（地块面积较大，地块较少）。

图 1.5～图 1.7 显示了各区域内土地细碎化的更多细节。而这些数据仅适用于 1993 年和 1995～1999 年。图 1.5 显示了中国东部农户的地

块面积分布。可分为三组：（1）小型地块：小于 1.0 亩；（2）中型地块：1.0~3.0 亩；（3）大型地块：大于 3.0 亩。每户小型地块的平均数量远远大于中型和大型地块的平均数。1993 年该组小地块的数量是中等地块平均数量的 3 倍以上，是大地块平均数量 14 倍以上。随后，小型地块的数量逐渐减少，从 1993 年的每户 4.01 块减少到 1999 年的3.01 块，中型地块的数量保持相对稳定。在这段时间内，户均拥有的

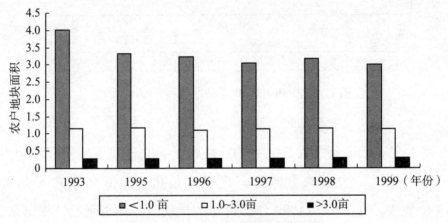

图1.5 中国东部地区地块规模分布

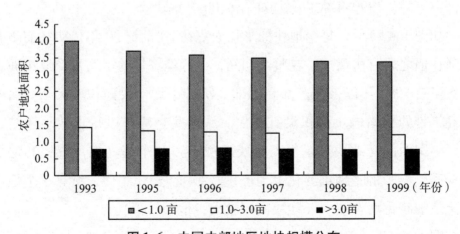

图1.6 中国中部地区地块规模分布

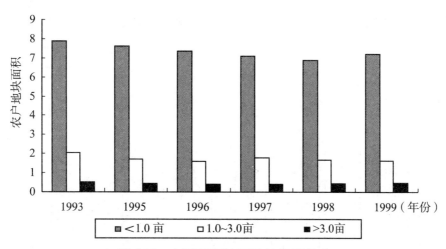

图 1.7 中国西部地区地块规模分布

中型地块数目介于 1. 11 ~1. 16 块。每户大地块的平均数量也相当稳定，在 0. 28 ~0. 30 地块的水平。因此，我们得出结论，在中国东部，每户最小地块的数量逐渐减少，而中型和大型地块的数量几乎保持不变。

图 1. 6 表明了中国中部家庭的地块大小分布。小地块的平均数量为 3. 4 ~4. 0 块。这与中国东部几乎相同。小地块的数量也在下降，但速度不及中国东部。中型地块的平均数量也与东部地区相当，但大型地块（约 0. 80 块）的平均数量几乎是东部地区的 3 倍。

图 1. 7 显示了中国西部家庭的地块分布，其中小地块的数量远大于中国东部和中部（7 ~8 vs 3 ~4）。图 1. 7 显示，小地块的数量也在减少。同样，中等规模地块的平均数量更多（1. 8 ~2. 0 vs 1. 1 ~1. 4）并在下降。每户大地块的平均数量约为 0. 5 块，比东部多，但比中部少。

1.3.1.2 中国 2000 年以来的耕地细碎化

图 1. 8 显示了 2000 ~2020 年中国每个农户经营的平均地块数量，可见，2000 ~2020 年，我国农户户均经营地块数在逐年下降，2012 年之后稳定在 5 块左右。表 1. 1 表明的是 2000 ~2020 年农户承包和经营的耕地状况显示，2000 ~2020 年，户均经营的耕地面积和户均经营的

地块面积在增加，但户均经营的地块数虽有小幅减少，但基本保持在5块地左右。

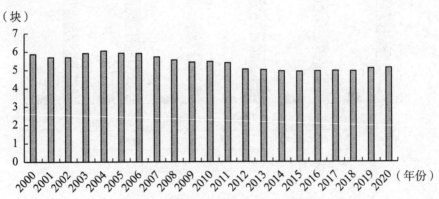

图 1.8　2000～2020 年中国户均实际经营地块数

表 1.1　　　　　　　2000～2020 年农户耕地细碎化状况

年份	户均承包耕地面积（亩）	户均经营耕地面积（亩）	户均经营地块数（块）	户均经营地块面积（亩）
2000	—	7.39	5.87	1.26
2001	—	7.54	5.70	1.32
2002	—	7.47	5.70	1.31
2003	7.07	8.10	5.92	1.37
2004	7.34	8.57	6.05	1.42
2005	7.37	8.59	5.93	1.45
2006	7.31	8.72	5.91	1.48
2007	7.35	8.95	5.72	1.56
2008	7.44	8.97	5.55	1.62
2009	7.40	8.92	5.43	1.64
2010	7.38	8.73	5.46	1.60
2011	7.30	9.05	5.39	1.68
2012	7.50	9.31	5.04	1.85
2013	7.41	9.21	5.01	1.85

年份	户均承包耕地 面积（亩）	户均经营耕地 面积（亩）	户均经营地 块数（块）	户均经营地块 面积（亩）
2014	7.36	9.55	4.94	1.93
2015	7.26	9.60	4.92	1.95
2016	9.08	9.87	4.94	2.00
2017	11.74	11.55	4.96	2.33
2018	9.79	10.29	4.94	2.08
2019	8.39	11.24	5.09	2.21
2020	9.39	12.79	5.12	2.50

资料来源：中国农村固定观察办（2023）。

　　将农户每年实际经营的耕地地块按照面积大小分为三组，即不足 1 亩的小地块、1~3 亩的中等规模地块和 3 亩以上的大地块。以下介绍不同地块在中国三个经济区域演变的趋势。

　　图 1.9~图 1.11 分别显示了中国东部、中部和西部地区小于 1 亩、1~3 亩和大于 3 亩的地块数量在各地区所占比例。图 1.9 显示了中国东部家庭的地块分布，调查农户数量由 2000 年的 8 048 户减少到 2020 年的 7 651 户，小地块数量占比在逐年下降，由 2000 年的 77.19% 下降到 2020 年的 57.42%，平均地块数由 2000 年的每户 4.56 块减少到 2020 年的 1.25 块，下降幅度很大；而大地块的数量占比逐年增长明显，2000 年为 4.68%，2020 年增长为 15.68%，地块数也由户均 0.27 增加到 0.34，相比于占比，户均大地块数量增幅不明显则是因为东部整体地块数量减少，在调查对象数据均稳定在 8 000 户左右时，2000 年东部农户总地块数达 46 450 块，而到 2020 年则只有 16 674 块；中等规模地块则在 2005 年占比突破 20% 之后一直维持在 23% 左右的水平，平均地块数则由 2000 年的 1.05 块下降到 2020 年的 0.59 块。

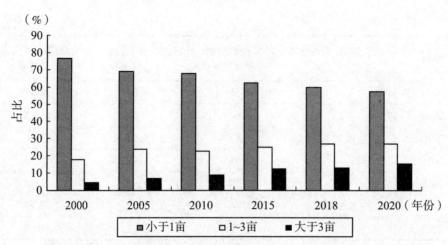

图 1.9　2000～2020 年中国东部地区地块规模分布

　　图 1.10 显示了中国中部家庭的地块分布,调查农户数量由 2000 年的 7 774 户增加到 2020 年的 8 295 户,但总地块数量却由 40 394 块减少到 25 396 块。小地块数量占比在逐年迅速下降,由 2000 年的 62.86% 下降到 2020 年的 35.74%,总地块数也由 25 392 块锐减到 9 076 块,平均地块数由 2000 年的 3.27 块下降到 2020 年的 1.09 块;而大地块的数量占比逐年增长,2000 年为 14.82%,到 2020 年增长为 34.46%,增幅较大,因此虽然总地块数下降幅度大,但大地块的平均地块数也由 0.77 块增加到 2020 年的 1.06 块;中等规模地块则在 2005 年占比快速上升到 28% 之后一直维持在这个值附近,平均地块数也维持在 0.91～1.16 块。

　　图 1.11 显示了中国西部家庭的地块分布,调查农户数量由 2000 年的 4 840 户增长到 2020 年的 5 756 户,但总地块数量却由 34 655 块减少到 19 900 块。小地块数量占比在逐年下降,由 2000 年的 69.59% 下降到 2020 年的 57.48%,平均地块数量则由 2000 年的 4.98 块减少到 2020 年的 1.99 块;而大地块的数量占比逐年增长,2000 年为 6.76%,到 2020 年增长为 13.79%,但由于总体地块数量的减少,平均农户大地块

数量从 2000~2020 年一直维持在 0.48 块；中等规模地块则一直有较为稳定的占比，为 28% 左右。随着总量的下降，占比虽然稳定，户均中等规模地块数却由 2000 年的 1.69 块下降到 2020 年的 0.99 块。

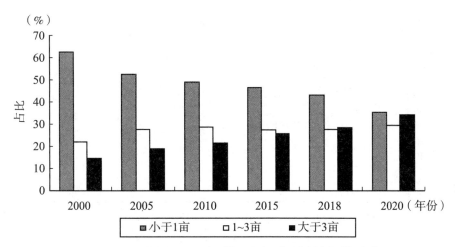

图 1.10　2000~2020 年中国中部地区地块规模分布

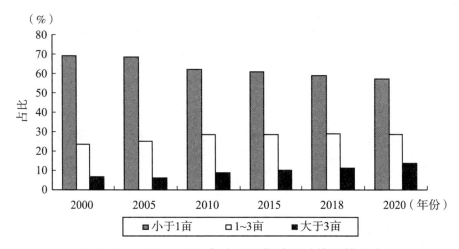

图 1.11　2000~2020 年中国西部地区地块规模分布

　　总体来看，东部、中部和西部自 2000 年以来，农户总地块数呈现一个迅速下降的趋势，东部地块数减少比例高达 62.10%，相比于东部，中西部降幅均在40%左右，其中中部地块数减少了37.13%，西部地块数减少了42.58%。东部、中部、西部小地块数量占比逐年下降，中等规模地块占比较为稳定，大地块数量占比在迅速增加，各地区之间也存在着差异，图1.12～图1.14分别显示了小地块、中等规模地块和大地块随着时间变化在中部、东部、西部之间的对比情况。

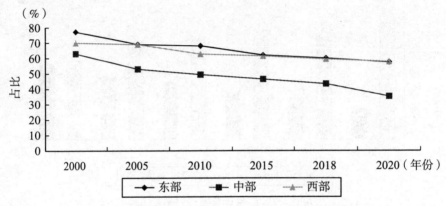

图1.12 小地块（小于1亩）在各区之间的占比

图1.12显示了小地块在各区之间的占比情况，其中东部和西部的占比情况较为类似，中部显著低于东部、西部，且中部的变化幅度更大。

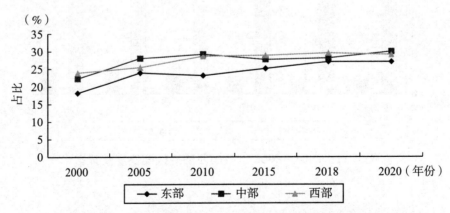

图1.13 中等规模地块（1～3亩）在各区之间的占比

图 1.13 显示了中等规模地块在各区之间的占比情况，中部和西部的情况较为类似，东部相比较而言占比较小，但在 2020 年东部、中部、西部占比均在 28% 左右。

图 1.14 显示了大地块在各区之间的占比情况，中部显著高于东部和西部，且上升趋势更加明显。

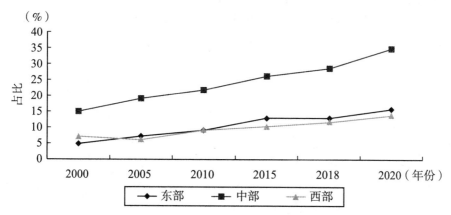

图 1.14　大地块（大于 3 亩）在各区之间的占比

通过对比东部、中部、西部各自内部和互相之间的地块分布情况，不难发现，随着时间的变化，小地块的占比均在不断下降，而大地块占比明显上升，东部和西部的情况较为类似，都是小地块占比更多，即使到 2020 年也都有 57% 左右，中等规模地块在 27% 左右，大地块占比不足 15%。而中部则明显有别于其他两个地区，到 2020 年，小、中、大规模的地块占比基本上呈现 1∶1∶1 的局面。

1.3.2　中东欧和亚洲一些国家和地区的耕地细碎化

1.3.2.1　中东欧国家的耕地细碎化

中东欧国家包括波兰、匈牙利、捷克、斯洛伐克等在内的中欧国家和东欧国家。20世纪80年代末90年代初，中东欧国家经历了以农地改革为重要举措的经济转型，农地改革的主要内容为私有化下的土地返还和土地分配。表1.2显示了改革后一些中东欧国家的基本情况。改革后，阿尔巴尼亚、匈牙利、罗马尼亚和保加利亚户均地块数均在3块以上（见表1.3），细碎化程度最严重的阿尔巴尼亚户均农地面积仅为1.4公顷，平均地块大小为0.26公顷（冷敏华，2013）。科索沃地区人均拥有的土地面积为0.28公顷，户均拥有的土地面积为1.4公顷，由5块左右的地块构成。

表1.2　　　　　　　　　　一些中东欧国家的基本状况

指标	保加利亚	匈牙利	爱沙尼亚	立陶宛	罗马尼亚	阿尔巴尼亚
国土面积（平方千米）	110 994	93 030	45 227	65 300	238 391	28 748
农业面积占比（%）	13.5	68.3	32.4	54.1	64.5	41.1
人均耕地（公顷）	0.47	0.46	0.73	0.78	0.41	0.18
土地改革方式	返还	返还与分配	返还	返还	返还与分配	分配
收入水平	中高	高	高	中高	中高	低

资料来源：基于前瞻数据库（https://d.qianzhan.com/）和初古和斯温内（Cungu and Swinnen，1999）整理。

表1.3　　　　　　　　　　中东欧四国农户农地细碎化状况

国家	户均农地面积（公顷）	户均地块数（块）	平均地块大小（公顷）
阿尔巴尼亚	1.4	5.4	0.26
保加利亚	4.1	4.2	0.98
匈牙利	11	3.3	3.33
罗马尼亚	3.8	3.2	1.19

资料来源：基于冷敏华（2013）整理。

爱沙尼亚的土地改革始于1991年底，其目标是将国营农场和集体农场土地返还给前土地所有人及其法定继承人，根据集体化前的所有状况来确定土地边界进行土地返还。到 1992 年 1 月爱沙尼亚已有 7 227 个私人农场，总面积达 184 700 公顷，农场平均规模为 26 公顷，农场平均耕地面积为 11 公顷（Pajo，1994）。改革后很多原来的国营和集体农场以股份制形式重组为农业企业。1994～1998 年，私人农场数量增长迅速，其规模大致呈现下降趋势，平均规模为 22.48 公顷，较 1992 年私人农场的规模下降了约 3.5 公顷（见表 1.4）。

表 1.4 1994～1998 年爱沙尼亚私有农场和农业企业数量和平均规模

指标	1994 年	1995 年	1997 年	1998 年
私人农场数（个）	10 153	13 513	22 722	34 671
平均大小（公顷）	24.8	23.1	22.0	21.7
农业企业数（个）	1 013	983	854	803
平均大小（公顷）	—	—	—	450

注：—表示无此数据。

资料来源：http：//www.fao.org/docrep/006/AD238E/ad238e0d.htm#bm13.

保加利亚历史上农庄的耕地细碎化状况见表 1.5。第二次世界大战之后，政府开始实施大规模的土地集体化运动，农地细碎化问题得以扭转（Di Falco et al.，2010）。但在土地改革之后，耕地细碎化问题再次凸显，农庄土地面积和耕地规模下降至历史最低点，1997/1998 年，户均耕地规模只有 2.75 公顷。

土地改革使大面积集约利用的土地被分割为小片的私有土地，导致了保加利亚土地分配不均和农地细碎化。土地改革后，土地规模小于 5 公顷的农庄高达 97%，占全国土地总面积的 19%；其余 3% 的农庄占有 81% 的土地，其中土地规模在 50 公顷以上的农庄占全部农庄的 1%，但其占有全国土地总面积的 75%（Baum et al.，2004）。表 1.6 表明了土地改革后不同区域的土地细碎化状况。

表 1.5 不同时期保加利亚农庄的平均规模

年份	农庄平均规模（公顷）	耕地规模（公顷）	休耕和未利用土地（公顷）	农庄数量（万个）	农庄平均地块数（块）	平均地块面积（公顷）
1897	4.97	4.43	0.54	54.6	10	0.5
1908	4.96	4.15	0.81	—	—	—
1926	5.72	4.96	0.76	—	—	—
1934	4.94	4.44	0.50	88.5	12	0.37
1946	4.27	3.90	0.37	110.3	11	0.35
1997/1998	3.92	2.75	1.17	—	—	—

资料来源：基于徐梦洁等（2011）整理。

表 1.6 保加利亚不同区域土地所有权细碎化状况

地区	地块数	总面积（公顷）	平均地块面积（公顷）
西北区	1 015 481	688 496	0.678
中北区	1 660 992	1 071 340	0.645
东北区	1 171 406	1 309 632	1.118
西南区	1 804 317	784 878	0.435
中南区	2 729 201	1 260 891	0.462
东南区	866 418	739 055	0.853
总计	9 247 815	5 854 292	0.643

资料来源：UNDP（2003）。

立陶宛的农业土地利用和所有权结构呈现出小型化和分散化的特点。2000 年，立陶宛用于农业活动的单个地块平均面积仅为 3.3 公顷，而土地所有人拥有的单个地块的平均面积为 6.3 公顷，其中自留地的平均面积为 0.8 公顷；农场的平均面积为 12.3 公顷，且大部分农场的面积都在 5 公顷以下。2003 年，自留地的面积保持稳定，而用于农业活动的单个地块平均面积和土地所有人拥有的单个地块的平均面积分别下降为 4.2 公顷和 6 公顷。其中，在册农场数量达 45 000 个，平均土地面积为 28.2 公顷；个人（家庭）农场为 233 000 个，平均土地面积为 5.5 公顷；农业企业为 600 个，平均土地面积为 483 公顷（冷敏华，2013）。

　　匈牙利的土地产权主要由国家、合作社和私人所有。从产权结构来看，1989 年，有 14.2% 的农地归私人所有，剩余的 85.8% 中 14.9% 的农地属于国家，70.9% 的农地属于合作社（Kovács and Osskó，2004）。到 1996 年，国家仅拥有 12% 的农地、剩余的 88% 的农地产权都掌握在私人手中。1997 年 90% 的土地得以返还，然而，向合作社成员实际分配土地和颁发产权证书进程滞后。土地利用主体则主要有公司、合作社、农民个人和其他（见表 1.7）。总体而言，自 1997 年土地返还以来，农民个人利用的土地面积占总农地面积之比呈现先升后降的趋势，而大中型公司制农场和新兴合作社利用的土地面积总体呈上升趋势（Kovács and Osskó，2004）。其他经营主体自 2000 年以来，利用的土地面积较之前增加了 10% 左右。可见，私有产权在匈牙利已占据了统治地位，并掌控在私人农场、公司制农场和新型合作社手中。

表 1.7　　　匈牙利 1997～2002 年不同农业主体的土地利用状况

年份	公司		合作社		农民个人		其他	
	面积（万公顷）	占比（%）	面积（万公顷）	占比（%）	面积（万公顷）	占比（%）	面积（万公顷）	占比（%）
1997	253.8	27.4	182.5	19.6	462.7	49.7	49.3	5.3
1998	241.0	25.9	167.1	18.0	474.5	51.0	47.7	5.1
1999	262.0	28.2	149.5	16.1	468.9	50.4	49.9	5.3
2000	256.0	27.5	123.0	13.2	398.3	42.8	153.0	16.5
2001	278.5	3.0	855.5	92.0	419.6	45.1	146.7	15.9
2002	304.0	32.7	63.8	6.9	433.9	46.6	128.6	13.8

资料来源：基于科瓦克斯和奥斯科（Kovács and Osskó，2004）及冷敏华（2013）整理。

表 1.8 显示了罗马尼亚家庭农场持有的地块情况。农户户均经营的土地面积为 1.73 公顷，分成 3 块，地块平均 0.52 公顷。其中，紧凑型、适度细碎型和严重及以上型农户各占总农户的 1/3 左右。一户一块地的农户偏少，为总农户的 30%；土地适度细碎化的农户为 36%，户均 6 块地以上的极度细碎化农户占总农户的 16%。

表 1.8　　　　　　　　　　罗马尼亚家庭持有地块的细碎化程度

细碎化程度	比例（%）
紧凑（1 个地块）	30
适度细碎（2~3 个地块）	36
严重细碎（4~6 个地块）	18
极度细碎（6 个地块以上）	16
总计	100
家庭的平均农地面积（公顷）	1.73
家庭的平均地块数量（块）	3
地块平均大小（公顷）	0.52

资料来源：基于罗马尼亚国家统计局（https：//insse.ro/cms/）整理。

表 1.9 显示了 2000 年罗马尼亚的农场规模。导致罗马尼亚耕地细碎化的主要原因是土地返还。截至 1999 年 4 月，约 770 万公顷的土地都已返还，覆盖约 430 万的申请者，且 330 万已获得了产权证书（Giovarelli and Bledsoe，2001），家庭型农场成为最为常见的私人农场形式。估计 2000 年私人农场的平均规模为 2.3 公顷，由 6~20 块地组成，占农业土地的 62%。2002 年，私人农场数量增加到约 450 万个，平均面积小于 2.2 公顷。大型地块采用机械化分割方式，导致地块相对狭长，在平均宽度仅为 25 米的情况下，平均长度可能达 1 000 米。

表 1.9　　　　　　　　　　**2000 年罗马尼亚的农场规模**

平均农场规模 （公顷）	平均地块大小 （公顷）	平均地块数 （块）	离最近地块的平均 路程（千米）	离最远地块的平均 路程（千米）
<1	0.40	1.00	1.92	4.50
1～3	0.79	3.00	2.06	7.04
3～5	0.88	4.00	1.70	7.20
5～7	0.91	6.00	1.95	7.56
≥7	0.92	8.00	1.82	7.46
总计	0.85	4.39	1.88	7.15

资料来源：基于冷敏华（2013）整理。

阿尔巴尼亚在土地改革后出现了耕地细碎化现象，而此前细碎化并未在阿尔巴尼亚出现过。根据阿尔巴尼亚农业和食品部 2000 年 6 月的数据，在前合作社的土地上，353 718 户家庭拥有 439 139 公顷土地，由 150 万个地块组成，户均拥有土地面积为 1.24 公顷，户均拥有 4.24 个地块，平均地块大小为 0.29 公顷。在前国营农场土地上，91 000 户家庭拥有 123 334 公顷的土地，由 30 万个地块组成，户均拥有土地面积为 1.35 公顷，户均拥有 3.30 个地块，平均地块大小为 0.41 公顷。总体而言，在阿尔巴尼亚，人均拥有的农业土地面积为 0.24 公顷，户均拥有的土地面积为 2.8 公顷，拥有 4 处地块，平均地块大小仅为 0.31 公顷，且分布非常分散（冷敏华，2013）。

表 1.10 显示了阿尔巴尼亚的农场规模和结构。可见，小于 2 公顷的农场占比高达 88%，各规模组的农场数量比例相对较近，均为 30% 左右；而大于 2 公顷的农场数量占比仅为 12%。平均农场规模为 0.97 公顷，每个农场平均拥有地块数 4.2 个，平均地块的大小 0.23 公顷。

表 1.10   2001 年阿尔巴尼亚的农场规模和结构

规模组	数量（个）	比例（%）
<0.5 公顷	142 600	34
0.5~1 公顷	101 600	24
1~2 公顷	126 200	30
≥2 公顷	49 600	12
总计	420 000	100
平均农场规模（公顷）	0.97	
平均地块大小（公顷）	0.23	
平均农场地块数（个）	4.2	

资料来源：基于托马斯（Thomas，2006）整理。

1.3.2.2　西亚和南亚一些国家的耕地细碎化

位于西亚的伊朗农耕资源丰富，截至 2007 年底，全国可耕地面积超过 5 200 万公顷，占其国土面积的 30% 以上，已耕面积 1 800 万公顷，其中可灌溉耕地 830 万公顷，旱田 940 万公顷。农业人口占总人口的 43%，农民人均耕地 5.1 公顷[①]。然而，从 1989~2015 年，平均每个农场面积从约 6 公顷降至约 4.9 公顷（Statistical Center of Iran，2017）。伊朗平均每个土地持有者拥有 7 块地，但 1/4 的农村人口没有土地，其余 1/3 的农村人口持有较少的土地（Amghani et al.，2019）。

南亚国家的耕地细碎化较为严重。如尼泊尔在 20 世纪 90 年代，户均 0.75 公顷的土地被分为 3.2 地块，每个地块的平均面积为 0.19 公顷（Thapa and Weber，1994），人均拥有 0.14 公顷土地（CBS，2000）。不同所有者的地块相互穿插，小地块和宅基地之间的距离从几百米到几千米不等。在一些山区，农舍和不同地块之间的平均距离是 1.5 公里，有

---

① 资料来源：中国农业信息网，http：//www.agri.cn/V20/ZX/sjny/yz/201406/t20140616_3940376.htm。

的甚至远达 4 公里（Thapa and Paudel，2002）。表 1.11 显示了尼泊尔不同时期的土地细碎化状况。孟加拉国 1980 年的人均拥有 0.10 公顷土地（CIRDAP，1980），2000 年减至 0.06 公顷（Hazell et al.，2002）。斯里兰卡 1982 年户均拥有的地块数为 3.2 块，而户均土地面积仅为 0.7 公顷，每个地块的平均面积约为 0.22 公顷（Thiesenhusen，1990）。

表 1.11　　　　　　　　尼泊尔不同时期土地细碎化状况

描述	1961/1962 年	1971/1972 年	1981/1982 年	1991/1992 年	2001/2002 年
农场数量（'000 个）	1 518.0	1 707.3	2 185.7	2 703.9	3 337.4
土地总面积（'000 公顷）	1 685.4	1 654.0	2 463.7	2 597.4	2 653.9
平均农场大小（公顷）	1.11	0.97	1.13	0.96	0.80
地块数量（'000 块）	10 318.2	12 282.5	9 516.4	10 806.2	10 974.5
平均地块大小（公顷）	0.16	0.13	0.26	0.24	0.24

资料来源：基于尼若拉和瑟帕（Niroula and Thapa，2005）整理。

相比而言，印度的耕地细碎化状况从户均面积和平均地块面积较以上国家好一些。根据印度国家应用经济研究委员会 2006 年对 17 个州、240 个村庄、4 790 个农户的农村经济和人口调查，这些农户共耕种了 17 821 个地块。平均每个被调查农户拥有 3.72 个地块，户均持有面积为 1.82 公顷，平均每个地块约 0.69 公顷，Simpson 指数为 0.47，地块到地块之间的平均距离为 858 米，地块间步行大约需要 18 分钟（Deininger et al.，2017）。

1.3.3　近来欧盟国家的耕地细碎化

1.3.3.1　欧盟数据的来源和分析方法
欧盟 LUCAS 数据代表土地利用和覆盖面积框架调查。欧盟自

2006 年以来每 3 年进行一次这项调查。最新发布的 LUCAS 数据调查年份为 2018 年，这份数据涵盖了欧盟成员国 33 万多个固定观察点的观察结果。

欧盟 LUCAS 数据的优点在于完全标准化，每个固定观察点的数据均使用相同定义和测量方法获得。以下选取了 LUCAS 2009 年、2012 年、2015 年、2018 年数据进行描述性统计，旨在说明欧盟国家的土地细碎化情况。

1.3.3.2 欧盟一些国家的土地细碎化情况

图 1.15 ~ 图 1.18 分别显示了欧盟一些国家 2009 年、2012 年、2015 年和 2018 年面积小于 0.5 公顷的地块数占所有地块数的百分比。这一指标用于表示土地细碎化程度。面积小于 0.5 公顷的地块占比越高，说明这个国家的土地越细碎。

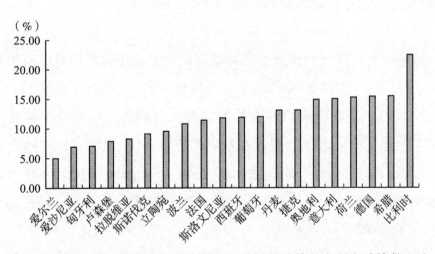

图 1.15　2009 年欧盟一些国家小于 0.5 公顷的地块数占所有地块数之比

资料来源：https：//ec. europa. eu/eurostat/web/lucas/overview；https：//ec. europa. eu/eurostat/web/lucas/data/primary-data/2009.

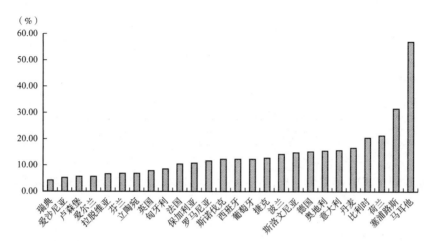

图 1.16 2012 年欧盟一些国家小于 0.5 公顷的地块数占所有地块数之比

资料来源：https：//ec. europa. eu/eurostat/web/lucas/data/primary-data/2012.

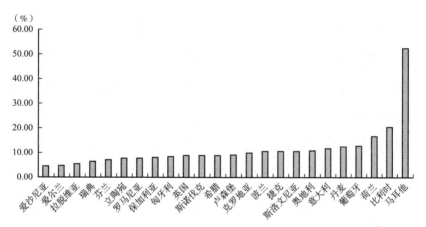

图 1.17 2015 年欧盟一些国家小于 0.5 公顷的地块数占所有地块数之比

资料来源：https：//ec. europa. eu/eurostat/web/lucas/data/primary-data/2015.

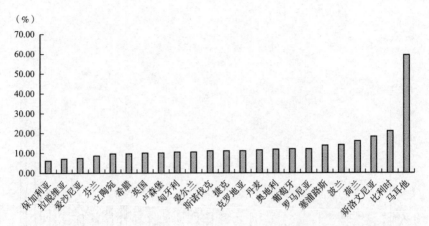

图 1.18　2018 年欧盟一些国家小于 0.5 公顷的地块数占所有地块数之比

资料来源：https：//ec. europa. eu/eurostat/web/lucas/data/primary-data/2018.

　　绝大多数欧盟国家面积小于 0.5 公顷的地块数占所有地块数的百分比小于 30%。马耳他的土地细碎化程度最高，从 2012 年、2015 年、2018 年 LUCAS 数据来看（2009 年未找到相关数据），马耳他有一半以上的地块面积小于 0.5 公顷。

　　从表 1.12 可以看出，奥地利、捷克、丹麦、拉脱维亚的土地细碎化程度呈下降趋势，立陶宛、葡萄牙的土地细碎化程度趋于稳定，爱沙尼亚、荷兰、卢森堡、波兰、匈牙利、爱尔兰、斯洛文尼亚的土地细碎化程度呈上升趋势。为更直观地呈现上述变动趋势，在这三类中各选取两个国家（奥地利和捷克、立陶宛和葡萄牙、爱尔兰和斯洛文尼亚）将它们的面积小于 0.5 公顷的地块数占所有地块数的百分比做成折线图（见图 1.19）。

　　图 1.19 显示，在 2009～2012 年、2012～2015 年、2015～2018 年这三个时间段，欧盟国家的土地细碎化程度呈波动趋势，均出现了不同程度的先上升后下降或者先下降后上升，所选取的这六个代表性国家没有出现土地细碎化程度连续上升或连续下降的情况。说明随着一个国家社会经济的发展，土地细碎化会趋于一个相对稳定的状态。

表 1.12　部分欧盟国家面积小于 0.5 公顷地块数占全部地块数比例 单位：%

国家	2009 年	2012 年	2015 年	2018 年	2009～2018 年的变动之比
奥地利	14.82	15.46	10.87	11.76	-3.06
捷克	13.06	12.75	10.52	11.04	-2.02
丹麦	13.03	16.56	12.59	11.48	-1.55
拉脱维亚	8.26	6.72	5.55	7.07	-1.19
立陶宛	9.56	6.89	7.75	9.54	-0.02
葡萄牙	11.95	12.34	12.86	11.93	-0.02
爱沙尼亚	6.95	5.23	4.52	7.43	0.48
荷兰	15.23	21.27	16.75	16.00	0.77
卢森堡	7.89	5.63	9.16	10.00	2.11
波兰	10.84	14.10	10.47	14.08	3.24
匈牙利	7.09	8.58	8.45	10.46	3.37
爱尔兰	5.00	5.65	4.67	10.60	5.60
斯洛文尼亚	11.80	14.81	10.56	18.26	6.46

资料来源：只有上述 13 个国家在欧盟 LUCAS 的 2009 年、2012 年、2015 年、2018 年四次调查中均有相关数据。为了便于对比欧盟国家土地细碎化变动情况，本表选择上述 13 个国家。

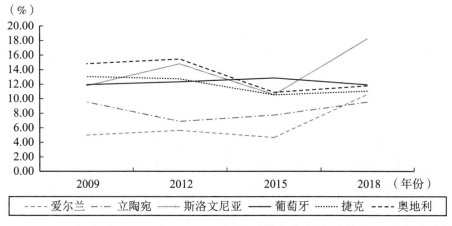

图 1.19　近年来欧盟六国小于 0.5 公顷的地块数占所有地块数之比变动趋势

1.3.4 不同时期中国和一些国家耕地细碎化的比较

表1.13显示了中国和其他一些国家不同时期的每户地块数量、平均地块规模和平均农场规模的信息。表1.13显示,中国当前农户面临的土地细碎化比这些国家的农户严重得多。在平均地块数大致相当的情况下,平均地块面积和农场面积仅为这些国家平均水平的几分之一。

表1.13   中国不同时期与一些国家的土地细碎化

国家(年份)	平均地块规模 (公顷)	户均经营地块数 (块)	户均经营规模 (公顷)
印度(1960~1961)[1]	0.46	5.7	2.62
荷兰(1950)[2]	2.30	3.2	7.36
比利时(1950)[2]	1.10	6.8	7.48
西德(1949)[2]	0.70	10.0	7.00
罗马尼亚(1948)[2]	0.90	6.6	5.94
罗马尼亚(2000)[3]	0.85	4.4	3.74
希腊(1950)[2]	0.50	5.6	2.80
西班牙(1945)[2]	1.60	7.0	11.20
中国(1929~1933)[4]	0.38	5.6	2.13
中国(1986)[5]	0.07	9.0	0.61
中国(1999)[5]	0.09	6.1	0.53
中国(2000)[5]	0.08	5.87	0.49
中国(2005)[5]	0.10	5.93	0.57
中国(2010)[5]	0.11	5.46	0.58
中国(2015)[5]	0.13	4.92	0.64
中国(2020)[5]	0.17	5.12	0.85

资料来源:①明哈斯(Minhas,1970);②多夫林(Dovring,1960);③鲁苏等(Rusu et al.,2001);④卜凯(Buck,1937);⑤中国农村固定观察办。

不同时期中国的土地细碎化有所差异。1986 年，每户农户的平均地块数为 9.0 块。但此后，1999 年，平均地块数下降至 6.1 块，略高于 1929～1933 年。1999 年平均地块面积为 0.087 公顷，平均农场面积仅为 0.53 公顷。2010 年以来，户均经营的地块数在 5 块左右波动，户均经营的耕地面积和经营地块的平均大小都呈上升趋势。2015 年以来的 5 年，平均地块大小和户均经营的耕地面积增长相对较快，虽然地块数也较 2015 年略有增加。2020 年农户户均经营的耕地面积和块均经营面积均远高于家庭联产承包责任制刚实施的头几年（1986 年），较 1986 年分别高出 40% 和 143%，但这两个细碎化指标仍远不及 20 世纪 30 年代的水平，即平均农场经营面积为 2.1 公顷，平均经营地块面积为 0.38 公顷，而户均经营的地块数则略好于当时的水平（5.1 块 vs 5.6 块）。

过去几十年，国家虽然不断推动土地流转、土地整理和"一户一田"等耕地细碎化治理，并取得了一些成效，但与 20 世纪 30 年代以及跟其他国家的耕地状况相比，现今中国耕地细碎化程度依然相当严重。程度如此之高的耕地细碎化会如何影响中国的粮食生产？下面将在综述相关文献的基础上，对此展开探究。

1.4　耕地细碎化对粮食生产影响的文献简述

如前所述，耕地细碎化一般被描述为由于自然或人为割裂因素，将耕地分成零碎的、分散的、大小不一地块而呈现出的地块分散和无序状态（李鑫等，2011）。随着保持土地承包关系稳定并长久不变，第二轮土地承包到期后再延长三十年的基本原则和政策取向的进一步明确，小规模细碎化的土地经营形式将在我国长期存在，并成为绝大多数地区农业生产的主要特征之一（叶春辉等，2018）。引起耕地细碎化的因素首先是自然地理条件，如在丘陵或山区地带，耕地地质结构、坡度等地貌条件复杂，单位耕作生产面积不宜过大，这就导致了这些地区耕地细碎化程度较高（李谷成等，2010）。其次是土地制度，自 20 世纪 80 年代，我国开始实行家庭联产承包责任制度，到 20 世纪 90 年代全国范围都已普及，家庭联产承包责任制度在一定程度上提高了农民生产的积极性，为农业农村发展带来了一定的制度红利，但诸多弊端也开始显现：由于遵循按照家庭人口、土地质量好坏和土地位置远近均分的原则，随着人口的不断增长，人口与基本固定不变的土地数量之间的矛盾日益显现，土地被不断碎化，由此带来土地细碎化问题（谭淑豪等，2003）。最后是农户理性选择，农户根据自身禀赋进行多样化种植以减少自然和市场风险从而最大化收益。土地细碎化问题成为影响农业生产的一个重要因素（王嫚嫚等，2017）。在可供开发利用的后备土地资源匮乏的情况下，要想保障中国的粮食安全和维持基本生存，最有效的途径就是提高现有耕地的利用效率（刘涛等，2008）。耕地细碎化会影响耕地利用效率，进而对粮食生产产生影响。以下从生产成本、生产效率及其影响机制方面简要综述耕地细碎化对粮食生产影响的相关研究。

1.4.1 耕地细碎化对生产成本的影响

戴宁格尔等（Deininger et al.，2017）基于印度国家应用经济研究委员会 2006 年进行的农村经济和人口调查获得的 240 个村庄和 17 个州、4 790 个农户、17 821 个地块的生产信息，通过构建超越对数成本函数探讨耕地细碎化对生产成本的影响。细碎化指标分析表明，Simpson 指数变化的估计影响远大于空间细碎化的估计影响（估计系数分别为 0.400 和 0.021），这支持了平均地块大小和地块之间的距离衡量细碎化的观点。Simpson 指数和地块到地块之间的距离的一个标准差变化将使整个样本的成本分别变化 9.8 个和 0.67 个百分点。农场规模在 3.1 公顷以下时,单位生产成本将随着耕地细碎化程度的增加而增加,超过这一规模,成本将下降。

研究发现,除对总单位生产成本的影响,耕地细碎化还对各生产要素成本产生影响。就总样本而言,辛普森指数每增加 1 个标准差,粮食生产中的雇佣劳动力和家庭劳动力成本份额分别增加 11.8% 和 12.1%,畜力成本份额增加 19.7%;而种子、杀虫剂和农机成本份额分别减少 19.2%、9.9% 和 9.1%。辛普森指数对化肥的成本没有显著影响。

这一研究的独特之处在于,考虑了每个地块的产权方式,即继承、购买和租赁。继承土地的样本表明,辛普森指数的一个标准差增长除增加总成本,还降低农机(9.3%)、种子(21.6%)和农药(10.6%)的成本份额,同时显著增加家庭和雇佣劳动力的成本(分别为 13.3% 和 13.7%)以及畜力成本(19.4%)份额。这与以往的观点一致,即平均地块规模过小所表示的细碎化,将导致生产者用劳动力代替资本。换言之,细碎化耕地将导致劳动密集型而非资本密集型生产方式。这意味着农机使用成本份额的下降,而畜力和家庭劳动力成本份额的增加。

总生产成本的结果支持平均地块大小存在阈值的看法。Simpson 指数代表的土地细碎化对不同规模农场的总体成本的影响有所不同:对于小规模农场,辛普森指数对总成本影响的弹性值为 0.631;对于中型农场而言,辛普森指数对总成本影响弹性为 0.413;辛普森指数对大型农场总成本的影响不显著。这表明,规模为 2~3.5 公顷的地块,其地块大小不会显著妨碍农机的使用。另外,对于大型农场来说,机械的成本占比不受地块数量增加的影响,我们只观察到劳动力替代种子和化肥。相比之下,地块间距离的变化对投入成本占比的影响可以忽略不计,但中等规模的家庭劳动力成本份额略有增加,大型农场的雇佣劳动力成本占比有所减少。

研究表明，耕地细碎化存在着机械使用的阈值，即一旦地块规模小到阈值以下，就很难使用农业机械。当地块面积高于这一阈值时，通过增加雇佣劳动的监督管理成本以及增加设备在地块间移动时间来增加生产成本，导致机械设备等先进技术使用困难，阻碍农业社会化服务、分工深化与农业现代化发展，进而对粮食安全产生不利影响。戴宁格尔等（Deininger et al.，2017）进一步指出，细碎地块不能使用机械还将对小农户产生不成比例的影响，这表明细碎化引发的效应具有分配影响。如果能以成本有效和持续的方式进行地块整合，可能会使贫困和边缘农民不成比例地受益，从而提高公平性。

王等（Wang et al.，2020）运用重庆市的数据建立超越对数成本函数发现土地细碎化会增加劳动力成本、减少机械成本，如果其他条件不变，地块数、辛普森指数或总最小通勤时间每增加一个标准差，成本分别增加 7.1%、15.1% 和 12.2%；总最小通勤时间每增加一个标准差，劳动力成本将显著提高 26.1% 的份额，同时机械成本降低约 12.6% 的份额；农场规模与粮食生产成本呈现倒"U"型关系。刘强等（2017）综合考虑了农户土地经营规模、土地细碎化以及农户生产特征、农户特征对粮食生产的影响，发现经营规模的扩大提高水稻生产的技术效率，但却降低配置效率，规模的扩大不利于成本效率的提高，土地经营规模对水稻种植农户成本效率有显著负向影响，土地细碎化程度对水稻种植农户成本效率、技术效率和配置效率均有负向影响。此外，连雪君等（2014）通过对乌村 194 户农户微观数据的实证分析，发现细碎化的土地产权增加了农户集体协商成本、监督管理成本和信息成本，从而增加了粮食生产成本。

1.4.2 耕地细碎化对生产效率的影响

现有相关研究在耕地细碎化是否对粮食生产效率产生影响，以及如何影响有不同的发现，有些学者认为细碎化带来粮食生产的效率损失，有些学者认为土地细碎化有利于促进农业生产效率提高，还有些学者认为没有影响，或呈现非线性影响。如许庆等（2008）认为耕地细碎化会限制农户规模化经营，通过增加田埂和沟渠面积浪费耕地资源，降低灌溉效率，浪费农业作业时间，造成田间管理不便，阻碍需要一定作业面积的农业生产要素（例如机械设备）的使用，从而降低生产效率。刘宏曼等（2019）通过对山东省小麦种植户的实证分析，发现经营面积增大并未带来技术效率的提高，说明土地经营规模不是越大越好，而应强调适度规模经营。拉赫曼和拉赫曼（Rahman and Rahman，2009）和谭淑豪等（Tan et al.，2010）的研究认为，耕地细碎化会带来农业生产技术效率损失。王学和李秀彬（2020）通过对河北省沧县的调研，运用随机前沿生产函数及效率损失模型发现土地细碎化对农户粮食生产及其效率产生负影响。刘涛等（2008）利用江苏省南京市274个农户的实地调研数据，发现土地细碎化造成农户复种指数下降，并阻碍平均土地综合产出率的提高。潘恩等（Phan et al.，2022）运用越南农户层面水稻生产的数据进行实证分析，发现土地细碎化与家庭粮食不安全正相关。土地细碎化指数每增加1%，家庭发生粮食不安全的概率将增加4.79%。

有些学者认为，土地细碎化有利于促进农业生产效率提高。如费诺阿尔塔等（Fenoaltea et al.，1992）认为，耕地细碎化有利于传统农业中农户发挥精耕细作的优势，通过调整农作物种植结构，缓解农业劳动力季节性供给不足，分散市场和自然的双重风险。程竹和陈前恒（2018）也认为土地细碎化有利于促进多样化种植从而提高农户的生产效率。对于不同类型的经营主体，土地细碎化对粮食生产的影响又会有所不同，新型农业经营主体通过流转土地实现了适度规模经营，引入社会化服务提高农业生产效率（韩旭东等，2020）。李功奎和钟甫宁

（2006）认为，在经济欠发达地区，农地细碎化有利于农户进行多元化种植，合理配置并充分利用农村劳动力，维持或增加农户种植业净收入。克尼彭伯格等（Knippenberg et al.，2020）认为，应该用粮食安全来衡量家庭福利而不是粮食产量。通过在埃塞俄比亚不同地区进行实证研究，发现土地细碎化与粮食安全有着正向的影响，土地细碎化还有利于缓解低降雨量对粮食安全的不利影响。西亚艾安等（Ciaian et al.，2015）在阿尔巴尼亚的研究表明，土地细碎化显著促进了自给自足农户的多样化。大地块会对降低农业生产多样化产生显著影响，土地细碎化通过增加自给农户生产的粮食品种，有助于粮食安全的改善。尼钦和德弗里斯（Ntihinyurwa and de Vries，2020）认为，土地细碎化在不断加剧的气候变化现实下，在不同的生长条件下种植不同的作物，在环境危害和天气冲击（降雨模式和温度变化导致的干旱、洪水、大风等）、疾病暴发和粮食价格波动的情况下，分散了作物全部歉收和产量损失的风险。在这种情况下，土地细碎化被认为是一种适应性战略，而不是一个问题。他们从社会文化（平等主义继承法、习惯实践中的平等主义原则、婚姻、人口增长和土地相关的冲突）、经济（土地市场、正式和非正式土地交易）、自然原因（土壤质量、地形、位置、形状）、制度原因（土地使用整合计划、土地再分配计划、一些农村基础设施发展、土地改革）角度分析了土地细碎化的成因，认为对土地细碎化效应的研究应注意不同环境背景下不同类型、不同因素的土地细碎化类型对粮食安全粮食生产的影响差异。他们运用卢旺达的调研数据发现，不同地点、不同形状的多种土地持有量允许农民在不同生长条件（土壤类型、坡度、微气候变化等）下种植具有不同适应能力的多种作物，证实了土地利用、位置、内部价值、所有权和土地破碎化作为家庭层面粮食安全的组成部分对粮食可持续性和粮食质量的积极影响，且认为土地细碎化是一种有效的风险管理策略，会对粮食质量、粮食可持续性和粮食安全产生积极影响。土地细碎化似乎有助于减少土地所有权和使用相关的冲突，尽管对农业生产效率产生了负面影响，如增加土地边界损失和边界相关冲突（Ntihinyurwa et al.，2019）。布莱尔等（Blarel et al.，1992）在加纳和卢旺达的研究中认为，农地细碎化并不像人们通常认为的那样低效，他们主张将土地细碎化作为管理风险、季节性瓶颈和粮食不安全的工具。阿布巴卡尔等（Abubakari et al.，2016）认为，土地细碎化有助于在像卢旺达这样的不同风险易发地区抵御气候变化的影响，导致全年作物多样性的可持续生产，从而增加粮食质量和粮食可持续性的营养平衡，作为粮食安全的组成部分。

还有一些学者认为，土地细碎化对生产效率无显著影响，如夏庆利和何罗芳（2012）通过对湖北农村地区的实地调研数据，分析影响土地利用效率的因素，发现土地细碎化对土地利用效率无显著影响。有些学者认为，耕地细碎化对粮食生产效率的影响是非线性的。如文高辉和杨钢桥（2019）利用湖北省江夏区等区县农户问卷调查数据，运用Cobb - Douglas生产函数的变形形式进行实证检验发现，当农户耕地经营面积较小时，耕地细碎化对耕地生产率有正向影响，当农户耕地经营面积较大时，耕地细碎化对耕地生产率有负向影响，即土地细碎化与粮食生产效率存在着倒"U"型关系。宋浩楠等（2021）运用安徽省农村固定观察点农户层面的面板数据，使用效率时变型随机前沿生产函数模型以及中介效应模型分析了土地细碎化对农业生产技术效率的直接效应以及通过农户多样化种植行为传导的中介效应，发现土地细碎化对农业生产技术效率存在倒"U"型的直接效应。

1.4.3　耕地细碎化对粮食生产影响的机制

有些研究者认为，耕地细碎化主要是通过影响劳动力、资本、技术等生产要素的投入与配置从而影响粮食生产的。如秦立建等（2011）运用随机前沿模型分析安徽某村的调研数据，发现土地细碎化降低粮食产量的传导路径有两个：一是使农户减少对化肥等农业生产资料的投入，从而抑制了本应生产出来的粮食产量；二是增加了农户的劳动投工量，农户携带劳动工具奔走于各地块之间消耗了劳动者的体力与精力，浪费了有效投工量。韩旭东等（2020）运用第二期"全国新型农业经营主体发展指数调查"数据分析，发现土地细碎化通过影响劳动、机械应用、资本、技术等生产要素的投入对粮食生产效率产生影响。具体而言：（1）在劳动投入方面，土地细碎化降低了劳动效率和劳动边际报酬，造成劳动力"内卷化"，而且劳动投入增加对其他生产要素有明显的挤出效应（纪月清和钟甫宁，2013）。（2）在机械应用方面，土地细碎化减少了农业机械的运用，提高了机械使用成本，降低了机械应用效率，从而阻碍了农业机械化发展，降低了生产技术效率（Blarel et al.，1992）。（3）在资本投入方面，土地细碎化会阻碍农机社会化服务的采用与推广（纪月清等，2016）。土地细碎化不利于资本深度投资，也不利于土地综合产出率的提高（刘涛等，2008）。（4）在技术投入方面，土地细碎化降低了农民接受农业新技术和农业技术创新的积极性，阻碍了农业新技术的采纳，降低了农业生产效率（Niroula and Thapa，2005）。郭贯成和丁晨曦（2016）利用江苏省农户实地调查数据建立超越对数函数进行实证分析发现，土地细碎化不是作为一种单独的生产投入要素直接影响粮食产量的，而是通过影响土地、劳动、资本等各个要素在粮食生产过程中起作用：（1）土地要素：土地细碎化导致的边界增加会浪费土地，降低土地利用效率，但从另一个角度，土地细碎化又有利于促进种植多样化从而起到分散风险的作用；（2）资本要素：土地细碎化可能减少可变生产资料的投入，增加基础设施成本，导致大型农业机械操作困难，但也有利于提高不变生产资料的利用效率，并避免农业机械季节性搁置；（3）劳动力要素：土地细碎化可能占用更多的人力资源，但也有利于充分使用劳动力，缓解劳动力季节性不足等。隋等（Sui et al.，2022）运用山东省兰陵县农户层面的数据，分析了在中国农业劳动力短缺和老龄化压力的背景下，劳动力结构对土地利用效率的直接影响及通过土地细碎化的中介效应，发现劳动力结构变化与土地细碎化程度呈倒"U"型关系，土地细碎化程度与土地利用效率呈"U"型关系。

蔡基宏（2005）通过建立农户模型研究发现，土地规模与土地产出率具有负相关关系，但考虑兼业程度的影响，这一关系会发生变化，即土地规模大的农户兼业程度小，土地规模大使集约度减小，兼业度小使集约度增加，当兼业的影响大于土地规模的影响时，总的影响是尽管土地规模扩大但土地产出率并不减少反倒增大。

有些研究认为，土地细碎化有利于多样化种植从而促进粮食生产。如卢华和胡浩（2015）认为土地细碎化有利于种植多样化，降低自然和市场风险，优化生产要素的配置，增加利润和效率。宋浩楠等（2021）也认为，土地细碎化可通过农户的种植决策（种植多样化）对农业生产技术效率产生非线性的中介效应。克尼彭伯格等（Knippenberg et al.，2020）基于埃塞俄比亚不同地区的相关数据，发现土地细碎化是通过促进多样化种植从而提高粮食安全水平的。因此，土地细碎化的存在具有一定的合理性，应考虑到土地细碎化增强农户应对不利气候冲击能力的可能性。在气候变化背景下，耕地细碎化可以成为气候异质地区增强粮食安全的一种方法，在一定程度上有利于降低气候（如冰雹、干旱、洪水、风和其他自然灾害）风险导致的损失以及减少和控制害虫和其他作物疾病在整个农场的扩散或蔓延。进一步地，土地细碎化是通过平等原则分配资源的一个工具，而平等原则有助于减少与土地所有权有关的冲突和争端的数量，对生物多样性起到更好的保护作用，进而维持粮食生产的基础。

王学和李秀彬（2020）运用华北平原的调研数据，探究了种植制度与土地细碎化对粮食生产的影响，发现土地细碎化对粮食生产和技术效率均存在显著负向影响；作为种植制度的表征指标，复种指数的影响与土地细碎化正相反，小麦—玉米两熟制比玉米一熟制更有利于粮食生产及其技术效率的提高，即复种指数越高，粮食生产及其技术效率越高。

还有些研究认为，土地细碎化是通过影响土地流转影响粮食生产的。如文高辉和杨钢桥（2019）利用湖北省江夏区等区县农户问卷调查数据，运用 Cobb – Douglas 生产函数的变形形式进行实证分析，发现耕地细碎化对农户耕地生产率有影响，其作用方向很大程度上取决于农地流转市场规范完善程度和农户耕地经营规模，其负向影响随着农地流转市场规范完善程度的提高以及耕地经营规模的增大而增强。具体而言：若农户按市场价格转入耕地，耕地细碎化对农户耕地生产率有负向影响；若农户以低于市场价格转入耕地，耕地细碎化对农户耕地生产率的影响受到农户耕地经营面积的制约。黄祖辉等（2014）基于江西省2011 年 325 户稻农数据的研究也发现，土地细碎化程度对稻农技术效率有不利影响，细碎化程度越高，其技术效率越低，但发生土地流转的稻农的技术效率高于未发生土地流转的稻农。

此外，有些研究探讨了土地确权下土地细碎化对粮食生产的影响。如许金海等（2021）通过构建"产权权利界定、产权资源特性与农户生产要素投入"的理论分析框架，运用广东粤北山区阳山县农户的调查数据和条件混合处理模型，计量分析发现：农地确权未能有效激励农户的生产要素投入行为，但土地细碎化显著抑制了农户雇佣劳动力和机械服务购买行为，并显著促进了化肥施用。农地确权与土地细碎化两者之间不存在互补或替代的交互效应。

1.5　小　　结

区别于现有关于耕地细碎化对粮食生产影响的研究，本书拟更加系统和深入地探讨耕地细碎化对粮食生产的直接和间接影响。具体而言，本书从以下几方面对现有文献有所贡献。

（1）本书基于农村固定观察点的农户数据、文献数据和欧盟 LU-CAS 等数据，刻画中国近几十年来土地细碎化的演变，并梳理和比较中国不同时期和一些国家和地区土地细碎化的状况。在普遍存在耕地细碎化的发展中国家，这种精确和大规模的数据库很少可用。本书使用这些数据来研究耕地细碎化趋势，并分析这些趋势背后的驱动力，可用以制定减轻耕地细碎化的可行政策建议，并可为相关研究提供一些数据参考。

（2）采用精心收集的实地调研数据和较为全面的耕地细碎化指标深入分析耕地细碎化及其对中国小农粮食生产的影响。本书不仅使用了地块数量（Fleisher and Liu，1992）和平均地块大小（Su and Wang，2002），还使用了地块到住处的距离来反映地块的空间分布。通过使用耕地细碎化问题不同层面的指标，可以更详细地了解细碎化对粮食和农业生产的影响。本书使用农户模型框架来研究耕地细碎化对生产成本和技术效率的影响。运用这种方法，可假设农户在其面临的给定约束范围内最大化其效用，允许在耕地细碎化影响的实证分析中包含控制因素。

（3）实证检验耕地细碎化对土壤质量的影响，而土壤质量是（未来）农业和粮食生产能力的主要决定因素。研究构建了农场管理活动、水稻产量和土壤质量之间相互作用的模型，并探讨了耕地细碎化对农场管理决策、土壤质量和水稻产量影响的机制。本书分析中采用的生产函数不同于农业经济学中使用的传统函数，它包括土壤质量指标（作为产量的近似决定因素），而不是土壤管理变量。根据这一基于农学和土壤科学观点的方法，肥料施用通过改变土壤质量间接影响水稻产量。此外，由于不同的作物或作物品种通常对不同的主要养分有不同的反应，并且由于施用不同成分的肥料类型对土壤质量有不同的影响，根据所施用肥料的养分含量将肥料细分为氮肥（N）、磷肥（P）和钾肥（K）①。将肥料的施用区分为其主要营养成分，可以估计哪种成分是研究区域粮食产量的主要限制因素，并就研究区域农户所需的肥料施用变化制定具体建议。而以往的研究多采取氮肥、磷肥和钾肥加总的方式，因而不能反映出作物对某种具体养分的反应，如作物氮肥施用过量而磷肥施用不足时，肥分加总的结果从模型上可能显示肥料施用量正合适。

（4）基于实地调研的农户和地块层面的社会经济数据（如农户特征、地块特征和每个地块的投入产出等），结合对这些地块进行的土壤采样和测试，进一步探讨了耕地细碎化对农户土壤肥力管理行为的影响，进而对农田耕层土壤质量的影响，这两方面可反映未来粮食生产潜力。

（5）基于大食物观，利用多年的农户调研数据，拓展探讨了耕地细碎化对被视为农业绿色发展典型模式的稻田复合种养生产方式的影响。研究可望对促进农业绿色发展、保障粮食安全的农业政策提供参考。

（6）跳出农地和农业，探讨如何促进耕地细碎化治理，创新农业知识体系，提高我国粮食安全保障。

---

① P 和 K 分别代表 P_2O_5 和 K_2O。

第 2 章

耕地细碎化对水稻生产
影响的早前研究

土地所有权的分散被视为欠发达农业系统的一个重要特征。这可能是农业发展的一个主要障碍,因为它阻碍农业机械化,导致生产效率低下,并且需要花费大量成本来缓解其影响(McPherson, 1982; Soltow, 1983; Heston and Kumar, 1983; Simmons, 1988; Najafi and Bakhshoodeh, 1992; Blarel et al., 1992; Birgegard, 1993; Jabarin and Epplin, 1994; Parikh and Shah, 1994; Nguyen et al., 1996; Gorton, 2001; Najafi, 2003)。考虑这些因素,荷兰和法国等欧洲国家以及肯尼亚、坦桑尼亚、卢旺达等非洲国家和其他地方实施了许多土地整合和土地改革政策,以减轻土地细碎化(Elder, 1962; Hyodo, 1963; Udo, 1965; King, 1977; Zhou, 1998; Sabates – Wheeler, 2002)。

2.1 是什么导致了中国耕地的细碎化?

与其他国家相比,中国的土地细碎化非常严重(见第 1 章的第 2 节)。为了减轻细碎化,自 20 世纪 80 年代中期以来,中国实施了村级土地整理和土地调整。在一些地区,特别是江苏和山东等沿海省份的平原地区，实施此类项目相对容易。在其他地区，将承包给单个家庭的地块进行合并的过程可能涉及大量交易成本。尤其在中国的中西部地区，由于地形因素，土地细碎化程度很高，农村家庭收入主要依赖农业生产。为了整合地块，农民们不得不频繁地聚集在一起，讨论如何让每户都满意地执行政策。这可能会造成农业和非农就业劳动时间的损失。此外，还需要政府资金来协助项目的工程部分。

透彻理解土地细碎化的成因可能有助于决策者深入了解（往往是无意中）是什么政策导致了土地的细碎化，并决定哪些措施适合减少土地细碎化问题。尽管土地细碎化在中国是一个公认的问题（Qu et al.，1995；Hu，1997），但对其驱动因素及其相对重要性的实证研究很少。需要更好地理解中国土地细碎化的原因，特别是在中国面临着农业现代化挑战的时候。迫切需要新技术来降低生产成本和改善农户的福利。

本节旨在探讨当今中国农村和家庭层面土地细碎化的原因。本节结构如下：第2.1.1节讨论自家庭承包责任制以来中国土地细碎化的背景，重点介绍家庭承包责任制的引入以及该制度下的土地分配和调整过程。在第2.1.2节中，构建了一个分析框架，作为实证分析的基础。第2.1.3节讨论了具体的模型，第2.1.4节介绍和讨论了回归分析的结果。第2.1.5节讨论并总结了本节的主要结论。

2.1.1 土地细碎化背景

家庭承包责任制的引入对土地细碎化产生了巨大影响。刘守英（Liu，2000）和龚启圣（Kung，2000）区分了家庭承包责任制下的三种主要类型的土地分配。第一种是所有土地都是根据家庭人口规模简单分配给家庭的。1988年，国务院在全国范围内对300个村庄进行调查，发现近70%的村庄采用了这一土地分配方式。第二种是口粮田（或口粮地）按人口平均分配，责任（田）地按家庭劳动力数量分配。第三种是所有土地按劳动力数量分配。富裕地区倾向于使用第二种和第三种方式的组合，而贫困地区则倾向于使用第一种分配方式（Liu，2000）。

在一个村庄内，土壤、灌溉和排水条件均匀的地块，以及可能使用相同类型土地的地块，被归为的一个土地类别。必要时，根据农民对同质性程度的共识，土地类别可进一步划分为若干子类，这取决于类别内土地条件的变化。每个类和子类被用作面积单位，每个家庭至少分配一块土地。原则上，每个人都应获得每类土地的平等份额。例如，如果一个村庄有四类土地，那么一个五口之家可以获得所有四类土地的五份，也就是说，每人获得每四类土地的一块，或者说每人获得四块类型不同的土地，这四块类型不同的土地被视为一份土地。为了减少地块数量，五名成员的同一类土地尽可能划分在一个地方。通过这种方式，该家庭至少获得了四块地。分配给每个家庭的地块的位置是通过抽签确定的。家庭规模的差异使得每个类中的地块大小和/或地块数量不同。灌溉和土壤条件变化越大，土地类别的数量就越多，分配给各户的地块数量也越多。

传统上的平等主义观念对土地分配产生了重大影响，从而影响了土地细碎化。1951 年的土地改革在平等原则的基础上实现了土地私有化。由于土地被视为生产要素和社会福利保障的一种形式，1958 年后，土地成为集体的共同财产，每个村民对作为集体共同财产的土地都有平等的使用权。换言之，在农民的理解中，土地是平等分享的（Zhang，2001）。例如一项全国性调查的结果显示，到 20 世纪 90 年代初，大约95% 的村庄在采用家庭承包责任制后至少调整了一次土地分配；平均而言，土地重新分配发生了 3.1 次（Yang，1995）。姚洋（Yao，2000a）和龚启圣（Kung，2000）在四个典型省份（江西、浙江、河南和吉林）的八个县 83 个村庄的研究提供了一些关于村庄特征的有趣结论，这些特征影响土地重新分配，从而影响土地细碎化。这种观念在人民公社时期得到加强，当时土地由集体所有和管理。自实施家庭承包责任制以来，这种平等观念导致了频繁的土地重新分配或土地调整，以适应村庄内的人口变化。这种重新分配导致现有地块细分，可能加剧土地细碎化。

为了防止土地的进一步细碎化——这日益被视为农业发展的障碍，自 20 世纪 80 年代中期以来，一些沿海地区（东部省份）的地方政府开始实施土地整理或土地整合项目，之后，一些中部省份也开始实施。土地整合是将空间上分散的若干块细碎化农地在一个地方形成一块地或尽可能少的地块（Oldenburg，1990）。它已成为所谓的综合农业发展计划的一个重要组成部分，该计划的目的是改善农业基础设施（灌溉和排水条件等），以加强未来的农业发展能力，并提高农民收入。为了进行土地整合，土地必须先由集体收回。然后，进行规划，使平原地区的每个地块面积在 0.13 ~ 0.20 公顷（即 2 ~ 3 亩），丘陵地区约为 0.07 公顷（即 1 亩）。之后，土地被重新分配给各个农户。根据笔者在 1999 年与江西省负责土地整理的人士进行的讨论，当时政府在此类项目上的投资约为每亩 250 元（即每公顷 450 美元），而农户则必须提供劳动力。

尽管政府多年来一直呼吁土地整合，但反应往往缓慢。其中一个重要原因可能是合并地块涉及大量交易成本。正如我们注意到的，在当前的中国，整合过程涉及每个村庄的许多家庭。此外，为了成功实施并保持平衡，农民必须参与过程的所有阶段（包括决策），为所有相关农户找到适当的解决方案。在西部省份，与东部和中部相比，农户及其农田分布的面积要大得多，这主要是地形因素所致。因此，土地整理在中国西部涉及相对较高的交易成本。这可能是中国西部地块数量最多而平均地块面积最小的原因之一。

20 世纪 90 年代末启动了一项新的全国土地整理计划。它旨在整合零散和未充分利用的土地、开垦荒地和受损土地、开发未利用的土地资源，同时保护中国的自然资源。截至 2004 年 6 月，该方案涉及 731 个项目，平均面积为 648 公顷。中央政府对该项目的投资为每公顷 1 300 美元[①]，按照 2004 年美元兑人民币汇率 8. 21 计算，政府对该项目每亩投资约 712 元。

1998 年中国颁布的新土地管理法对土地细碎化产生了一些影响。土地在法律实施几年内再次重新分配，一旦分配，土地可使用 30 年。延长合同期的目的是增加土地使用安全，使土地成为农民心目中的保障。这就要求任何土地分配必须比以往任何时候都更加考虑周到和公平。在分配过程中必须保持平等。因此，根据土壤类型、灌溉条件、排水条件、道路条件及农民认为影响农业产量和土地管理的任何其他条件，将土地划分为若干地块类别。根据朱（Zhu，2001），由于 30 年合同的逐步实施，土地变得更加分散。将土地使用权再延长 30 年，旨在增加土地使用权保障，从而刺激土地保护投资（Ye et al.，2000；Zhu，2001）。禁止重新分配土地。但最近来自实施这一安排的地区的证据表明，许多村庄的土地仍然每 3 ~ 5 年进行一次调整（Zhu，2001；Vermeer，2004）。

影响土地细碎化的另一个因素是土地租赁市场的重新出现。如第 1 章第 2 节所述，在一个以农业为主的社会中，土地稀缺与土地市场（以及可分割继承制度）的结合导致了中华人民共和国成立前中国土地高度分散。在今天的中国，农户不能买卖农地，但在许多村庄，现在可以从其他家庭或村集体租用土地。特别是在村外从事非农就业的农户往往倾向于将其土地租给同一村的其他家庭。在失业的情况下，租出土地的家庭可以依靠土地谋生。

[①] China Daily，5 June 2004，p. 5.

土地租赁市场的出现不一定会导致土地细碎化的增加。当保险、商品或农业劳动力市场不存在重大瓶颈时，农民可能更愿意通过租用自己地块附近的土地来扩大土地规模。因此，土地租赁市场的出现是否降低了当今中国的土地细碎化程度是一个实证问题。第2.3节试图回答这个问题。

2.1.2　分析框架

从以上讨论可以看出，中国的土地细碎化主要由以下因素决定：（1）中央政策推动的土地分配（近年来引入的30年家庭承包责任制）；（2）村或村民小组重新调整土地的次数和强度；（3）土地整理计划的实施；（4）土地租赁市场的存在。

图2.1显示了中国农村土地细碎化的四个主要决定因素，以及影响这些决定因素的一些主要潜在因素。在土地分配过程中，每户分配的地块数量和大小取决于其所在村的土地类别的多少、每户可分到的土地面积以及村庄中农业家庭（即具有农村集体成员权的家庭）占农村总家庭（有些居住在村里但没有集体成员权的家庭）之比。土地类别的多少主要取决于供给面因素，如地形、土壤类型、灌溉和排水条件、道路情况等（Zhu and Jiang，1993），但需求因素也可能会产生一些影响。当劳动力市场、食品市场或保险市场不完善时，村庄的农户家庭可能会增加土壤质量等级，以扩大劳动力需求，增加种植的作物数量。例如，国务院进行的一项调查发现，土地分配中的平均主义倾向在土地贫乏和缺乏非农就业机会的村庄更为强烈（Liu et al.，1998）。朱（Zhu，2001）认为，土地承包合同期限影响土地类别的数量。这也表明，土地细碎化在一定程度上是需求驱动的过程。

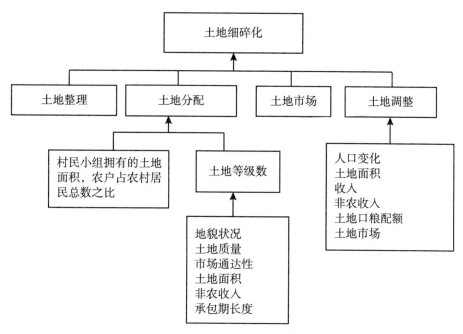

图 2.1 影响中国土地细碎化的主要因素

根据龚启圣（Kung，2000）和姚洋（Yao，2000a），土地再分配取决于人口变化、土地可用性、收入水平、非农就业、土地配额和土地市场可得性。综上所述，供给和需求因素似乎都在发挥作用。最后，土地整理项目和土地租赁市场的存在也会对土地细碎化产生重要影响。

2.1.3 实证研究

以上分析框架中提出可能影响中国土地细碎化程度的几个因素。在本节中，它用于推导分析影响细碎化因素的结构模型。由于某些驱动因素数据的可得性问题，不可能根据经验估计整个结构方程组。然而，通过替换，得到可估计的简化形式方程。结构方程有助于推导简化形式方程中变量的预期符号，并解释结果。

2.1.3.1 结构模型

第2.1.2节中的分析指出了直接导致中国土地细碎化的四个因素，其中最后一个因素，即土地租赁市场，可区分为租入和租出市场，这样区分的好处是，土地租入和租出市场对土地细碎化的影响可能会有所不同。第2.1.2节中的分析进一步表明，土地质量等级的数量在土地分配决策中起着至关重要的作用。因此，在模型中添加了一个单独的等式，用于描述（供给和需求）因素，这些因素预计会影响村庄土地质量等级的分级数量。这给出了一组由四个方程组成的模型，以描述驱动村庄一级土地细碎化的因素。

第一个方程给出了直接影响土地细碎化（Fv）的因素：

$$Fv = f_1(Dv^+, \ Rv^+, \ Mv^?, \ Cv^-) \tag{2.1}$$

其中：

Fv 表示村庄一级的土地细碎化指标（如每户平均地块数量或平均地块大小）；

Dv 表示土地分配过程产生的细碎化；

Rv 表示自土地分配以来（部分）土地重调整的次数和/或强度；

Mv 表示土地租赁市场的存在；

Cv 表示土地整理项目的存在；

$f_1(\cdot)$ 表示需要指定的函数关系。

预期效果的符号显示在每个变量之后。

根据定义，土地分配（Dv）造成的细碎化具有积极影响。土地调整（Rv）的频率和规模原则上可能导致更高和更低的细碎化。在实践中，这往往会增加细碎化，因为土地通常被从规模变小的家庭中调整到规模扩大的不相邻的家庭的土地中。为了符合平等原则，可能需要细分地块。土地租赁市场（Mv）的影响可能是正向的，也可能是负向的。如果他们租出（部分）分散的小块土地，或租入（部分的）相邻的地块，那么农户总体为合并地块，这会减轻土地细碎化。根据定义，土地整理（Cv）对细碎化具有负面影响。

第二个和第三个方程描述了土地分配过程[①]：

$$Dv = f_2(NCv^+, \ LAv^{+/-}, \ SNv^{+/-}) \tag{2.2}$$

$$NCv = f_3(TPv^+, \ LQv^+, \ CLv^+, \ MAv^-, \ LAv^-, \ OFv^-) \tag{2.3}$$

其中：

NCv 表示土地分配过程中区分的土地分等数量；

LAv 表示土地可得性指标（如人均可拥有的耕地面积）；

SNv 表示村里非农家庭的占比；

TPv 表示地形指标（如丘陵或山地占比）；

LQv 表示土地质量变化的指标（土壤类型、灌溉条件、排水条件、道路条件等）；

CLv 表示土地使用合同期限（年）；

MAv 表示土地、金融和产品等市场参与情况；

OFv 表示非农业收入占村庄总收入的份额。

土地分配过程造成的细碎化与该过程中区分的土地等级（NCv）数量呈正相关。在每个土地等级中，每户分配的地块数量和/或平均地块大小与土地可得性，即人均耕地可得性（LAv）呈正相关。在某些情况下，没有将土地分配给居住在村里但或多或少地长期从事非农就业的家庭。因此，每个土地等级分配给家庭的土地（即地块数量和/或平均地块大小）也与村庄中非农业家庭占比（SNv）呈正相关。

在土地分配过程中区分的土地等级数量部分取决于地形（TPv）

---

① "+/-"符号表示所述变量对用地块数衡量的土地细碎化有正影响，对用平均地块大小衡量的土地细碎化有负影响（即，当所述变量增加时，平均地块大小增加）。同样，"+/?"符号表明，所讨论的变量对用地块数衡量的土地细碎化有正影响，而对用平均地块大小衡量的土地细碎化的影响可能是正向的，也可能是负向的。

和村庄内的土地质量变化（*LQv*）。如朱（Zhu，2001）所示，合同期限（*CLv*）对土地等级的数量有正影响。当一个村庄能够更好地进入劳动力、食物和信贷市场（*MAv*）、拥有更多可用土地（*LAv*）以及从非农就业（*OFv*）中获得更多收入时，将土地分成更多等级的需求预计会降低。

第四个方程解释了人口因素导致的（部分）土地重新调整分配过程：

$$Rv = f_4(DCv^+, \ LAv^?, \ ILv^-, \ OFv^-, \ QUv^-, \ Mv^-) \qquad (2.4)$$

其中：

DCv 表示村庄人口变化指标（如出生率、死亡率或人口迁移指标）；

ILv 表示村庄的平均收入水平；

QUv 表示土地上的粮食配额。

土地重新调整分配的频率和规模与村庄的人口变化（*DCv*）呈正相关。但是，正如龚启圣（2000）和姚洋（2000a）的研究所表明的那样，收入水平（*ILv*）、参与非农就业（*OFv*）、土地上的粮食配额（*QUv*）以及租赁土地的可能性（*Mv*）都会对此类再分配的需求产生负面影响。村庄土地的可得性可能影响重新调整土地的需求；根据姚洋（2000b）的说法，其影响既有正的一面，也有负的一面。

在中国，土地分配、土地再调整、土地整合和参与土地市场的决策都是在村庄或更高层面做出的。因此，它们对村里的个体家庭来说是外生的。在本节中，我们将使用家庭层面的土地细碎化数据来探讨其驱动力。农户层面的土地细碎化（*Fh*）取决于村级层面的土地细碎化（*Fv*）、决定分配给农户的地块数量和大小与村级平均值偏差程度的单个农户特征以及租入和租出的土地：

$$Fh = f_5(Fv^+, \ HSh^{+/-}, \ LFh^{+/-}, \ OFh^{-/+}, \ HOh^{-/?}, \ HIh^{+/?})$$

$$(2.5)$$

其中：

68

Fh 表示家庭层面的细碎化指标（如地块数量或平均地块大小）；

HSh 表示家庭规模；

LFh 表示家庭劳动力占比；

HOh 表示家庭租出的土地面积；

HIh 表示家庭租入的土地面积；

OFh 表示非农业收入占家庭总收入的份额。

显然，村庄一级的土地细碎化（*Fv*）与家庭一级的土地细碎化正相关。规模相对较大（*HSh*）和劳动力比例较高（*LFh*）的家庭预计将在分配过程中获得更多和更大的地块。因此，对家庭层面土地细碎化的影响可能是正的，也可能是负的，这取决于土地细碎化的指标是地块数还是平均地块大小。在土地重新调整分配期间，从非农就业（*OFh*）中获得收入份额高的家庭可能会从村庄获得更少和/或更小的地块。在家庭成员从迁移或其他类型的非农就业返回后，土地通常将返还给家庭。租出土地（*HOh*）将减少地块数量或其平均面积（如果一部分地块被租出），或两者兼而有之。平均地块面积也可能增加，即当租出相对较小的地块时。相反，租入土地（*HIh*）可能会增加地块数量，增加或减少平均地块大小。

上述公式描述了中国村庄和家庭层面的土地细碎化过程。为了获得每个因素相对重要性的经验估计，必须选择适当的指标和关系的函数形式。此外，模型中列出的一些变量可能没有数据，这意味着可能需要使用代理变量，或者需要对模型进行调整。下一小节讨论了基于 11 个村庄家庭数据估算的模型。

2.1.3.2　数据和模型

本节采用江西省 2000 年 11 个村庄、860 户家庭的土地细碎化数据及式（2.1）~式（2.5）中列出的变量来估算上述模型。

农村固定观察省级办公室用于选择村庄的标准是，村庄应反映地形

（平原、丘陵或山区）、与省城或县城所在地的距离以及经济发展水平的差异。这 11 个村庄分布在该省的 11 个县。表 2.1 显示了它们的主要特征。

表 2.1 村庄的主要特征

村庄代码	地貌类型 1 = 平原 2 = 丘陵 3 = 山区	村庄类型 1 = 农区 2 = 林区 3 = 牧区 4 = 渔区 5 = 其他	村庄位置 1 = 郊区 2 = 其他农村	人均年净收入 （元）
01	3	1	2	1 351
02	2	1	2	2 220
03	2	1	1	2 027
04	1	1	2	1 303
05	1	1	1	2 067
06	1	1	2	2 812
07	1	1	2	2 160
08	3	2	2	1 922
09	2	5	1	2 966
10	2	2	2	1 840
11	2	1	1	3 289

资料来源：江西省农村固定观察办（内部数据）。

最贫困村的平均收入水平约为最富裕村的 40%。使用官方汇率（8.27 元人民币 = 1 美元），各村庄的人均年收入水平从 158 美元到 398 美元不等。四个村庄位于平原地区，五个村庄位于丘陵地区，两个村庄位于山区。其中四个村庄位于郊区。

尽管数据库提供了关于土地细碎化及其一些主要解释变量的信息，但没有关于被解释变量 Dv、Rv 和 NCv 的信息。此外，估计村级方程的自由度非常小。将式（2.1）~式（2.4）代入式（2.5）给出以下简化形式的等式：

$$Fh = f_6(TPv^+, \ LQv^+, \ CLv^+, \ MAv^-, \ LAv^?, \ OFv^-, \ SNv^{+/-},$$
$$DCv^+, \ ILv^-, \ QUv^-, \ Mv^?, \ Cv^-, \ HSh^{+/-}, \ LFh^{+/-},$$
$$OFh^{-/+}, \ HOh^{-/?}, \ HIh^{+/?}) \tag{2.6}$$

一个重要问题是，如何衡量土地细碎化。潜在指标包括地块数量、平均地块大小、地块到住处的平均距离以及辛普森指数。现有数据库仅包含前两个指标的信息，这两个指标都将用于我们的分析。

式（2.6）中的四个解释变量，即合同期限（CLv）、土地质量（LQv）、人口变化（DCv）和土地整理项目（Cv），因数据库中没有可用信息而被从模型中剔除。此外，所有 11 个村庄都没有活跃的土地租赁市场。因此，Mv 也被排除在模型之外。对于地形变量，我们使用虚拟变量指示村庄位于丘陵地区（DHv）还是山区（DMv）。对于市场通达性，使用村庄是否位于郊区（DSv）这一指示的虚拟变量作为代理变量。假设线性关系并将随机干扰项添加到方程中，给出以下两个回归方程：

$$NPh = c_0 + c_1 HSh + c_2 LFh + c_3 OFh + c_4 HOh + c_5 HIh + c_6 DHv$$
$$+ c_7 DMv + c_8 DSv + c_9 LAv + c_{10} OFv + c_{11} SNv$$
$$+ c_{12} ILv + c_{13} QUv + u_1 \tag{2.7}$$

$$PSh = d_0 + d_1 HSh + d_2 LFh + d_3 OFh + d_4 HOh + d_5 HIh + d_6 DHv$$
$$+ d_7 DMv + d_8 DSv + d_9 LAv + d_{10} OFv + d_{11} SNv$$
$$+ d_{12} ILv + d_{13} QUv + u_2 \tag{2.8}$$

其中，NPh 代表地块数量，PSh 表示每户的平均地块大小。c_i 和 d_i 表示未知系数，而 u_i 表示具有（假设）标准属性的随机误差项。两个方程中的变量定义和系数的预期符号见表2.2。

表 2.2　　　　　　　　用来进行回归分析的变量及其期望效果

变量名称	单位	代号		
被解释变量				
农户经营的地块数	块	NPh		
平均地块大小	亩	PSh		
			预期影响	
解释变量			NPh	PSh
农户家中的农村人口数	人	HSh	+	+
家中劳动人口占比	%	LFh	+	+
家中非农收入占比	%	OFh	−	−
家中租出的土地面积	亩	HOh	−	?
家中租入的土地面积	亩	HIh	+	?
丘陵虚拟变量（如果村庄位于丘陵地区，为 1；否则为 0）		DHv	+	−
山区虚拟变量（如果村庄位于山区，为 1；否则为 0）		DMv	+	−
郊区虚拟变量（如果村庄位于郊区，为 1；否则为 0）		DSv	−	+
村庄人均耕地	亩	LAv	?	?
村庄非农收入占比	%	OFv	−	+
村庄非农家庭占比	%	SNv	?	?
村庄户均年净收入	万元	ILv	−	+
村庄亩均粮食配额	斤	QUv	−	+

　　如第 2.3 节所述，村级变量对平均地块大小的影响预计与地块数量的影响相反。在数据集中的 950 户家庭中，860 户提供了式（2.7）和式（2.8）中列出的所有变量的信息。表 2.3 中给出了这 860 户家庭的描述性统计数据。家庭耕种的地块数量从 1~48 块不等。平均每户差不多有 9 块地，比 20 世纪 90 年代末的全国平均数多约 3 个地块。平均地块面积从 0.03 亩到 2.90 亩不等，平均面积为 0.73 亩（或 0.049 公

项），比全国平均面积低 44%。

表 2.3　　回归分析中变量的描述性统计（观察值 860 户）

变量名称	Min	Max	Mean	Stdev
家庭经营的地块数	1	48	8.95	6.60
平均地块大小	0.03	2.90	0.73	0.41
农户家中的农村人口数	1	17	4.39	1.82
家中劳动人口占比	0	100	67.0	21.90
家中非农收入占比	0	100	19.6	28.60
家中租出的土地面积	0	10.4	0.19	0.98
家中租入的土地面积	0	11	0.32	1.22
丘陵虚拟变量（如果村庄位于丘陵地区，为 1；否则为 0）	0	1	0.48	0.50
山区虚拟变量（如果村庄位于山区，为 1；否则为 0）	0	1	0.16	0.37
郊区虚拟变量（如果村庄位于郊区，为 1；否则为 0）	0	1	0.37	0.48
村庄人均耕地	0.46	2.02	1.19	0.54
村庄非农收入占比	10.9	74.7	31.8	21.10
村庄非农家庭占比	0.00	2.56	0.91	1.01
村庄户均年净收入	0.57	1.38	0.91	0.25
村庄亩均粮食指标	0	844	104	236

资料来源：江西省农村固定观察办（2000）。

平均家庭规模为 4.39 人，平均约 2/3 的家庭成员属于劳动力。租入土地的平均面积（0.32 亩）远远高于租出土地的平均面积（0.19 亩）。这可能反映很大一部分土地是从村集体租来的，或者很大一部分租出土地的家庭不包括在调查中，因为他们可能在村外就业。将样本中家庭的非农收入占比（平均值为 19.6%）与村庄整体非农收入比例

（平均值为31.8%）进行比较，证实了样本中不包括大量从事非农就业的家庭。

2.1.4 结果

式（2.7）和式（2.8）的估计面临许多经济计量问题。Jarque – Bera 检验的结果表明，两种模型均应拒绝正态分布扰动的假设。采用因变量的自然对数大大减轻了这个问题[①]。Ramsey 的重置测试结果表明，也应拒绝没有错误说明的零假设。采用家庭规模的自然对数（HSh）导致两个方程的检验统计量值显著较低。其他解释变量的转换没有显著影响。其他的错误说明至少部分是由于模型中忽略了合同期、土地质量、人口变化和土地整合。最后，怀特（White）的异方差性检验表明，应拒绝同方差干扰的零假设。怀特的方法用于获得异方差一致性估计，因此置信区间和假设检验对相对较大的样本有效（Thomas，1997）。

回归分析的结果如表2.4所示。表2.2中或带正号或带负号变量的系数估计值为单侧检验，而同时带正负号的系数为双侧检验。F – 统计值足够高到拒绝零假设，即变量无法解释样本中家庭之间土地细碎化的变化。R^2 表明，模型解释了55%的地块数量变化（对数）和42%的地块大小变化（对数）。

家庭规模是地块数量和平均地块规模的重要决定因素。地块数（0.63）的估计弹性高于平均地块大小（0.36），两个弹性之和几乎等于1（0.994）。因此，家庭规模的 $x\%$ 增加导致土地面积的 $x\%$ 增长，其中近2/3的增长来自分配给家庭的地块数量的增加，大约1/3来自平均地块规模的增加。

[①] 从样本中删除异常值可以进一步降低两个方程的 Jarque – Bera 统计值。然而，这两个方程的异常值不同。此外，如果剔除异常值，我们从回归结果中得出的任何结论都不会改变。

表 2.4　　　　　　　　　　回归结果

自变量	因变量	
	地块数的对数	平均地块大小的对数
常数	-0.577** (-3.10)	-0.422* (-2.38)
农户家中的农村人口数的对数	0.632** (11.9)	0.362** (6.92)
家中劳动人口占比	0.002** (2.62)	0.001 (1.42)
家中非农收入占比	-0.003** (-3.93)	-0.001 (-1.29)
家中租出的土地面积	-0.111** (-3.77)	-0.026 (-1.51)
家中租入的土地面积	0.091** (7.40)	0.062** (6.96)
丘陵虚拟变量（如果村庄位于丘陵地区，为1；否则为0）	0.325** (4.40)	-0.212** (-3.36)
山区虚拟变量（如果村庄位于山区，为1；否则为0）	1.230** (12.1)	-1.417** (-14.4)
郊区虚拟变量（如果村庄位于郊区，为1；否则为0）	0.594** (3.76)	-0.881** (-6.09)
村庄人均耕地	0.928** (8.82)	-0.320** (-3.40)
村庄非农收入占比	-0.005** (-2.50)	0.004* (2.13)
村庄非农家庭占比	0.043 (1.58)	-0.042 (-1.68)
村庄户均年净收入	0.043 (0.21)	0.198 (1.05)

自变量	因变量	
	地块数的对数	平均地块大小的对数
村庄亩均粮食配额	- 0. 0008 ** (- 5. 34)	0. 0011 ** (8. 87)
R²	0. 565	
Adj. R²	0. 558	
F - statistic	84. 5	
Jarque - Bera	87	
Ramsey F - statistic	0. 14	

注：用怀特的异方差一致标准误差和协方差估计。括号中为 t 统计值，∗ 表示 5% 水平显著，∗∗ 表示 1% 水平显著。

如第 2.3 节预期的，家庭中劳动力成员的比例在土地分配中发挥作用。结果表明，当劳动力比例增加 1 个百分点时，地块数量增加 0.25%，而平均地块大小没有显著变化。因此，其影响只是微不足道的。回归结果支持了家庭成员的非农就业在土地调整中发挥作用的假设。非农就业收入份额增加 1 个百分点，分配给家庭的地块数量将减少 0.35%。

研究结果表明，土地租赁市场减轻了土地细碎化。Wald 系数限制检验的应用表明，农户家庭租出土地的（绝对值）系数与租入土地的系数显著不同。因此，一个农户每租出一亩土地给另一个农户，地块数量平均减少 2.0%（11.1% ~ 9.1%）。此外，租入土地增加了平均地块大小，而租出的土地对地块大小没有显著影响。每转让一亩土地，租入土地家庭的平均地块面积将增加 6.2%，这是因为这些农户要么租入相对较大的地块，要么租入与其承包地块相邻的地块。

土地的租入和租出可能不是外生的，而在某种程度上取决于土地的细碎化状况。拥有许多分散地块的家庭可以利用土地租赁市场减轻其土地的细碎化状况，提高生产效率。在这种情况下，土地租入和租出取决于土地的细碎化情形。不过，我们的数据库不包含任何可作为测试内生性的合适工具变量，在必要时用来对土地细碎化和土地租赁的相关性进行检验。

在村庄一级，地形起着重要作用。与平原地区相比，分配给家庭的平均地块数量在丘陵和山区更大，而平均地块规模明显更小。位于郊区的村庄也为其家庭分配了更多和更小的地块。这一发现与以下假设相矛盾，即市场通达性差的地区的农民更喜欢零碎的地块，以分散风险、作物或家庭劳动力。一种可能的解释是，用郊区虚拟变量表示市场通达性不是太好。但是，也可能是市场通达性较好的地区的农民倾向于使作物多样化，从而使土地细碎化。南京农业大学和瓦赫宁根大学的研究人员2000 年在江西省东北部三个村庄进行的调查结果支持了这一解释。板桥和港沿这两个更容易进入市场的村庄的农民除了种植水稻外，还种植了更多的经济作物，如花生、西瓜、甘蔗和蔬菜。在偏远的上祝村，农民在作物生产方面的选择非常有限，因为他们的产品在进入市场时遇到了更多困难。此外，供自己食用的蔬菜通常种植在"自留地"（即家庭拥有长期使用权的靠近住处的土地）上。在上祝村的一些自然村，季节性的劳动力需求通过在一些地块上种植单季稻而不是双季稻来分散。因此，这些家庭设法在不增加地块数量的情况下分散劳动力进行作物种植。

一个村庄的人均土地可用性可能与土地质量变化，即土壤类型、灌溉条件、排水条件以及道路情况等相关，这是我们模型中忽略的变量之一。因此，土地可用性的回归结果部分反映了土地质量变化对土地细碎化的影响。结果表明，土地可用性的增加或土地质量的变化导致每户地块数量显著增加，而平均地块面积显著下降，但下降的幅度较小。

非农就业收入预计将减少区分更多土地等级并减少土地调整的需要，从而减轻土地细碎化。回归结果支持这一假说。非农就业收入占比每增加 1 个百分点，地块数量减少 0.5%，而平均地块面积增加 0.4%。

与土地租赁市场一样，非农场就业的参与可能不是外生的，而取决于地块的数量及其平均规模。然而，我们的数据库也没有包含可作为内生性测试工具的变量以对此进行检验。

一个村庄中非农业家庭的比例和家庭平均收入水平对两个土地细碎化指标没有显著影响。样本村中不到1%的家庭被归类为非农业家庭（见表2.3）。因此，这一指标可能太小，无法对土地调整或其他与土地细碎化相关的活动产生重大影响。平均家庭收入的调查结果不支持龚启圣（2000）和姚洋（2000a）关于收入在我们样本村庄土地调整中作用的结果。另外，我们的回归结果有力地支持了这两项研究中发现的粮食配额在限制土地调整及土地细碎化方面发挥的作用。我们研究中的估计系数表明，样本村配额取消后的额外土地调整（平均配额规模为104斤/亩，见表2.3）使地块数量增加了8.3%，而使平均地块规模减小了12.1%。

2.1.5 讨论和结论

本书超越了以往对中国土地细碎化的分析，提供了更详细的土地细碎化过程分析，并使用江西省11个村庄的可用农村固定社会经济观测数据，对驱动土地细碎化的主要因素进行了经验估计。假设这11个村庄的结果具有江西省的代表性。此外，由于与土地细碎化相关的一些重要政策，如家庭承包责任制和30年合同政策，在全国范围内具有相似的特点，因此本书得出的一些见解也适用于中国其他地区。

我们的分析表明，中国的土地细碎化在很大程度上是将土地分配给家庭和重新调整土地以适应村庄人口变化的平等原则造成的。一个原因是，每个村庄内的土地被划分为不同的等级，每个人都从每个土地等级中分得土地。另一个原因是，分配给家庭的土地面积很大程度上取决于家庭规模。我们的回归结果表明，大家庭比小家庭获得更多的地块，而大家庭和小家庭之间的平均地块面积差异相对较小。

土地租赁市场的存在有助于减少土地细碎化。我们的经验估计表明，一个农户每租出一亩土地给另一个农户，地块数量平均减少 2.0%。由于平均土地持有规模约为每户 8 亩，这意味着土地租赁市场只能对减少土地细碎化产生适度影响。

我们没有发现证据表明，有限的市场会导致土地细碎化，从而使农民能够分散风险、作物或家庭劳动力。相反，我们发现郊区的地块更加分散。一种可能的解释是，郊区的农民由于可以更好地进入市场，倾向于使作物多样化，从而使他们的土地更为细碎。

我们的结果支持这样一个假设，即非农就业收入通过减少区分更多土地类别的需要和减少土地调整的需要，减少了村庄的土地细碎化。此外，从事非农就业的家庭往往比同一村庄内没有非农就业收入的家庭耕种的地块更少。

最后，我们的回归结果强烈支持粮食配额在限制土地调整，从而限制土地细碎化方面发挥的作用。因此，取消粮食配额往往会刺激土地细碎化。自 2002 年以来，中国各地都取消了粮食配额（OECD，2005）。但是，目前没有合适的数据来测试这是否导致了土地细碎化的增加。

第 1 章的 1.3.1 表明，20 世纪 90 年代，中国的土地细碎化程度略有下降。但仍处于较高水平，农户耕种约 6 块土地，平均每块土地面积不到 0.1 公顷。本章的研究结果表明，如果维持村庄内土地分配的现行原则，土地细碎化可能会持续存在。土地租赁市场可能会对减少细碎化做出适度贡献。预计非农就业的进一步增加也将有助于土地整合，但影响可能不大。我们的经验估计表明，样本村庄的非农就业收入份额翻一番（平均 31.8%）将减少 15% 的地块数量，并将平均地块规模增加 13%。政府发起的土地整理项目也可能会做出重要贡献，但这些项目在政府财政和农民交易成本方面的成本很高。

另外，如果现行政策继续下去，若干其他因素可能会刺激未来几年的土地细碎化。这些因素包括在市场条件良好的地区种植范围更广的（高附加值）作物，以及土地调整的持续性。因此，小型和高度分散的地块在不久的将来仍然是降低成本和提高生产力的一个重要障碍，并继续成为农村贫困的根源之一。

2.2 耕地细碎化对粮食生产成本有何影响？

生产成本不仅是产品竞争优势的最重要因素之一，也是影响生产者决策的最重要的因素之一（Norton and Alwang，1993；Fujimoto，1994）。在本节中，我们考察了土地细碎化是否以及在多大程度上影响中国小型农场的水稻生产成本。

尽管土地细碎化在许多国家是一个普遍而重要的问题，但关于土地细碎化对生产成本影响的定量研究很少[1]。加巴林等（Jabarin et al.，1994）对约旦北部的研究是一个例外。该研究发现，平均地块大小对生产成本具有显著的负面影响。平均地块面积每增加1dunum[2]，每吨小麦谷物的生产成本仅减少0.51JD[3]。由于该研究仅使用平均地块大小来表示农场层面的土地细碎化，因此没有考虑与生产成本相关的许多土地细碎化信息，特别是地块与宅地的距离。此外，这项研究并未将生产成本视为家庭决策的结果。这项研究不是在家庭模型的框架内估计方程，而是简单地分析地块大小和生产成本之间的关系。

---

[1] 尽管在保加利亚、越南或亚美尼亚等转型国家有许多关于土地细碎化的案例研究，但据我们所知，这些国家尚未对细碎化的生产成本进行研究。

[2] 中东国家的面积单位，1dunum=0.1ha。

[3] 约旦第纳尔，约旦的官方货币。1990年的官方汇率为 \$1=0.68~0.71 JD。

到目前为止，还没有开展任何研究来探讨土地细碎化对中国生产成本的影响。本节旨在对江西省东北部三个村庄的这种影响进行实证检验，那里水稻种植是最重要的收入来源。本节考虑土地细碎化的不同维度，并从农户决策模型中导出回归方程的形式。这项研究的结果可能为土地碎片化的政策讨论提供重要的参考。

本节其余部分的结构如下：第 2.2.1 节介绍了本节实证分析的分析框架。第 2.2.1 节提出的理论农户模型也可作为后两节的背景，这两节研究了土地细碎化对小型水稻生产者技术效率、农场管理、土壤质量和水稻产量的影响。第 2.2.2 节用于实证分析，包括介绍研究领域、抽样方法和数据收集。第 2.2.3 节讨论了实证分析结果，第 2.2.4 节进行了结论分析。

2.2.1　分析框架

生产成本是家庭农业投入使用决策的结果。在经济科学中，考虑到家庭面临的限制，这些决定被视为是由效用或利润最大化驱动的。农户理论指出，家庭试图利用其有限的资源（包括细碎化的土地）来实现其目标和愿望，在农场外和农场内选择其他生产活动。基本的农户家庭模型由家庭试图最大化的效用函数组成：

$$\max U = u(c, l; \xi) \tag{2.9}$$

其中，c 是消费品的向量，l 是休闲和 ξ 是家庭特征，如户主的年龄和教育程度等。效用函数受预算约束：

$$p_c c = p_q q(L, A, K, B; \zeta) - p_b B - w_L(L^{in} - L^{off})$$
$$- w_A(A^{in} - A^{out}) - w_k(K^{in} - K^{out}) \tag{2.10}$$

其中，p_c 和 p_q 为消费品和生产品的价格向量，p_b 为可变投入价格向量。L 为农场劳动力，包括自有劳动力和雇佣劳动力。A 为土地，K

为资本，B 为生产中使用的材料投入向量。w_L 和 w_A 为与要素支付（此处为劳动力和土地）相关的价格，w_k 为资本价格。$q(\cdot)$ 为生产函数，ζ 为农场特征，包括土地细碎化情况，L^{in} 和 L^{off} 为雇佣和非农场劳动力，A^{in} 和 A^{out} 为租入和租出的土地，K^{in} 和 K^{out} 分别为租入资本和租出资本。该模型受到以下资源限制：

$$L - L^{in} + L^{off} + l = L^{TOTAL}$$

$$A - A^{in} + A^{out} = A^{con}$$

$$K - K^{in} + K^{out} = K^{assets} \tag{2.11}$$

其中，L^{TOTAL} 为家庭的时间禀赋。L^{TOTAL} 可以分配给非农业和农业工作以及休闲。生产中的土地面积投入等于家庭承包土地 A^{con} 加上租入土地减去租出土地。可用于生产的总资本等于自有资本禀赋 K^{assets} 加上租入资本减去租出资本。

制度约束制约着家庭参与市场、获得服务和使用基础设施的能力：

$$x \leqslant x^{max}(\psi,\ \xi,\ \zeta),\ x \in \{L^{in},\ L^{off},\ A^{in},\ A^{out},\ K^{in},\ K^{out},\ B\} \tag{2.12}$$

其中，x 为选择变量的向量，x^{max} 为家庭特征的函数（ξ），农场特征（ζ）和制度特征（ψ），如可用储蓄和可获信贷等。将方程（2.11）重新组织并替换为方程（2.10）：

$$p_c c = p_q q(L,\ A,\ K,\ B;\ \zeta) - p_b B - w_L(L + l - L^{TOTAL})$$
$$- w_A(A - A^{con}) - w_k(K - K^{assets}) \tag{2.13}$$

该问题的拉格朗日方程可以表示为：

$$\Im = u(c,\ l;\ \xi) - \lambda[p_c c - p_q q(L,\ A,\ K,\ B;\ \zeta) + p_b B$$
$$+ w_L(L + l - L^{TOTAL}) + w_A(A - A^{con})$$
$$+ w_k(K - K^{asset})] - \mu_x(x^{max} - x) \tag{2.14}$$

其中，λ 为预算约束的拉格朗日乘数，μ_x 为与劳动力、土地、资本和物质投入相关的乘数。对选择变量 c，l，L，A，K 和 B 采用一阶条件，给出：

$$\frac{\partial \Im}{\partial c} = \frac{\partial u(c, l; \xi)}{\partial c} - \lambda p_c = 0 \tag{2.15}$$

$$\frac{\partial \Im}{\partial l} = \frac{\partial u(c, l; \xi)}{\partial l} - \lambda w_L = 0 \tag{2.16}$$

$$\frac{\partial \Im}{\partial L} = -\lambda \left[-p_q \frac{\partial q(A, L, K, B; \zeta)}{\partial L} + w_L \right] = \mu_L \tag{2.17}$$

$$\frac{\partial \Im}{\partial A} = -\lambda \left[-p_q \frac{\partial q(A, L, K, B; \zeta)}{\partial A} + w_A \right] = \mu_A \tag{2.18}$$

$$\frac{\partial \Im}{\partial K} = -\lambda \left[-p_q \frac{\partial q(A, L, K, B; \zeta)}{\partial K} + w_K \right] = \mu_K \tag{2.19}$$

$$\frac{\partial \Im}{\partial B} = -\lambda \left[-p_q \frac{\partial q(A, L, K, B; \zeta)}{\partial B} + p_b \right] = \mu_B \tag{2.20}$$

求解该模型给出了一组简化形式的方程：

$$M = f(w_A, w_K, w_L, p_b, p_c, p_q, \xi, \zeta) \tag{2.21}$$

其中，M 表示选择变量 c，l，L，A，K 和 B。

假设价格是外生的。然而，农户也面临着制度约束和市场缺陷，导致了所谓的家庭生产和消费的不可分割性。这迫使他们面对与市场价格不同的影子价格。我们可以假设，价格取决于村庄位置和由家庭、农场和村庄特征刻画的家庭特定变量。这可以表达为：

$$W = w(v, \xi, \zeta)$$
$$P = p(v, \xi, \zeta) \tag{2.22}$$

其中，W 为土地、资本和劳动力价格的向量，P 为投入、消费品和产出价格的向量，v 为村庄特征向量。

生产成本 C 是家庭选择变量、外生价格和农场特征的函数[①]：

---

① 注意，总生产成本 C 与全要素生产率（TFP）密切相关，全要素生产率是（农业）经济学中众所周知的效率衡量标准，其定义为：$TFP = p_q q/(w_L L + w_A A + w_K K + p_b B)$，因此 $TFP = p_q/C$。

$$C = (w_L L + w_A A + w_K K + p_b B)/q(L, A, K, B; \zeta) \qquad (2.23)$$

因此，农业生产成本函数的简化形式可以表示为：

$$C = g(v, \xi, \zeta) \qquad (2.24)$$

其中，C 表示每吨谷物的生产成本，$g(\cdot)$ 表示简化形式的方程式。

2.2.2 数据和模型

2.2.2.1 研究区域

本节的数据收集是在中荷 SERENA 项目框架内进行的。该项目研究部分的目的是分析经济政策改革对农户决策和土壤退化的影响。江西被选为该项目的研究区域。如前文所述，江西省土地细碎化程度较高。江西是中国东南部的内陆省份，位于长江南岸，北纬 24′29 ~ 30′04′ 和东经 113′34 ~ 118′28′。总面积约 17 万平方公里。江西省的地形以山地（36%）和丘陵地（42%）为主。年平均气温在 18°C 左右，年降水量在 1 341 ~ 1 940 毫米之间。2002 年总人口为 4 222 万人。GDP 为 2 450亿元（255.9 亿美元），农村家庭人均纯收入为 2 306 元，比全国水平低7.3%（国家统计局，2003 年）。

选择板桥、上祝和港沿三个村庄作为项目的案例研究村庄。这三个村庄的基本特征如表 2.5 所示。

板桥村最小，约有 900 人居住在 220 户人家中。它位于丘陵地区。高地面积占其总土地的 60% ~ 70%。市场条件较好，距离主要城市不到 10 公里。但从村庄到主要道路的道路条件很差。灌溉条件良好，只要支付灌溉费，就可以很容易地用水库的水灌溉稻田。在高地地区，农业系统靠雨水灌溉。几乎所有种植的水稻都是双季稻。水稻产量很高，每公顷产量超过 5 000 公斤。水稻的肥料施用量也很高，每公顷作物用

84

肥超过 1 000 公斤（未折纯）。

表 2.5　　　　　　　　　　三个村的基本情况描述

	基本指标	板桥	上祝	港沿
位置	地区/县 乡/镇 距离 道路质量	鹰潭/余江 洪湖 离城 10 公里以内 不良	鹰潭/贵溪 塘湾 离城 30 公里以上差	上饶/铅山 汪二 离城 30 公里以内以沙子和柏油碎石路
人口	人数/家庭 自然村/村民小组	900/220 4/4	2 028/472 16/8	3 200/730 7/22
土地（亩）	农地 稻田 旱地 人均农地 高地占土地总面积	1 734 1 234 500 1.89 60% ~ 70%	2 759 2 359 400 1.36 97%	3 880 3 780 100 1.21 平原
农业生产	主要作物 绿肥种植 有机肥施用 耕作技术 灌溉情况 灌溉农地占比 单季稻占水稻总面积 水稻产量（千克/公顷）	水稻，花生，果树 少量种植 少量施用 牛耕 良好 73% 3.4% 5 099	水稻，竹子，杉木 80% 以上家庭种植 少量施用 牛和人力 雨养或保存的雨水 86% 71.6% 3 950	水稻，蔬菜 各自然村情况不一 少量施用 牛和机械 良好 97% 18.5% 4 629
土壤退化	土壤质量 土壤侵蚀 侵蚀/防洪 土壤板结 其他问题	恶化 高地 无政府项目 是 土壤酸化	不清楚 山体滑坡 无政府项目 是，但不严重 —	恶化 无 无政府项目 是 少量洪患
土地产权	土地质量等级 分配原则 土地调整频率 集体管理	4 家庭规模或劳动力数量 一些自然村从未调整 —	3 家庭规模 小调 —	3/4 家庭规模 3 ~ 5 年小调；5 ~ 10 年大调（取决于自然村） 一些林地由自然村管理

资料来源：SERENA 项目实地调研。

上祝是一个偏远的村庄，距离县城约两小时车程，其16个村庄分散在山区，有些难以到达[①]。该村有472户2 028人。主要农作物是水稻、竹子和杉树。水稻种植在山谷地区的梯田上，而竹子和杉树（一种经济树）种植在丘陵地区。梯田是用石头建造的，有几百年的历史。70%以上的水稻种植面积为单季稻。水稻产量相对较低，每公顷收获不到4 000公斤。水稻的肥料用量也远低于板桥，每公顷不到500公斤。

港沿是最大的村庄，有730户3 200人。它位于平原地区，从村庄到县城距离中等（约30公里）。这个村子的主要农作物是水稻和蔬菜。这个村子使用拖拉机。80%以上的种植水稻是双季稻。产量比板桥低约10%，而水稻的肥料用量约低30%。

2.2.2.2　抽样和数据收集

这三个村庄中，约23%的家庭被随机选择并接受了访谈。样本按比例分布在每个村庄的村庄。样本的组成如表2.6所示。

表2.6　　　　　　　　　　　　　样本组成

村庄	农户数量	占家庭总数的份额（%）	样本规模	样本家庭在村庄中的份额（%）
板桥	220	15.5	52	23.6
上祝	472	33.2	112	23.7
港沿	730	51.3	174	23.8
合计	1 422	100	339	—

在2000年农业季节对339户家庭进行了调查，收集了2 490个地块的信息。339户中，265户种植早稻，204户种植一季稻，261户种植晚

---

① 距离本身为50~60公里，但丘陵和山的道路非常糟糕。因此，测量实际距离是没有意义的。

稻。总共有 323 户家庭种植了至少一种水稻。这些家庭提供了本节和下一节中使用的样本。在不同级别收集数据。农场特征和家庭特征在家庭一级，地块一级的土地破碎指标，种植面积、产量和生产成本在作物一级（即所有种植水稻的地块）。

生产成本包括劳动力、种子、化肥、除草剂和杀虫剂以及牛和拖拉机的成本。劳动力成本包括苗圃、土地准备、播种、除草、施肥、移植、收割（包括将收获物从地块运输到宅基地）和实地考察等活动中使用的所有劳动力。研究区域的农业劳动力市场面临重大缺陷（Kuiper，2005）。假设影子工资率比水稻种植活动的平均市场价格（20 元/天）低 25%，即每天 15 元。

种子成本包括种子和塑料薄膜（仅用于早稻苗圃）。常用的两种种子是本地和高产品种（HYV）。当地种子通常在收获后由家庭保存。它们的价格可以用收获后的产出价格来表示。HYV 是在市场上购买的。同样，化肥、除草剂和杀虫剂都是从市场购买的，因此在计算此类成本时使用市场价格。

耕牛主要用于板桥和上祝的自家农场。在港沿，17% 的家庭从村庄或村庄租牛。拖拉机没有广泛用于水稻生产；板桥只有一户使用拖拉机耕地，港沿有 20 户使用拖拉机。与影子工资率一样，假设自己的牛的影子价格比租来的牛低 25%。拖拉机租给了 20 户人家。另外一个家庭使用了自己的拖拉机，我们根据平均拖拉机租赁价格估算了其影子价格。

表 2.7 计算了水稻生产的可变成本和每种类型的百分比。这表明劳动力成本占总成本的最大份额（68%）。种子、除草剂和杀虫剂所占份额非常小，分别为 3% 和 4%。牛或拖拉机成本约占总成本的 10%，而肥料成本约占 15%。

表 2. 7　　　　　　　　　　　水稻生产可变成本结构

项目	劳动力	化肥	种子	杀虫剂和除草剂	耕牛和拖拉机	合计
成本（元/吨）	727	160	33.6	43.6	104	1 068
占比（%）	68.1	15.0	3.1	4.1	9.7	100

资料来源：根据调查计算。

2. 2. 2. 3　变量选择

生产成本取决于农场规模和生产过程中采用的技术。我们在本分析中使用的影响水稻生产技术使用的因素（如土地细碎化、农户特征和村庄特征）源自本章第 2.1.3 节中提出的农户模型。需要一个适当的土地细碎化指标体系，该指标体系可以提供土地细碎化的相对完整情况，并可用于得出有充分依据的政策含义。如第 1 章 1.2.3 节所述，许多指标可用于衡量土地细碎化程度。最常用的是辛普森指数（Blarel et al. ，1992）和三个基本指标：地块数量、地块大小和地块距离。

在本节中，我们使用农场规模、辛普森指数和宅地到地块的平均距离作为土地碎片化指标。农场规模用于获取规模经济。辛普森指数是衡量土地破碎化程度的一般指标。它没有捕获农场大小和到地块的距离。地块与宅地的平均距离反映了农场地块的空间分布。

表 2.8 给出了经验模型中使用的变量的描述性统计。特别值得关注的是因变量和土地细碎化指数。这些变量存在较大的利差。每户的总生产成本从每吨 326 元到 5 463 元不等，平均值为每吨 1 068 元。同样，各个成本类别的差异也很大。

家庭之间的土地细碎化状况也有很大差异。辛普森指数从 0.00 到 0.91 不等（平均为 0.73）①。地块到宅地的平均距离从步行 3 分钟到超

---

①　每户地块数量从 1 块到 17 块不等，平均 7.4 块，而平均地块大小从 0.36 亩到 6.84 亩不等，平均值为 1.5 亩。

过 1 小时不等。从地块到宅地平均需要 16 分钟。农场面积平均为 10.4 亩，从 1 亩到 34 亩不等。根据回归分析的要求，其他指标也显示出足够大的变异。

表 2.8　　　　　　　　　分析中使用变量的描述性统计

变量	最小	最大	平均	标准差
生产成本（*PC*）				
总成本（元/吨）（*TC*）	326	5 463	1 068	516
劳动成本（元/吨）（*LC*）	166	4 716	727	450
化肥施用成本（元/吨）（*FC*）	19.6	507	160	75.6
种子成本（元/吨）（*SC*）	3.78	164	33.6	20.7
杀虫剂和除草剂成本（元/吨）（*HC*）	0	180	43.6	23.6
耕牛和拖拉机成本（元/吨）（*OC*）	18.2	655	104	66.4
解释变量				
辛普森指数（*SI*）	0.00	0.91	0.73	0.17
农场规模（亩）（*FS*）	1.00	34.2	10.4	5.68
地块离家的步行距离（分钟）（*DT*）	3.00	61.3	16.1	7.70
户主年龄（岁）（*AH*）	23.0	75.0	47.1	10.4
户主受教育年限（年）（*EH*）	0	13.0	4.79	2.80
家庭规模（人）（*HS*）	1	14.0	4.46	1.52
良好灌溉土地占比（%）（*GI*）	0	1 000	28.7	30.3
承包的林地面积（亩）（*CF*）	0	31.0	2.26	3.66
耕牛产权（自有耕牛 =1，否则 =0）（*DC*）	0	1.00	0.66	0.48
家庭储蓄（元）（*AS*）	0	40 000	2 587	5 406
家庭贷款（元）（*TC*）	0	30 000	1 722	3 810
上祝村虚拟变量（*DS*）	0	1	0.17	0.38
港沿村虚拟变量（*DG*）	0	1	0.32	0.47

注：所有 323 户种植水稻的家庭都包括在回归中，但上祝的一户除外，该户报告每吨粮食的肥料使用量高达 6 300 元。

资料来源：根据调查数据计算。

2.2.2.4 模型说明和估算方法

我们在第 2.2.2 节中导出的简化公式为我们提供了模型中应包含的变量信息，但不提供应使用的函数形式。因此，我们测试了正态性（Jarque – Bera 检验）、误判（Ramsey – RESTE 检验）和拟合优度（R^2，F 检验）的不同函数形式，以选择最合适的函数形式。结果如附录 2.1 所示。半对数函数形式通过了所有测试，而线性和双对数函数形式均未通过。因此，我们选择以下模型进行实证分析：

$$\ln(PC_i) = \alpha_{0i} + \alpha_{1i}SI + \alpha_{2i}FS + \alpha_{3i}DT + \alpha_{4i}AH + \alpha_{5i}EH + \alpha_{6i}HS + \alpha_{7i}GI$$
$$+ \alpha_{8i}CF + \alpha_{9i}DC + \alpha_{10i}AS + \alpha_{11i}TC + \alpha_{12i}DS + \alpha_{13i}DG + \upsilon_{1i}$$

$$(2.25a \sim f)$$

其中，PC_i 分别为 TC，LC，FC，SC，HC 和 OC，α_{0i}，$\cdots$，α_{13i} 为未知系数；υ_{1i} 为具有标准性质的扰动项。

综上所述，第 2.2.2 节推导的农户生产成本函数（2.16）的简化形式可以表示为村庄特定变量、家庭和农场特征的函数。在我们的例子中，我们使用两个村庄模型来表示三个村庄之间的差异，这不能通过函数中包含的变量来反映。户主的年龄和教育程度以及家庭规模代表了家庭特征。我们案例中的农场特征包括土地分割和其他农场特征。表 2.8 和表 2.9 显示了每个变量对总生产成本的定义和预期影响。辛普森指数

表 2.9 分析中包含变量的预期方向

自变量	生产成本（元/吨）
土地细碎化指标	
辛普森指数	+
农场规模（亩）	–
地块离家的步行距离（分钟）（DT）	+
家庭特征变量	
户主年龄（岁）	– / +

自变量	生产成本（元/吨）
户主受教育年限（年）	−
家庭规模（人）	−
农场特征变量	
良好灌溉土地占比（%）（GI）	−
承包的林地面积（亩）（CF）	+
耕牛产权（自有耕牛 =1，否则 =0）（DC）	−
家庭储蓄（元）（AS）	−
家庭贷款（元）（TC）	−
村庄位置	
上祝村虚拟变量（DS）	+
港沿村虚拟变量（DG）	+

预计会增加生产成本，因为更分散的农场需要更多的时间来管理。此外，一些可能降低生产成本的现代技术（如机械）更难以在零散地块上使用。由于规模经济，农场规模预计将降低每吨粮食的生产成本。相比之下，到地块的平均距离越大，生产成本越高，因为距离越大意味着损失的行走时间越多。

农户特征可能影响技术采用决策，从而影响生产成本。农民的年龄预计会增加生产成本，因为与年轻农民相比，年长农民可能会花费更多的时间来管理地块。然而，如果他们在管理其油田方面更有经验，年龄有望降低生产成本。户主和家庭规模的教育预计将降低生产成本，因为受过教育的农民和较大的家庭可能会采用更好的管理方法，更能够及时管理作物。

在其他因素不变的情况下，拥有较高比例良好灌溉土地的农场将面临较低的生产成本，因为良好灌溉土地更具生产力。拥有更多林地面积的农场可能面临更高的水稻生产成本，因为考虑到农场规模，更多林地意味着水稻生产用地更少。耕牛所有权可以降低生产成本，因为其影子价格低于租入的牛。预计现有的储蓄和信贷都将降低生产成本，因为它们可以减轻现金约束，使农民能够采用改进的管理方法，购买材料投入并及时管理农田。

村庄特征由两个村庄虚拟变量表示，一个用于上祝，另一个用于港沿。由于市场准入条件较差，与农业推广服务的接触可能较少，预计上竹和岗岩村的农民将面临比板桥农民更高的水稻生产成本。

应注意的是，农民可能会根据土地碎片化或其他解释变量的变化从一种投入转向另一种投入（例如，从化肥或除草剂转向劳动力）。因此，表 2.9 中所示的符号适用于总生产成本，但可能不适用于单个成本类别。因此，我们分析了对总生产成本和单个成本类别的影响。

2.2.3　实证分析结果

根据第 2.2.2 节推导的总生产成本方程（2.25a）和不同类型的生产成本方程（2.25b ~ f），采用普通最小二乘法进行估算。这些方程的结果见表 2.10、表 2.11 和附表 2.2。作为替代方案，附表 2.4 和附表 2.5 中显示了用地块大小而不是辛普森指数估算的结果。

表 2.10　　　　　　　　　总生产成本的回归结果

自变量	总生产成本
辛普森指数	0.16 (1.23)
农场规模（亩）	− 0.015*** （− 3.60)
地块离家的步行距离（分钟）	0.008*** (3.19)

续表

自变量	总生产成本
户主年龄（岁）	0.003 * （1.65）
户主受教育年限（年）	− 0.020 ** （− 2.54）
家庭规模（人）	− 0.007 （− 0.54）
良好灌溉土地占比（%）（GI）	− 0.001 （− 0.72）
承包的林地面积（亩）（CF）	0.003 （0.59）
耕牛产权（自有耕牛 = 1，否则 = 0）（DC）	− 0.076 * （− 1.84）
家庭储蓄（元）（AS）	− 1.86E − 6 （− 0.52）
家庭贷款（元）（TC）	− 8.27E − 6 （− 1.52）
上祝村虚拟变量（DS）	0.41 *** （6.98）
港沿村虚拟变量（DG）	0.10 * （1.82）
恒变量	6.65 *** （37.84）
R^2	0.34
Adj. R^2	0.31
F − statistic	12.1

注：因变量为对数。t – 统计在括号之间，* 表示 10% 水平显著，** 表示 5% 水平显著，*** 表示 1% 水平显著。

表 2.11 土地细碎化对水稻生产各类成本的影响

变量	劳动力	化肥	种子	杀虫剂和除草剂	耕牛和拖拉机
辛普森指数	0.43*** (2.68)	−0.35** (−2.35)	−0.31 (−1.46)	−0.123 (−0.62)	−0.386** (−2.20)
农场规模	−0.02*** (−4.10)	0.001 (0.23)	−0.01* (−1.85)	−0.014** (−2.26)	−0.004 (−0.76)
平均距离	0.01*** (2.92)	0.008*** (2.64)	0.01 (1.13)	0.007* (1.76)	0.007** (2.10)
R^2	0.39	0.31	0.25	0.13	0.33
Adj. R^2	0.37	0.28	0.22	0.09	0.31
F − statistic	15.4	10.4	8.05	3.45	11.9

注：所有因变量均为对数。t－统计在括号之间，* 表示10%水平显著，** 表示5%水平显著，*** 表示1%水平显著。

2.2.3.1 总生产成本

总生产成本回归结果中的 F 统计量表明，在1%的测试水平下，应拒绝每个生产成本类别的变化不能由所列变量解释的零假设。农场规模对总生产成本具有显著的负面影响。农场规模越大，生产成本越低。农场面积每增加1亩，生产成本就会降低1.5%。

正如预期的那样，地块到宅地的距离对生产成本具有显著的积极影响。到地块的一分钟额外行程时间导致生产成本增加0.8%。然而，未发现辛普森指数对每吨生产成本有统计上的显著影响。一种可能的解释是，辛普森指数较高的农场可以促进（自然）风险的传播，从而抵消对管理和技术采用的负面影响。

此外，发现家庭特征对生产成本有重大影响。户主年龄对总生产成本的正面影响较弱，而户主教育对每吨生产成本的负面影响显著。后者的结果证实，受教育程度较高的农民生产水稻的技能更高。然而，家庭规模并不影响总生产成本。

正如预期的那样，如果农民拥有牛，水稻生产成本就会降低，这要么是因为自有牛的影子价格低于租来的牛，要么是因为拥有牛比从其他人那里雇佣牛在准备土地方面更具灵活性和效率。然而，其他农场特征对生产成本没有显著影响。在其他因素不变的情况下，上祝的生产成本比板桥高 440 元（41%）。港沿和板桥之间的差距要小得多（108 元或 10%）。主要原因可能是上祝村的农民比其他两个村的农民更难进入市场，因此面临更高的投入价格。此外，他们获得推广服务的机会可能较少。

2.2.3.2　生产成本分类

总生产成本的实证结果表明，农场规模和距离，而不是辛普森指数，显著影响种植水稻的生产成本。现有数据使我们能够更仔细地了解受土地细碎化影响最大的成本类别以及如何影响。主要结果如表 2.11 所示。完整回归结果，包括家庭、村庄和其他农场特征，如附表 2.5 所示。所有 F - 统计数据都足够高，足以拒绝无效假设，即在 1% 的测试水平下，每个生产成本类别的变化无法由所列变量解释（见附表 2.2）。

辛普森指数的结果显示了一个非常有趣的模式。它对每吨劳动力成本有显著的积极影响，但降低了肥料和牛的成本。辛普森指数增加 1% 导致劳动力使用增加 0.31%，但化肥减少 0.25%，耕牛和拖拉机成本减少 0.28%。因此，辛普森指数的增加导致从肥料和牛的使用转向更高的劳动力使用。由于细碎化地块的管理不便，或者农民通过分散峰值劳动力需求来避免家庭劳动力瓶颈，因此，管理更多零碎地块需要更多劳动力。另外，现代技术的采用较少集中在更零碎的地块上。因此，总生产成本未受到显著影响（见表 2.11）。

据观察，农场规模对劳动力、种子、除草剂和杀虫剂成本具有显著的负面影响。农场规模增加 1% 将导致劳动力、种子、除草剂和杀虫剂成本分别减少 0.21%、3.59% 和 0.15%。然而，化肥和牛的成本不受影响。发现到地块的平均距离对除种子成本外的所有类别都有显著的积极影响。平均距离增加1%会导致劳动力增加0.14%，化肥增加0.13%，除草剂和杀虫剂以及牛和拖拉机成本分别增加0.11%。劳动力方程的结果证实，距离宅地较远的地块需要更多的时间走动。据观察，平均距离较远的农场的肥料成本明显较高，因为农民更喜欢使用更多的化肥来替代肥料，而肥料更难运输。平均地块距离较大的农场使用更多的除草剂和杀虫剂。一种可能的解释是，农民可以花更少的时间在遥远的地块上检测杂草和害虫的爆发，因此使用更多的化学品进行预防。

2.2.4　讨论和结语

本章建立了一个农户模型框架，以解决土地细碎化对水稻生产成本的影响。这是因为，在现行家庭承包制下，农场小规模细碎化地块通常会导致经济成本增加，从而削弱农产品在国际市场上的竞争优势（Cai, 2003）。模型形式由简化形式方程导出。它明确说明了家庭特征、农场特征、农场一级的土地细碎化和村庄特定变量对总生产成本以及单个成本类别的作用，通过影响技术使用的农场生产决策。

普通最小二乘法的估计结果表明，土地细碎化和耕牛所有权对生产成本有显著影响（见表2.11）。农场规模和到地块的平均距离分别对生产成本有显著的负面影响和正面影响。然而，辛普森指数并未对总生产成本产生重大影响。这是通过更详细地审查土地分割对单个成本类别的影响来解释的。较高的辛普森指数增加了劳动力成本，但降低了肥料、种子和耕牛的成本。显然，地块高度分散的农民转向了劳动密集型方法，使用较少的现代技术，对总生产成本的净影响并不显著。零碎地块上劳动力投入的增加可能是由于管理细碎化地块的不便，或是通过将峰值劳动力需求分散到地块上避免了家庭劳动力瓶颈。详细的调查进一步表明，农场规模越大，劳动力、种子、除草剂和杀虫剂成本越低，但化肥、耕牛和拖拉机的成本却没有降低。较大的平均地块距离会增加除种子之外的所有成本类别。

总而言之，土地细碎化对家庭水稻生产成本有重大影响。在保持其他因素不变的情况下，农场规模的增加和与地块平均距离的减少会降低每吨的总生产成本。辛普森指数测量的平均地块大小及其分布的变化会导致投入使用的变化，但不会影响总生产成本。

家庭调查的详细信息使我们能够计算水稻种植的净收入（见附表2.3）。在我们的研究区域，如果不包括人工成本（主要来自家庭），净收入为每亩178元，或每吨579元。但是，如果包括人工成本，则净收入为负，即每亩负28元，每吨负148元。这表明，在调查时的价格水平下，在我们的研究领域，水稻生产是一项非营利活动。本节的结果表明，小农场规模和前往（分散）地块的时间损失是这方面的重要因素。

即使考虑到可能解释生产成本的因素差异（如农场规模和距离），三个村庄之间的生产成本也存在很大差异。与板桥村的农民相比，由于市场进入困难，上祝的农民不得不支付更高的投入价格。这意味着，在像上祝这样非常偏远的山村，如果考虑家庭劳动力成本，水稻生产的利润要低得多，甚至无利可图。如果改善进入粮食市场的机会，改变耕作制度可能是改善这些村庄收入和减少贫困的一个好选择。然而，关于将水稻种植转变为何种耕作制度的详细建议，该村仍需进一步调查和研究。

2.3　耕地细碎化如何影响农业技术效率？

2.3.1　引言

技术效率是经济研究的核心问题。中国加入 WTO 对中国农业的生产力和效率带来了越来越大的压力。中国主要作物的生产率和效率需要大幅提高，以应对日益激烈的国际竞争的挑战。小规模细碎化的土地经营，尤其是在中国南部水稻种植区，是一个引人注目的现象，在应对国际竞争方面可能是主要瓶颈（Fleisher and Liu，1992；Wan and Cheng，2001；Zhang，2001）。

在本节中，我们拟探讨在现有技术条件下，中国水稻生产的改善程度。为此，我们研究了水稻种植技术效率低下的原因，以及土地细碎化在这方面的相对重要性。关于土地细碎化对中国农业生产力和效率影响的实证研究很少。现有研究包括阮等（Nguyen et al.，1996），他们利用1993～1994年在吉林、山东、江西、四川和广东省进行的1 200户家庭调查数据，研究了土地细碎化对三种主要粮食作物生产力的影响。结果表明，在控制总持有量的情况下，玉米、小麦和水稻的地块大小与产量之间存在显著的正相关。万和程（Wan and Cheng，2001）使用相同的农村家庭调查数据，探讨了中国农业部门土地细碎化和规模回报的影响。他们的主要发现是，考虑到总持有规模，地块数量每增加一块会导致块茎作物产量损失9.8%，小麦产量损失6.5%，其他作物产量损失不到2%。弗雷舍和刘（Fleisher and Liu，1992）进行的早期研究使用了1987～1988年在吉林、江苏、河南、河北和江西省收集的1 200个家庭的调查数据集。采用Cobb - Douglas生产函数来检验土地细碎化（以地块数量衡量）对生产力的影响。他们发现，地块数量增加10%会导致产量下降5.7%。

这些研究都使用了简单的部分效率指标，无法控制由其他因素（如农民年龄和教育）造成的生产率差异。如果这些被忽略的变量与土地细碎化相关，这将使土地细碎化的结果产生偏差。因此，也需要考虑这些因素的方法。在过去20年中，许多研究采用参数方法分析农业效率（Kalirajan and Shand，1986；Battese and Coelli，1992；Najafi and Bakhshoodeh，1992；Kumbhakar，1994；Battese and Coelli，1995；Kebede，2001；Daryanto et al.，2002）。近年来，非参数方法的效率分析也变得流行起来（Chavas and Aliber，1993；Sharma，1997；Wadud and White，2000；Krasachat，2003；寇里等，2002）。科埃利等（Coelli et al.，2002）提供了一个非常好的非参数方法示例，用于分析孟加拉国水稻生产者的效率。尽管他们使用了任何效率分析所应用的最详尽的农场特征变量列表，但他们的研究中没有包括土地细碎化指标。

在众多的农业效率实证分析中，只有少数考虑到土地细碎化。哈扎里卡和阿尔旺（Hazarika and Alwang，2003）的一项研究表明，地块大小对马拉维烟草栽培者的成本效率具有显著的正向影响。孟加拉国的研究（Wadud and White，2000）表明，平均而言，地块面积较大或土地细碎化程度较轻的农户经营技术效率较高。舍伦德等（Sherlund et al.，2002）测试了科特迪瓦传统稻田的小农技术效率，以控制地块特定环境条件。令人惊讶的是，他们发现，种植三块或更多稻田的人的技术效率更高。

陈苗等（Chen et al.，2003）的研究使用随机生产前沿检验了中国粮食农场的技术效率。该模型适用于 20 世纪 90 年代末覆盖 9 个省近 600 个农户的面板数据集。据发现，土地细碎化（以地块数量衡量）对技术效率不利。在本章中，我们只关注水稻生产。我们区分了双季稻（即早稻和晚稻）和一季稻种植，因为它们之间的生产技术和技术效率可能有很大差异。此外，尽管陈苗等（Chen et al.，2003）在生产前沿部分包括了化肥总施用量（kg）。本章将化肥按其营养成分分为 N、P_2O_5 和 K_2O。这可更准确地反映技术效率值，因为不同作物类型对养分的需求不一样。并且用一个变量表示所有的化肥施用不能反映作物对不同养分需求的差异，导致某些养分施用过多，而有些却不足（Huang，1997），因而养分含量的施用比例可能不合理。本章将运用随机前沿生产模型估计不同类型水稻种植农户的技术效率，以及土地细碎化对技术效率的影响，试图通过分析土地细碎化等技术无效因素来研究现有技术状态下中国水稻生产率可能提高的程度。

因此，本章的目的是估算不同水稻类型的技术效率，并在控制其他因素的同时，研究土地细碎化对水稻生产者技术效率的影响。本章其余部分的结构如下：第2.3.2节列出了理论模型，第2.3.3节对模型进行了实证分析，第2.3.4节给出并讨论了回归结果。第2.3.5节总结了主要结论并讨论了主要影响。

2.3.2 方法论

本节将讨论与方法有关的三个问题：第一，非参数方法和参数方法之间的选择；第二，给定所选方法，选择生产函数的函数形式；第三，估计方法的选择。我们先在2.3.2.1中讨论第一个问题，并在2.3.2.2中讨论第二个和第三个问题。

2.3.2.1 基本模型

在衡量效率的参数方法和非参数方法之间进行选择一直存在争议：每种方法都有其优缺点（Olesen，1996；Coelli and Perelman，1999）。参数分析处理随机干扰，并允许对生产结构和效率等进行假设检验。然而，该方法必须指定生产前沿的函数形式，并对效率项进行分布假设。非参数方法不施加此类限制，但假设不存在测量或采样误差。因此，这些方法之间的选择取决于研究目标、分析的农场类型和数据可用性。

在本节中，我们选择了随机前沿方法来分析土地细碎化对水稻生产者技术效率的影响。随机前沿方式是一种参数方法，选择这一方法的主要原因是，中国的水稻生产受到天气干扰和异质环境因素如土壤质量和

100

灌溉渠道等的影响；此外，由于看法不同等原因，受访者可能并不总能准确回答所有问题，这将影响衡量的效率（Chen et al.，2003）。

随机前沿函数由艾格纳等（Aigner et al.，1977）和美尤森（Meeusen，1977）独立开发。乔恩卓等（Jondrow et al.，1982）通过纳入生产者特定效率效应对其进行了扩展。格林（Greene，1993）提出了分布假设的各种规范。根据巴特斯语和科埃利（Battese and Coelli，1995），假设单边误差的半正态分布，横截面数据集模型的基本结构可以表示为：

$$q_i = f(x_i; \ \beta) + \varepsilon_i (i = 1, \ 2, \ \cdots, \ N) \tag{2.26}$$

其中，N 为家庭农场的数量，q_i 第 i 个农场的生产，x_i 为第 i 个农场的一个（$j \times 1$）的投入向量，β 为一个（$1 \times j$）的未知参数向量，$f(\cdot)$ 为生产前沿函数，ε_i 为组合误差项，可分解为：

$$\varepsilon_i = v_i - u_i \tag{2.27}$$

其中，v_i 是随机随机误差，假设其独立且同分布（iid）为 $N(0, \sigma_v^2)$，且独立于 u_i；u_i 为是非负随机误差，用于解释生产中的技术低效（TIE）；假设它们独立且呈半正态分布 $N^+(0, \sigma_u^2)$。

只要有适当的经验数据，就可以估计每个家庭的 β、σ_v 和 σ_u 参数以及技术效率。然后，探讨影响农户技术效率（TE，$TE = 1 - TIE$）的因素，可测试土地细碎化在这些因素中的相对重要性。为此，我们估计以下方程：

$$TE_i = z_i \delta + \eta_i \tag{2.28}$$

其中，TE_i 为每个农户的预测技术效率得分；z_i 为一个可能影响农场效率的变量向量（$1 \times k$），这个向量包括我们案例中的土地细碎化变量；δ 为一个未知参数向量（$k \times 1$）；而 η_i 被假设为呈正态分布的随机干扰项。

2.3.2.2 模型选择和估计

参数模型中函数形式的选择也存在争议（Bravo – Ureta，1993）。两种生产函数，Cobb – Douglas 和 translog，通常用于生产前沿分析。一些笔者，例如科普和史密斯（Kopp and Smith，1980）认为，函数形式对效率估计有明显的影响，尽管影响很小。泰勒等（Taylor et al.，1986）还认为，只要兴趣在于效率测量，而不是生产技术的一般结构分析，Cobb – Douglas 生产函数就足够用来分析生产技术。因此，仿效弗莱舍和刘（Fleisher and Liu，1992）以及阮等（Nguyen et al.，1996）的研究，我们选择了 Cobb – Douglas 生产函数，因为它简单、适合中国农业数据。此外，本节区分了 9 种投入，如采用 translog 函数，函数中包含二次项和交叉项将使模型结果复杂化，因此，分析中使用投入变量相对较多的情况下，也有利于 Cobb – Douglas 生产函数的选择。

生产函数中包括用于水稻生产的典型农业投入，如土地面积、劳动力和物质投入。肥料被分为作物生长所需的三种大量养分（N、P、K）。人们普遍认为中国的肥料施用严重不平衡。农民往往使用过多的氮肥和过少的磷肥和钾肥。几年前，在农业推广机构的帮助下，中国东部一些地区启动了一个所谓的补钾项目。使用 Cobb Douglas 或 translog 函数的一个问题是投入变量不能为零。我们遵循巴特斯（1997）的做法，对带有零值观测值的变量进行了处理。

我们采用两阶段估算技巧对具体的模型进行估计。在第一阶段，通过假设非效率项的半正态分布来估计前沿模型，以预测技术效率分数并估计各 β 参数；然后，我们通过截尾正态（Tobit）模型探讨技术效率的决定因素。或者也可以使用所谓的一步法，将影响生产前沿估计技术效率的农场特定因素纳入其中（Kumbhakar，1991；Huang and Liu，1994；Battese and Coelli，1995）。虽然从理论角度来看，该方法更可取，但对我们的数据库会导致非常不稳定的结果。

2.3.3　实　证　分　析

2.3.3.1　生产前沿函数的具体形式

预计的生产前沿模型可以指定为：

$$\ln(OUT) = \beta_0 + \beta_1 \ln(LAND) + \beta_2 \ln(LABOR) + \beta_3 \ln(SEED) + \beta_4 \ln(UREA)$$
$$+ \beta_5 \ln(PERT) + \beta_6 \ln(KCL) + \beta_7 \ln(CHEM) + \beta_8 \ln(OXEN)$$
$$+ \beta_9 \ln(SOIL) + v - u \tag{2.29}$$

其中，$\ln(OUT)$ 为每个农场水稻产量（早稻、晚稻或一季稻）的对数；$LAND$，$LABOR$，$SEED$，$UREA$，$PERT$，KCL，$CHEM$ 和 $OXEN$ 分别代表水稻种植面积、劳动力使用、种子、脲、磷肥、钾肥、化学投入（除草剂和杀虫剂）和耕牛的使用（见表 2.12）。拖拉机的使用根据其成本（租金）转换为牛日，因为拖拉机和牛很容易被替代。$SOIL$ 为土壤质量指数。我们在调查中，要求农民根据他们对土壤颜色、表土深度、土壤质地和可耕性的看法，将他们的地块分为良好（得分 1）、中等（得分 2）和较差的土地（得分 3）。土壤质量指数的计算方法是将种植水稻的地块面积乘以土壤肥力得分，再除以种植早稻（或晚稻）的总土地面积。该指数范围为 1~3；值越大，土壤肥力越差。这是方程（2.26）中规定的误差项。

表 2.12　　生产函数中的变量含义、名称、单位和期望的符号

变量含义	变量名称	单位	期望符号
每种类型的水稻生产量	OUT	斤	
投入的土地面积	LAND	亩	+
投入的劳动力	LABOR	天	+
种子用量	SEED	斤	+
氮肥用量	UREA	斤	+

续表

变量含义	变量名称	单位	期望符号
磷肥用量	*PFERT*	斤	+
钾肥用量	*KCL*	斤	+
杀虫剂和除草剂用量	*CHEM*	元	+ / −
耕牛和拖拉机用量	*OXEN*	天	+
土壤质量指数	*SOIL*		−

除土壤质量指数外，预计 Cobb – Douglas 生产函数中的所有投入都将产生积极影响。不过，如果除草剂和杀虫剂用于治理而非防治目的，即用于控制杂草和害虫造成的损害，则可能对水稻生产产生负面影响。

2.3.3.2 技术效率方程的具体形式

实证分析中技术效率方程最常用的变量是农民的教育和经验、与推广服务的联系、获得信贷的机会、农场规模、土地产权状况以及可能影响生产者利用现有技术能力的信息和监督等因素。模型具体选用的指标取决于研究区的相关条件和数据的可得性。

本节采用以下因素作为解释效率的指标。

（1）家庭特征：户主的年龄和教育程度、家庭规模、储蓄情况。

（2）农场特征：土地细碎化状况（为获得每个单一维度指标对技术效率的明确影响，本节未使用 Simpson 指数，而是使用单维度指标即地块数量、平均地块大小和地块到住处的平均距离来衡量土地细碎化）、耕牛的产权和拖拉机的使用情况。

同一村庄内的家庭在获得农业技术推广和基础设施服务方面面临几乎相同的条件。因此，采用村庄虚拟变量来表示农业技术推广和基础设施服务的获取状况及其他村庄层面变量的影响。

解释效率的模型为：

$$TE = \delta_0 + \delta_1 AGE + \delta_2 EDU + \delta_3 HHSIZE + \delta_4 NPLOT + \delta_5 PSIZE + \delta_6 DIST$$

$$+ \delta_7 DSAVE + \delta_8 DCAT + \delta_9 DTRACT + \delta_{10} D_1 + \delta_{11} D_2 + \eta \qquad (2.30)$$

其中，TE 表示从方程（2.28）获得的每个家庭的效率分值，而 η 表示效率函数的误差项。表 2.13 给出了每个解释变量的预期符号。

表 2.13　　技术效率方程中的变量名称、变量含义、单位及期望符号

变量含义	变量名称	单位	期望符号
户主年龄	AGE	岁	+／-
户主受教育年限	EDU	年	+／-
家庭规模	$HHSIZE$	人	+
地块数量	$NPLOT$		+
平均地块大小	$PSIZE$	亩	+
地块离家的远近（步行）	$DIST$	分钟	-
虚拟变量，=1 如果家庭有存款	$DSAVE$		+
虚拟变量，=1 如果家庭有耕牛	$DCAT$		+
虚拟变量，=1 如果家庭在水稻生产中用了拖拉机	$DTRACT$		+
上祝村虚拟变量	D_1		-
港沿村虚拟变量	D_2		+／-

年龄可能会对技术效率产生正向或负向的影响，这取决于年龄较大的农民是否比年轻农民更有经验或接受新技术的速度较慢。较高的教育水平有助于农民更好地评估生产决策的重要性和复杂性，从而更好地进行农场管理。然而，受过高等教育的农民也可能更加关注非农就业工作，导致农业生产技术效率较低。因此，教育的影响可能是正向的，也可能是负向的。较大的家庭规模通常意味着更多的劳动力，因此有更多的时间用于及时灌溉、病虫害管理和收割

等。此外，较大的家庭在农忙时节有更多的儿童或老人参与农业生产。这两种情况都会对技术效率产生正向影响。储蓄可以减轻对生产的资金约束，有助于农户及时获得生产所需的投入。因此，有望提高农民的效率。

技术效率的实证研究通常采用农场规模作为解释变量之一。在本节中，我们将农场规模分解为地块数量和平均地块大小。给定平均地块大小，地块数量衡量规模效应，而平均地块大小用来刻画土地细碎化的相关信息。在给定的平均地块规模下，地块数量的增加预计会对技术效率产生正向的规模效应，因为大农场有更好的机会实现规模经济。对于给定数量的地块，平均地块大小预计会对技术效率产生正向影响。有些技术不适用于（非常）小的地块。离地块的平均距离越大，意味着农场管理的便利性越低，因此预计会对技术效率产生负面影响。当一个农户拥有自己的耕牛时，他可以在农时最佳的时候进行耕作准备，而且对农田进行耕耙时会比需要租用耕牛的时候更加小心，因此预计效率更高。一般认为机械化可以提高技术效率，因此拖拉机的使用对技术效率的预期影响是正向的。

本节采用第2.1.3节所述的农户调查数据来估算技术效率及其决定因素。模型中添加了村庄虚拟变量，以控制所调查的三个村庄之间的村级因素差异。与板桥村相比，上祝村的基础设施较差，气温较低，坡地较多。因此，上祝村的农民可能比板桥的农民效率更低。尽管板桥的坡地比例较高（但远低于上祝），但港沿村在基础设施、气候或市场通达方面与板桥村没有很大差异。因此，港沿村的虚拟变量值可能为正或负。表2.14总结了解释变量对技术效率影响的变量定义和预期符号。

2.3.3.3　所用数据的描述性统计

表 2.14 显示了分析中使用变量的描述性统计。为了进行比较，增加了每公顷的投入和产出。样本农户水稻种植的平均面积约为每户 0.3 公顷，每户之间差异很大。相应的水稻产量从 100～10 000 公斤不等，4～5 人家庭的平均产量约为 1 500 公斤。这表明，大多数农场是为自己的消费而生产的，只有少数农场是面向市场的。

表 2.14　　　　　　　　　　所用标量的描述性统计

变量	早稻				单季稻				晚稻			
	最大值	最小值	平均值	标准误	最大值	最小值	平均值	标准误	最大值	最小值	平均值	标准误
生产函数所用变量												
OUT	8 000	250	2 863	1 767	26 400	150	2 923	2 551	14 000	200	3 634	2 400
LAND	16.0	0.4	5.03	3.03	33	0.40	4.70	3.63	23.0	0.30	5.62	3.47
LABOR	179	5	60.94	32.4	269	1	65.5	47.7	307	4.59	59.6	39.6
SEED	34.0	0	7.05	5.16	62.8	0.07	6.41	6.79	47.1	0.35	7.46	6.79
UREA	1 047	4	207	161	656	0	145	124	1 486	0	227	194
PFERT	1 500	0	295	298	2 343	0	165	251	2 086	0	271	335
KCL	500	0	76.0	94	787	0	44.2	70.5	783	0	101	133
CHEM	437	0.99	60.9	50	524	0	56.2	56.4	467	0.00	79.4	72.6
OXEN	17.5	0.31	4.13	2.97	62.1	0.52	5.73	7.03	26.8	0.33	4.07	3.03
SOIL	3.00	1.00	1.75	0.53	3.00	0.42	2.32	0.59	3.00	1.00	1.79	0.52
每公顷土地的生产函数变量												
OUT	8 500	1 731	4 286	905	13 125	1 650	4 873	1 433	10 500	1 172	4 786	1 190
LABOR	829	58.8	211	110	1 320	37.5	247	165	1 265	30.3	187	125
SEED	57.4	1.23	12.0	7.9	49.7	0.57	10.7	7.45	50.6	0.46	10.9	7.11
UREA	1 271	22.7	315	168	1 125	0	262	169	1 013	0	291	152
PFERT	2 720	0	442	385	1 594	0	280	260	3 651	0	369	405
KCL	626	0	109	107	707	0	74.4	78.5	1 003	0	117	118

变量	早稻				单季稻				晚稻			
	最大值	最小值	平均值	标准误	最大值	最小值	平均值	标准误	最大值	最小值	平均值	标准误
每公顷土地的生产函数变量												
CHEM	1 170	10.1	195	143	1 025	0	202	145	915	0	217	134
OXEN	37.5	1.58	13.4	6.77	77.6	1.88	18.2	11.5	100	1.12	12.3	8.80
技术效率模型变量												
AGE	75	23	47.0	10.3	75	27	47.2	9.94	75	23	47.0	10.1
EDU	12	0	4.70	2.75	13	0	4.71	2.84	12	0	4.69	2.70
HHSIZE	14	1	4.55	1.55	14	1	4.54	1.57	14	1	4.56	1.56
NPLOT	15	1	3.13	2.10	9	1	3.21	2.12	15	1	3.69	2.34
PSIZE	9	0.25	1.90	1.11	8.00	0.34	1.55	0.94	9	0.30	1.79	1.10
DIST	35	1	12.6	6.76	75	1	20.5	12.4	45	1	12.8	7.35
DSAVE	1	0	0.52	0.5	1	0	0.52	0.5	1	0	0.53	0.50
DCAT	1	0	0.64	0.48	1	0	0.64	0.48	1	0	0.65	0.48
DTRACT	1	0	0.13	0.33	1	0	0.07	0.25	1	0	0.20	0.40

资料来源：基于 SERENA 项目的调研。

早稻、一季稻和晚稻的平均产量分别为4.3吨/公顷、4.9吨/公顷和4.8吨/公顷。在一季水稻生产中，劳动力和耕牛的投入相对集约，而化肥的施用量相对较少。早稻比晚稻和单季稻需要的肥料和种子都更多，但除草剂和杀虫剂的用量略少。三种水稻类型之间的土地细碎化和土壤质量差异很大。平均而言，受调查家庭使用3.13块土地种植早稻，分别使用3.21块和3.69块土地种植单季稻和晚稻。家庭倾向于使用最好的地块生产早稻，即用来种植早稻的田块通常土壤质量最好、离宅基地最近且地块面积最大。另外，农户倾向于使用平均面积最小、距离最远、土壤质量最低的最差地块进行单季水稻生产。类似的结论适用于三个村庄中的每一个。

近年来，随着农村劳动力机会成本升高，以及粮食生产效益的下降，调研区农户普遍不愿意种植双季稻（即早稻加上晚稻），而通常只种植单季稻。根据笔者 2023 年 2 月 16 日对港沿村所在县农业农村局一位知情干部的访谈，当地 20 多万亩水稻田中，近年种植双季稻的只有 4 000～8 000 亩，抛荒的稻田约占 20%，红芽芋种植 40 000～50 000 亩，其余面积以单季稻种植为主。

2.3.4　实证分析结果

我们先简要讨论前沿函数的结果，然后更详细地讨论技术效率模型的结果。

2.3.4.1　前沿生产函数和技术效率函数

三个前沿生产模型的结果如表 2.15 所示。土地对三种水稻的生产都有非常重要的影响，这证实了土地可得性（land availability）对中国农业生产的根本重要性。单季稻的估计弹性（0.914）低于早稻和晚稻的估计弹性（0.972 和 0.963）。大多数其他变量与土地面积高度相关（0.70 或更高），因此很难估计其单独影响。这可能解释了为什么一些自变量（特别是劳动力、耕牛和拖拉机的使用）似乎与生产理论告诉我们的相反。然而，为了获得技术效率的准确估计，这些投入应留在模型中。

将肥料的使用细分为三种主要营养成分，得出了一些有趣的结果。结果表明，晚稻和单季稻的氮肥边际生产力为正，而早稻则不为正。同样，磷肥的边际生产力仅在早稻生产中为正，而钾肥的边际生产力只在晚稻生产中为正。

表 2.15 前沿生产函数的结果

自变量	早稻	单季稻	晚稻
Constant	6.260 *** (48.7)	6.89 *** (42.3)	6.66 *** (47.0)
ln(*LAND*)	0.972 *** (24.5)	0.963 *** (18.2)	0.914 *** (19.9)
ln(*LABOR*)	-0.033 (-0.10)	-0.073 ** (-2.08)	-0.057 ** (-1.97)
ln(*SEED*)	-0.037 * (-1.82)	-0.022 (-1.14)	-0.001 (-0.04)
ln(*UREA*)	0.012 (0.53)	0.062 ** (2.19)	0.057 ** (2.05)
ln(*PFERT*)	0.048 *** (2.63)	-0.022 (-0.67)	-0.024 (-1.12)
ln(*KCL*)	-0.0003 (-0.02)	0.031 (0.96)	0.051 *** (2.31)
ln(*CHEM*)	0.055 *** (2.74)	0.006 (0.24)	0.002 (0.12)
ln(*OXEN*)	-0.043 * (-1.85)	-0.065 ** (-1.99)	0.07 *** (2.67)
ln(*SOIL*)	-0.018 (-0.45)	-0.084 * (-1.43)	-0.184 *** (-3.71)
$\ln\sigma_v^2$	-3.74 *** (-17.1)	-3.59 *** (-13.50)	-3.66 *** (-16.0)
$\ln\sigma_u^2$	-3.15 *** (-8.85)	-2.21 *** (-9.22)	-2.41 *** (-10.7)
σ_v	0.154	0.166	0.16
σ_u	0.207	0.332	0.30
Log likelihood	53.92	-10.86	5.07
Likelihood-ratio test of $\sigma_u=0$	4.59	10.12	13.03
Prob≥chibar2	0.000	0.001	0.000
观察值	264	204	261

注：括号中为 z 值。* 表示10%水平显著，** 表示5%水平显著，*** 表示1%水平显著。

110

估计的早稻投入系数之和（不包括土壤质量）为 0.97，接近 1。单季稻和晚稻的投入系数之和（均不包括土壤质量）分别为 0.88 和 1.01。

对于单季稻而言，规模收益不变的假设可能会被否定，但对于早稻和晚稻而言，这一结论可能不会被否定。规模经济的正式 t 检验证实，早稻和晚稻生产中存在规模不变回报，但单季稻生产中不存在。对于早稻而言，该结论与陈等（Chen et al.，2003）、弗雷舍和刘（Fleisher and Liu，1992）发现的粮食生产规模收益不变一致。

表 2.16 中对中国农业的已有研究结果进行了比较。帕克（Park，1989）发现，在土地改革早期，肥料是粮食生产的主要贡献者之一。当时土地相对不太重要，弹性为 0.46。随着时间的推移，肥料的使用变得越来越不重要；然而，土地变得更加重要，如弗雷舍和刘（1992）、陈等（2003）和本节的结果所示。这与我们关于耕地面积将成为中国粮食生产主要挑战的初步结论一致。为此，我们在本文完成 10 年后，即 2015 年以《18 亿亩耕地红线不能破》为题，撰写了一篇文章，强调基本农田对于保障中国粮食安全的重要性。而 2023 年的中央"一号文件"也重申了保证 18 亿亩耕地红线。

表 2.16　　　　　　　　　　中国家庭农业生产弹性估计

项目		土地	劳动力	肥料			种子	化学品投入[①]	资本投入[②]	规模弹性
				氮肥	磷肥	钾肥				
陈等（Chen et al.，2003）	谷物	0.679	0.035		0.06			—	0.125	0.90
帕克（Park，1989）	谷物	0.46	0.04		0.30				0.00	0.80
弗雷舍和刘（Fleisher and Liu，1992）	谷物	0.70	0.20		0.09			—	0.06	1.05

项目		土地	劳动力	肥料			种子	化学品投入①	资本投入②	规模弹性
				氮肥	磷肥	钾肥				
本研究（水稻）	早稻	0.97	−0.03	0.01	0.05	−0.00	−0.04	0.06	−0.04	0.97
	单季稻	0.96	−0.07	0.06	−0.02	0.03	−0.02	0.01	−0.01	0.88
	晚稻	0.91	−0.06	0.06	−0.02	0.05	−0.00	0.00	0.07	1.01

注：①化学品投入主要指杀虫剂和除草剂的使用量；
②资本投入主要指当季水稻生产中使用的耕牛和拖拉机的情况，为可变投入。

表 2.17 总结了从前沿生产函数获得的技术效率分值。我们样本的平均技术效率为早稻 0.85，单季稻 0.79，晚稻 0.83。这表明，平均而言，受访者能够通过使用给定的生产投入组合获得约 82% 的潜在产出。这也意味着，在短期内，许多家庭的水稻产量还有很大的提高空间。早稻最低效率水平为 0.61，单季稻最低效率为 0.57，晚稻最低效率为 0.54。对于效率水平最低的家庭来说，以目前使用的投入量仍然可以大幅提高水稻产出。

表 2.17   **水稻生产者的技术效率值**

水稻类型	技术效率		0.50 ~ 0.60	0.60 ~ 0.70	0.70 ~ 0.80	0.80 ~ 0.90	0.90 ~ 1.00
早稻	最大值	1.00	个数				
	最小值	0.61		0	9	55	131	69
	平均值	0.85	百分比				
	标准误	0.07		0	3	21	50	26
单季稻	最大值	1.00	个数				
	最小值	0.57		3	23	78	96	4
	平均值	0.79	百分比				
	标准误	0.07		1	11	38	47	2

续表

水稻类型	技术效率		0.50 ~ 0.60	0.60 ~ 0.70	0.70 ~ 0.80	0.80 ~ 0.90	0.90 ~ 1.00
晚稻	最大值	1.00	个数	2	16	68	130	45
	最小值	0.54						
	平均值	0.83	百分比	1	6	26	50	17
	标准误	0.08						

2.3.4.2　技术效率的影响因素

表 2.17 显示了每种水稻类型技术效率的频率分布。所有三种水稻类型的农户中约有 50% 的技术效率得分在 0.80 ~ 0.90。与早稻和晚稻种植农户相比，单季稻农户只有极少数的技术效率分值超过 0.90，这一组中技术效率得分低于 0.70 的农民相对较多。

技术效率模型方程（2.29）采用截尾正态 Tobit 模型进行估算。回归结果如表 2.18 所示。发现地块的数量和平均地块大小非常显著，

表 2.18　截尾正态 Tobit 模型估计的技术效率影响因素结果

自变量	早稻	单季稻	晚稻
常变量	0.754 *** (34.0)	0.620 *** (21.7)	0.722 *** (31.29)
户主年龄	− 0.001 *** (− 2.96)	0.000 (0.11)	− 0.001 *** (− 3.41)
户主受教育年限	− 0.002 ** (− 1.98)	0.000 (0.02)	0.000 (− 0.23)
家庭规模	0.004 *** (2.25)	0.005 *** (2.40)	0.005 *** (2.60)
地块数量	0.024 *** (16.0)	0.024 *** (13.74)	0.021 *** (14.26)

续表

自变量	早稻	单季稻	晚稻
平均地块大小	0.035 *** (11.5)	0.040 *** (10.77)	0.033 *** (10.57)
地块离家的远近（步行）	0.000 (-0.87)	0.000 (0.08)	0.000 (-0.26)
虚拟变量，=1 如果家庭有存款	0.005 (0.87)	0.005 (0.80)	0.002 (0.35)
虚拟变量，=1 如果家庭有耕牛	-0.006 (-1.00)	-0.010 (-1.40)	0.008 (1.28)
虚拟变量，=1 如果家庭在水稻生产中用了拖拉机	-0.014 * (-1.66)	-0.008 (-0.56)	-0.009 (-1.21)
上祝村虚拟变量	-0.050 *** (-5.23)	0.003 (0.18)	-0.055 *** (-5.51)
港沿村虚拟变量	-0.002 (-0.21)	0.002 (0.10)	0.007 (0.80)
Adjusted R - square	0.669	0.595	0.668
Log likelihood	4.59	340	447
观察值	263	204	261

注：括号内为 z 值；* 表示10%水平显著，** 表示5%水平显著，*** 表示1%水平显著。

具有预期的正值。这意味着，在平均地块大小保持不变的情况下，地块数量的增加对技术效率具有正向影响，具有规模效应。同样，对于给定数量的地块，平均地块大小的增加对技术效率也有正向作用。地块离家的距离对所有三种水稻种植户的技术效率都没有显著影响。结果表明，地块离家的平均距离大的农户与地块离家平均距离小的农户一样效率没有显著差异。

表2.12和表2.13中带有加号或减号的变量进行单侧测试。

　　户主年龄对早稻和晚稻的技术效率有显著的负面影响。这表明，与年轻农民相比，年长农民在双季稻生产中的效率较低。与单季稻相比，在机械化水平较低的、主要依赖手工劳作的传统稻作中，双季稻生产需要在育秧、收割（早稻）和移栽（晚稻）方面做出更复杂和及时的决策。

　　教育对早稻的技术效率有显著的负面影响，但对单季稻和晚稻的技术效率没有显著影响。这可能是因为受教育程度较高的农民更多地参与了非农就业，对农业生产的关注较少。早稻在生长时期面临多变的天气，需要更多特殊照顾，而受教育更高的农民可能由于介入非农就业工作而疏于照顾水稻。

　　家庭规模对所有三种水稻模式都有显著的积极影响。这与马里的研究结果（Audibert，1997）一致，即大家庭比小家庭更有效率。在我们的研究领域，儿童或老人在旺季提供的帮助可能解释这一发现。

　　储蓄和牛的所有权对技术效率也没有显著影响。这表明，这两个因素对更及时管理的影响可以忽略不计。拖拉机的使用对早稻的技术效率有显著的负面影响。这一违反直觉的结果可能是，在农业季节开始时使用拖拉机会导致土壤压实，这是研究领域的一个众所周知的问题。

　　最后，偏远村庄上渚的虚拟变量对早稻和晚稻的技术效率有显著的负面影响，但对一季稻的技术效益没有影响。由于上朱地处山区，生长季节较短，与其他两个村庄相比，一季稻比双季稻更常见。回归结果表明，如果其他相关因素得到控制，在上竹种植一季稻的农民与两个村庄种植相同作物的农民一样高效，这得益于更好的市场准入。

2.3.5 讨论和结论

本章应用详细的家庭、作物和地块数据，调查三个村庄的土地细碎化对水稻生产者技术效率的影响。采用两阶段法来估计双季和单季水稻生产的效率及其决定因素。采用随机前沿模型，用传统农业投入和土壤质量来解释水稻生产——尽管这一过程被认为与其关于两阶段估计中的无效效应的独立性的假设不一致，但它已被公认为是一种有用的方法。然后，使用截尾正态 Tobit 模型从农户家庭特定因素解释得出的技术效率得分。

前沿模型结果表明，单季稻的技术效率低于双季稻。平均技术效率得分（早稻 0.85，晚稻 0.83，单季稻 0.79）表明，在目前的投入水平下，仍然可以达到 15% ~ 20% 的产量增长。必须引进新技术以进一步提高水稻产量。这也表明，如果样本中的平均农户要达到其效率最高的同行的技术效率水平，那么平均农户可以在早稻、晚稻和单季稻生产中分别实现 15%、17% 和 21% 的成本节约。同样，如果表现最差的农民要达到其平均同行的技术效率水平，农民可以在早稻、晚稻和单季稻生产中分别实现 28%、35% 和 28% 的成本节约。

技术效率模型的结果表明，土地细碎化在解释技术效率方面起着重要作用。考虑到地块数量，平均地块面积的增加对技术效率具有显著的正向影响。然而，地块离家的距离对技术效率没有显著影响。这表明，距地块平均距离大的农户与距地块平均间距小的农户效率一样。

正如卡纳汉（Carnahan，2002）所指出的，从长远来看，中国水稻产量的增加预计将通过生物技术、中低产田（即土壤质量指数较高的稻田）的综合管理、病虫害管理和杂草控制、机械化及改善灌溉和水资源保护来实现。所有这些措施在某种程度上都与土地细碎化有关。如果可

116

以合并零碎的地块，则可以更容易地实施上述技术改进。因此，减少土地细碎化可以大大提高水稻生产力，提高中国水稻种植的国际竞争力，从而减轻水稻主产区的农村贫困。

2.4　耕地细碎化如何影响农场管理和土壤质量？

2.4.1　引言

近年来，发达国家和发展中国家对研究农业发展与环境之间关系的兴趣日益浓厚（Shiferaw and Holden，1997；Abalu and Hassan，1998；Oudendag and Luesink，1998；Kim et al.，2001；Heerink et al.，2001；Ali and Byerlee，2002；Pacini et al.，2004）。在中国，农业资源退化也越来越受到关注（Wen et al.，1992；Edmonds，1994；Rozelle et al.，1997；Prosterman，2001）。许多研究人员（Hu，1997；Deininger and Jin，2003；Tan et al.，2004）指出，自家庭承包责任制实施以来，农田和灌溉设施的资本投资一直被忽视。胡（Hu，1997）认为，农民正在"耗竭"他们的土地资源（"mining" their land resources），以获取短期和直接利益，由此造成的土壤退化正在威胁中国农业的可持续性。

土壤是一种重要的自然资源。它被视为农业和经济可持续发展的基础（Lindert，1999；Yu，2002；Struif Bontkes and van Keulen，2003；Sanchez，2002），对于维持长期农业生产力、水质和包括人类在内的所有生物的栖息地至关重要。农场管理可以改变土壤质量。适当使用作物生产技术，如轮作、残留物管理和使用保护缓冲区和结构，可以保持或提高土壤质量（Magleby，2002）。另外，不适当的耕作方法可能导致现场土壤退化（on-site soil degradation）。因此，农场管理不仅影响当前的作物产量水平，而且通过其对土壤质量的影响对未来农业生产力产生重要影响。这一点在中国尤为重要，中国拥有世界 1/5 以上的人口，但耕地面积仅为世界的 1/12。农业土壤资源数量和质量的任何减少都可能威胁到中国的长期粮食安全目标（Lindert，1999）。

许多因素影响实际农场管理（Grepperud，1997）。土地产权制度安排和土地利用政策等制度因素通过提供激励来影响农民的行为（Lafrance，1992；Katz，2000；Deininger and Jin，2003）。户主的教育水平和年龄等家庭特征也会影响农户对土壤的管理从而对土壤质量起作用。例如，瑟姆帕皮来和安德尔森（Thampapillai and Anderson，1994）发现相比于未受过教育的农民，受过教育的农民更可能将土壤退化视为一个问题，并倾向于保护其土壤。

反过来，农场管理决策会影响养分和水分供应等农业生态过程，从而影响生产力。这些过程的结果（例如，导致的土壤质量的变化）反过来会影响农民的生产决策。因此，社会经济因素、农场管理决策和土壤质量在农业实践中相互作用，互相影响（Kuyvenhoven et al.，1995）。

在影响农场管理的因素中，土地细碎化可能发挥重要作用。实证分析（Li et al.，1998；Yan，1998）表明，农民倾向于将更多的肥料（农场管理的一个非常重要的方面）施用于距离宅基地更近的地块，而不是距离更远的地块。前几章和其他研究表明，土地细碎化导致水稻生产成本增加，稻农技术效率下降，农业生产减少（Blarel et al.，1992；Nguyen et al.，1996；Wan and Cheng，2001；Su and Wang，2002）。一些研究人员（Hu，1997；Zhang et al.，1997）指出，过度分散的土地及许多田埂和沟渠阻碍了灌溉和排水系统的功能，加剧自然灾害的影响。

迄今为止，科学文献在很大程度上忽视了土地细碎化与土壤质量管理之间的关系。一个主要的例外是对菲律宾一个村庄的研究，在那里，拥有更多零散土地的农户更加关注土地保护实践（Pattanayak and Mercer，1998）。土地细碎化对农场管理的影响，进而对土壤质量和农业生产力的影响，在中国需要更多的关注，因为：（1）现行的土地分配制度，使中国的土地细碎化非常严重（见第 1 章和本章第 1 节）；（2）农户是主要和直接的土地使用者；他们关于土地管理的决定对土壤质量，从而对农业可持续性和粮食安全具有重要影响；（3）缺乏关于土地细碎、土壤质量和农业生产的实证研究。

本部分的目的是研究土地细碎化对农场管理、土壤质量和作物产量的影响，同时考虑它们之间的相互关系。除了土地细碎化，我们还考虑土地产权制度安排的影响。现行的土地分配和土地产权制度不仅在土地细碎化方面起着重要作用，而且可能对农场管理决策产生重要的直接影响。

本节其余部分的结构如下：第 2.4.2 节介绍了制度因素（土地产权和土地细碎化）、农场管理、土壤质量和作物产量之间的相互联系框架。基于该框架，构建了一个用于探讨各因素之间相互关系的分析模型。第 2.4.3 节描述如何进行本章的分析。结果见第 2.4.4 节。第 2.4.5 节回顾了本章并总结了主要结论。

2.4.2　分析框架

本节中使用的分析框架如图 2.2 所示。框架显示了农业生产如何与土壤质量和农场管理相互作用。在中国，这种互动主要发生在农户层面。在本节中，我们将通过探讨每个主要组成部分的决定因素，即农场管理、土壤质量和作物产量，来探索如图 2.2 所示的这些因素之间的关系。

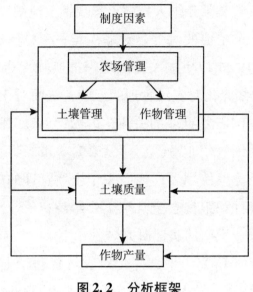

图 2.2　分析框架

2.4.2.1　农场管理

农场管理是指有关活动选择的决策，如作物种植、化学投入的使用、劳动力、畜力耕作、机械等。农场管理通过土壤管理（养分、水）或作物管理（除草、作物保护、收割等）影响作物产量。土地产权和土地细碎化等制度因素可能影响农民的生产决策。根据该理论，更安全的土地产权可以激励农户选择高效种植模式，并增加对农业的投资意愿（Feder et al.，1988；Li et al.，1998；Yao，1998；Place et al.，2001）。更安全的产权可以为附着在土地上的投资（如多年生作物、物理抗侵蚀措施）、非附着性投资（如农具）以及材料投入（如优质种子和肥料）和劳动力的使用提供激励。简言之，与影响农户所面临的社会经济环境的其他因素（如价格、市场、服务和基础设施）一样，土地产权安排将影响农户对农业土地使用和资源分配的决定，从而影响农业生产的结果。然而，评估土地产权对固定投资、物质投入使用和劳动力使用的影响的实证研究给出了相当复杂的结果（Ruben et al.，2001）。

120

土地细碎化直接和间接地影响农场管理。它直接导致田间巡视时间的增加，使可用于作物生产活动的劳动力减少。这可能造成管理上的困难。例如，由于作物盗窃风险和野生动物的破坏，小而分散的地块需要更多的监管。它不鼓励使用机器和其他新技术，并可能影响家庭使用高产品种、化肥、杀虫剂和除草剂等的决定。农户往往倾向于粗放地耕种更加分散的地块。由于土地细碎化使农民更难在最佳时间进行田间灌溉和排水，也可能导致他们忽视农田基础设施的建设维修。当地块分散时，农田基础设施面临更高的建设和维护成本。

从地块获得的产量可能会影响农场管理决策。例如，农民可能会在生产率较高的地块上使用更多的劳动力和肥料。或者他们可能使用更少的肥料、劳动力和其他投入来提高低产地块的生产率。

家庭特征可能影响农民的决策能力。受过更多教育的农民在管理田地方面往往更高效。同样，年长、更有经验的农民可能更好地管理土壤。其他影响农场管理决策的重要外部变量包括农业气候因素和土壤类型。这些因素往往在村庄或小区域内相对恒定，但在区域之间可能差异较大。

因此，农场管理函数可以表示为：

$$M = f(I, \ Y, \ X) \tag{2.31}$$

其中，M 表示农场管理活动，I 表示土地产权和土地细碎化等制度状况，Y 表示作物产量，X 表示其他外生变量，包括家庭和村庄特征。

2.4.2.2　土壤质量

土壤质量是一个多方面的概念，可以广义地描述为土壤在自然或管理的生态系统边界内发挥功能，以维持植物和/或动物生产，维持或提高水和空气质量，并支持人类健康和栖息地的能力。不同的人由于目的不同，对什么是优质土壤有不同的看法。对从事农业活动的人来说，优质土壤意味着高产土壤，有助于维持或提高作物土地和/或动物生产力，实现利润最大化，并为子孙后代保护其质量。

土壤具有固有的和动态的特征。固有的土壤质量是土壤母质和主要气候条件的函数。例如，砂质土比黏性土排水更快。固有的土壤特性不易改变。动态土壤质量受土壤管理的影响。例如，化肥的使用直接影响土壤中的大量养分含量；施用有机肥和作物残渣可增加土壤有机质含量。土壤耕作可以改善土壤空气和水分条件，增加表土深度，但加速土壤有机质的分解。

由于农场管理（如施肥）和非农场管理原因（如不利的天气条件或病虫害）导致的作物产量差异可能对土壤质量产生不同影响。一方面，更高的产量将从土壤中提取更多的养分；另一方面，更高的产量通常意味着更多的作物残留物，当这些残留物留在土地上时，会分解成土壤有机质，从而改善土壤质量。

相对稳定的土壤特性，如土壤的 pH 值和黏土含量，影响养分的有效性。土壤 pH 值影响作物吸收的氮形态和挥发损失，从而影响土壤中残留的氮。土壤 pH 还影响土壤磷（P）的形态和有效性以及钾（K）的固定。黏土含量可能会影响植物有效氮、磷和钾。黏土为土壤中的有机物质提供"保护"，从而阻碍分解，这将氮和磷转化为植物有效无机形态所必需的。钾是可移动的，容易浸出。黏土可以吸附并减少损失，因此可以增加植物生长所需的钾。

因此，土壤质量的动态组成可以表示为：

$$S = h(M, Y, U) \tag{2.32}$$

其中，S 表示土壤质量的动态成分，M 表示农场管理决策（即土壤管理），Y 表示作物产量，U 表示土壤的固有特性，例如，土壤 pH 值和土壤黏土含量。

2.4.2.3 作物产量

从生物物理学的角度来看，作物产量取决于来自太阳的可用能量

（用于光合作用，形成 CH_2O）、土壤中的可用水量、土壤中的养分含量、植物吸收这些养分的程度、病虫害等减产因素的发生率及农场管理的劳动力投入。作物生长（生物量生产）可以示意性地表示如下：

$$CH_2O + \underset{(N, P, K, Ca, Mg, S, \cdots)}{\overset{其他基本要素}{}} \rightarrow 有机物 = 产量 + 作物残留物$$

基本要素通常根据植物组织内的浓度分为两类：大量营养素和微量营养素。植物需要相对多的大量营养素，这些大量营养素包括大气提供的三种养分——碳、氢和氧以及土壤提供的六种养分——氮、磷、钾、钙、镁和硫。最关键的因素通常被称为"产量限制因素"。这意味着保持其他营养素的浓度不变，产量的进一步增加受到该营养素可得性的限制；换言之，给定其他养分含量，增加该种养分可进一步增加作物产量。

微量营养素的需求量比大量营养素少得多，即少 10 ~ 1 000 倍。如果作物缺乏这些养分，作物产量和/或质量将受到负面影响。但微量营养素通常从自然来源（如土壤母质或土壤有机质）就可以获取足够的量。

植物可利用的基本养分的程度不仅取决于土壤中的养分浓度，还取决于土壤的化学特征（如土壤 pH 值）和物理特征（如表土层厚度和结构）。深层土壤比浅层土壤更便于作物扎根，并且，如果两种土壤的养分浓度相同，深层土壤将给作物提供更多的养分。

土壤有机质与土壤质量的许多方面有关。它能为作物及其生长环境提供营养。此外，土壤有机质有助于改善土壤结构，促进植物根系的延伸，使农民更容易耕作，并有利于提高蓄水能力。

除上述限制因素外，产量还可能受到"减产因素"的负面影响，如杂草、害虫和疾病的发生。作物保护（除草、使用杀虫剂和除草剂）可以减少这些不利因素对作物产量的负面影响。杀虫剂和除草剂可以预防性使用，以避免虫害和疾病的发生损害作物，也可以治疗性使用，即作物发生了病虫害时用于除虫、除害。

劳动力投入不是作物生物量形成的直接因素。然而，除草、施肥、植保、收割等方面的劳动力投入，通过作物种植间接提高了产量。

因此，解释作物产量的生产函数可以表示为：

$$Y = g(M_1, S, V) \tag{2.33}$$

其中，Y 表示作物产量，M_1 表示农场对作物种植的管理决策（即劳动力投入、作物保护），S 表示土壤质量的动态成分，V 表示可能影响产量的外部因素，包括农业气候因素（如降雨、辐射和温度）和减产因素（如杂草、害虫和疾病的发生）。

生产函数与农业经济学家通常使用的生产函数有一个本质区别。化肥和肥料通过影响土壤质量的动态成分间接影响作物产量。原因是（化学和有机）肥料施用率与作物产量之间的关系不是恒定的，而关键取决于土壤化学特征和过程。由此产生的生产函数反映了从农艺学中获得的一些重要见解。

2.4.3　实 证 分 析

2.4.3.1　抽样和数据收集

本章使用的数据来自前文所述的三个村庄的农户和地块。其中，地块层面的数据包括制度因素、农场管理、土壤质量和水稻产量。制度因素包括：（1）土地细碎化，表示为地块到宅地的距离和地块大小；（2）地块租赁情况，即地块是否为承包或从其他农民或集体处租赁。地块层面管理数据包括（单季或双季）水稻生产中使用的劳动力、除草剂、肥料和化肥。土壤质量数据包括土壤有机质含量、土壤物理特征（如表土深度和土壤黏土含量）、土壤化学特征（如土壤全氮、速效磷、速效钾和 pH 值）。从地块获得的作物产量指的是单季稻或双季稻。农户家庭特征包括关于地块大小、地块数量及户主年龄和受教育水平等信息。关于种子、动物畜力、杀虫剂和除草剂的使用也可纳入模型。不过，在我们的样本中，这些管理变量不会显著影响水稻产量，因此为了简单起见，省略了这些变量。

作为在三个村庄进行的最初调查的一部分，我们调查和收集了 2000 年的农户特征。在最初调查的 339 户家庭中，随机选择 47 户家庭收集其稻田地块层面的数据。样本中只包括种植水稻的地块。2002 年种植绿肥或其他作物的稻田不包括在内。作者组织调研队于 2003 年 1 月对这些农户进行了上一个农业季节的访谈和土壤取样。访谈和土壤取样定在 1 月初进行，因为当时调研人员（主要是研究生为寒假期间）和农民（为冬闲季节）都有时间。此外，这段时期稻田里没有水，土壤采样比较容易。数据库包含的地块数量为 154 块，其中板桥 29 块，上祝 50 块，港沿 75 块。这些地块的土壤取样和分析由南京农业大学资源与环境科学学院进行。土壤取样和农户调研时作者全程参与。

2.4.3.2 变量选择

本节讨论用于估计图 2.2 所示的指标。土地产权在调查村庄中可以区分为三种形式：自留地、承包地和租赁土地。自留地是多年前分配给个体家庭的土地，可以长期耕种，但只占总土地的很小部分。原则上，约 5% 的耕地面积可以作为自留地，但在许多村庄，这一比例甚至更低。在我们调查的三个村庄中，大多数地块由享有村集体成员权的村民向村民委员会承包。从其他农户或村（组）集体租用土地最近才开始流行。本节中使用的水稻生产数据库仅包含承包地块和租用地块。承包土地占地块的 75%，租用土地占地块总数的 25%。虚拟变量用于指示地块是租用（值为 1）还是承包（值为 0）。

本章中使用的土地细碎化指标不同于前几章中所使用的指标，因为本章中的分析是在地块层面上进行的。因此，我们使用地块大小和地块到宅地距离作为特定地块信息，并用地块数量作为农场层面的信息作为补充，以衡量农场层面的土地细碎化状况。

本节中包括的农场管理变量包括劳动力使用、化肥和有机肥的使用。根据不同肥料类型的养分含量（N、P_2O_5 和 K_2O），化肥可细分为氮肥、磷肥和钾肥。我们样本中38%的地块使用了有机肥。我们使用虚拟变量来指示它是否用于特定的地块（如某地块施用了有机肥，值为1）。水稻产量是按亩计算的。它表示一个地块上的单季稻或双季稻的水稻产量。

动态土壤质量指标包括土壤有机质含量、土壤全氮、土壤速效磷和土壤速效钾。他们是根据土壤科学家的建议挑选出来的。土壤有机质含量是土壤肥力的重要指标。它为作物提供许多大量和微量营养。此外，有机质充足的土壤具有结构良好、稳定性高和养分保持率高的特点。土壤氮、磷和钾是作物最重要的大量养分。土壤全氮是土壤长期肥力的一个重要指标，其中大部分被结合在土壤有机质中。速效磷和速效钾表示一个生长周期内可供作物吸收的土壤磷和钾储量。

土壤固有的特性包括土壤 pH 值、土壤黏粒含量和表土层厚度。土壤学家认为这些是研究领域最重要的土壤特征。土壤 pH 值是土壤酸碱度的指标，其中性值为 pH7。当 pH 值低于 7 时，值越小，表明土壤酸性越强；当 pH 值高于 7 时，值越大则土壤碱性越强。选择户主的年龄和教育水平作为可能影响农场管理决策的农场家庭特征。教育变量定义为虚拟变量，表示户主是否接受过任何正规教育（值为 1 表明户主接受过正规教育，否则，文盲为 0）。

三个村庄在土壤母质、景观、农业气候因素、是否可得到农业推广服务、投入/产出价格和其他相关因素方面的差异通过两个村庄虚拟变量表示，表明地块位于上祝村（值为 1，否则为 0）或港沿（值为 1，否则为0)。

表2.19显示了分析中使用的变量的描述性统计。平均水稻产量为每亩930斤,即每公顷6 975公斤。产量变化极大,从每亩250斤到1 725斤不等。同样,农场管理变量的变化很大。所有地块均施用氮肥,但部分地块不施用任何磷肥或钾肥。每个农场的平均地块数为8.94,样本中的地块平均面积为1.85亩,距宅地的平均距离为步行14分钟。

表2.19　　　　　　　　回归分析中所用变量的描述性统计

变量	观察值	单位	平均值	最大值	最小值	标准误
外生变量						
农场管理活动						
劳动力用量（LB）	154	人/天·亩	56.8	249	10.0	31.7
除草剂用量（HB）	154	元/亩	2.34	10.0	0.33	1.51
纯氮（NP）	154	斤	24.0	86.4	2.25	14.4
P_2O_5（PP）	154	斤	11.5	73.0	0.00	9.70
K_2O（KP）	154	斤	14.8	100	0.00	12.6
有机肥虚拟变量（DM）	154	0 or 1	0.38	1.00	0.00	0.49
动态土壤质量						
土壤有机质（SO）	154	%	3.80	6.21	1.27	1.02
全氮（NT）	154	%	0.26	0.48	0.10	0.07
速效磷（PA）	154	g/kg	13.4	63.6	1.36	11.2
速效钾（KA）	154	mg/kg	94.4	385	19.8	54.6
作物产量						
水稻产量（RY）	154	斤/亩	930	1 725	250	353
外生变量						
制度因素						
租入土地虚拟变量（DH）	154	0 or 1	0.25	1.00	0.00	0.44
地块面积（PA）	154	亩	1.85	9.00	0.20	1.35
地块离家距离（PD）	154	分钟	14.3	60.0	1.00	12.1
农场地块数（PN）	154	块	8.94	16.0	3.00	3.43

变量	观察值	单位	平均值	最大值	最小值	标准误
土壤特征						
土壤黏粒含量（CL）	154	%	14.2	27.6	4.77	4.76
表土层厚度（TD）	154	cm	17.1	35.0	9.0	4.45
pH 值（PH）	154		5.15	5.90	4.60	0.22
农户家庭特征						
户主年龄（AG）	154	岁	46.6	75.0	30.0	11.7
受教育状况虚拟变量（DE）	154	0 or 1	0.81	1	0	0.40
村庄特征						
上祝村虚拟变量（DV1）	154	0 or 1	0.32	1.00	0.00	0.47
港沿村虚拟变量（DV2）	154	0 or 1	0.49	1.00	0.00	0.50

资料来源：根据调研计算。

2.4.3.3　模型及估计方法

表2.19中列出的变量将用于估计图2.2所示分析框架所表达的模型。用于解释农场管理决策因素的方程为：

$$FM_i = \alpha_{0i} + \alpha_{1i}DT + \alpha_{2i}PA + \alpha_{3i}PD + \alpha_{4i}PD^2 + \alpha_{5i}PN + \alpha_{6i}RY + \alpha_{7i}AG$$
$$+ \alpha_{8i}AG^2 + \alpha_{9i}DE + \alpha_{10i}DV1 + \alpha_{11i}DV2 + \upsilon_{1i} \tag{2.34}$$

其中，FM_i 分别为劳动力用量（LB）、除草剂用量（HB）、纯氮（N）（NP），P_2O_5（PP），K_2O（KP）和有机肥施用（DM），α_{0i}，$\cdots$，α_{11i} 为未知系数，υ_{1i} 为具有标准特征的扰动项。

变量的定义如表2.19所示。式中的农场管理决策取决于制度因素（土地产权、土地细碎化）、水稻产量、家庭特征（户主的年龄和受教育程度）和村庄特征（由村庄虚拟变量表示）。为地块距离（PD）和户主年龄（AG）添加了二次项，以说明这些变量影响中的潜在非线性。

土壤质量的动态成分取决于水稻生产中施用的化学养分和有机肥的量、收获的产量和土壤化学过程。土壤有机质（SO）将使用以下方程：

$$SO = \beta_0 + \beta_1 DM + \beta_2 RY + \beta_3 CL + \beta_4 DV1 + \beta_5 DV2 + \upsilon_2 \qquad (2.35)$$

其中，β_0，$\cdots$，β_5 为未知系数，υ_2 为具有标准性质的扰动项。

式（2.34）中的土壤有机质含量取决于有机肥的施用（DM）、水稻收割后剩余的生物残留量（RY）、土壤黏粒含量（CL：黏粒可通过减少其分解保留更多土壤有机质）及村庄特定因素（由虚拟变量 $DV1$ 和 $DV2$ 表示）。

全氮的方程式如下：

$$NT = \gamma_0 + \gamma_1 NP + \gamma_2 DM + \gamma_3 SO + \gamma_4 RY + \gamma_5 DV1 + \gamma_6 DV2 + \upsilon_3$$
$$(2.36)$$

其中，γ_0，$\cdots$，γ_6 为未知系数，υ_3 为具有标准性质的扰动项。

氮肥（NP）和有机肥（DM）施用量可以增加土壤中的氮含量。土壤有机质（SO）含量高的土壤，淋溶和挥发造成的氮损失往往较低。作物收割（RY）会移走农田中的部分氮，从而减少氮储量。最后，村庄特定因素（$DV1$、$DV2$），例如土壤类型的差异也可能起作用。

对于速效磷，将估算以下方程式：

$$PA = \delta_0 + \delta_1 PP + \delta_2 DM + \delta_3 RY + \delta_4 pH + \delta_5 CL + \delta_6 DV1 + \delta_7 DV2 + \upsilon_4$$
$$(2.37)$$

其中，δ_0，$\cdots$，δ_7 为未知系数，υ_4 为具有标准性质的扰动项。

磷肥（PP）和有机肥（DM）可补充土壤中的速效磷，而作物收获（RY）可带走部分速效磷。土壤 pH 也影响土壤磷的形态和有效性。低 pH 值的酸性土壤会形成不溶性铝磷酸盐，高 pH 值的碱性土壤会形成不溶性钙磷酸盐，从而都会降低磷的有效性。黏粒含量较高（CL）的土壤为土壤中的有机物质提供了"保护"，从而阻碍了分解并减少植物生长所需的磷。同样，村庄特定因素（$DV1$、$DV2$），例如土壤类型也可能起作用。

对于速效钾，使用相同的等式，其中钾的施用（KA）代替磷的施用：

$$KA = \varepsilon_0 + \varepsilon_1 KP + \varepsilon_2 DM + \varepsilon_3 RY + \varepsilon_4 pH + \varepsilon_5 CL + \varepsilon_6 DV1 + \varepsilon_7 DV2 + \upsilon_5$$

$$(2.38)$$

其中，ε_0，$\cdots$，ε_7 为未知系数，υ_5 为具有标准性质的扰动项。

再次预计土壤 pH 值将产生负面影响。土壤酸度的增加（pH 值较低）将增加土壤溶液中铝的浓度。反之，则可以为作物生长提供更多的钾。土壤黏粒含量（CL）对速效钾的预期影响与其对速效磷的影响相反。钾的流动性相对较高，容易浸出。黏性土壤有助于减少钾的损失，从而增加植物生长所需钾的有效性。

最后，Cobb – Douglas 生产函数用于估算水稻产量方程：

$$\ln(RY) = \zeta_0 + \zeta_1 \ln(LB) + \zeta_2 \ln(HB) + \zeta_3 \ln(PA) + \zeta_4 \ln(SO)$$
$$+ \zeta_5 \ln(NT) + \zeta_6 \ln(PA) + \zeta_7 \ln(KA) + \zeta_8 \ln(TD)$$
$$+ \zeta_9 \ln(pH) + \zeta_{10} DV1 + \zeta_{11} DV2 + \upsilon_6 \qquad (2.39)$$

其中，ζ_0，$\cdots$，ζ_{11} 为未知系数，υ_6 为具有标准性质的扰动项。

水稻产量取决于种植水稻所使用的劳动力（LB）、所使用的除草剂（HB）、地块面积（PA）、土壤有机质含量（SO，用于代表土壤速效水的可用性）、植物生长所需的大量养分（SO、NT、PA 和 KA）、表土层厚度（TD）、土壤 pH 值（pH）和土壤类型，农业气候因素和其他村庄特定因素在村庄虚拟变量中（$DV1$ 和 $DV2$）体现。除地块面积外，所有因素预计都会对水稻产量产生正向影响。该生产函数中的变量以每亩为单位表示。因此，将地块面积添加到方程中，以估计作物种植业的规模回报率是减少（$\zeta_3 < 0$）、恒定（$\zeta_3 = 0$）还是增加（$\zeta_3 > 0$）的。

方程（2.34）~ 方程（2.39）共同构成了模型。它由 11 个方程组成，解释了 11 个内生变量。除产量方程外，所有方程均可识别。在本节中，我们将解释如何解决产量方程的识别问题。

需要联立方程技术来估计模型。如果系统中的方程通过残差相关，则应采用三阶段最小二乘法（3SLS），以获得无偏和有效的估计。然而，对单个方程的任何错误说明都会污染系统中其他方程的 3SLS 估计。在我们的模型中，我们没有理由假设方程的残差彼此相关。此外，一些方程，特别是土壤质量方程，具有探索性质，需要进一步研究以改进其表达式。因此，我们使用两阶段最小二乘法（2SLS）来估计模型。

2.4.4　回归结果

对于大多数方程，不清楚应使用哪种函数形式。唯一的例外是我们明确采用 Cobb – Douglas 函数作为产量方程。对于其他方程，我们估计了线性和双对数函数形式，并比较了（二阶）Ramsey 检验以及 Jarque – Bera 正态性检验和 F 检验的结果。结果见附表 2.6。除有机肥和土壤有机质外，所有方程的双对数形式均优于线性形式。因此，我们对除方程（2.34）和方程（2.35）之外的所有方程使用双对数规范。每个方程由 2SLS 估计。对于方程（2.34），将 Probit 模型应用于水稻产量（该方程中唯一的内生解释变量），并将其替换为从 2SLS 第一阶段获得的估计值。方程中忽略了不重要的解释变量和系数符号错误的变量。附表 2.7 至附表 2.8 中报告了完整方程的结果。单侧检验适用于那些只能对因变量产生正向影响的解释变量（如产量方程中的劳动力使用）。

2.4.4.1　生产活动的影响因素

表 2.20 和表 2.21 给出了农场管理变量的回归结果。租用地块和承包地块之间劳动力、除草剂、有机肥和氮肥的使用没有显著差异。这支持了李等（Li et al.，1998）的发现。然而，在控制产量水平的情况下，发现租入的地块施用的磷肥和钾肥量显著较高。一种可能的解释是，租入的土地质量相对自家的承包地质量较差，农民需要使用更多的磷肥和钾肥来补偿租用土地质量的不足。不过，租入地块和承包地块之间的土壤质量指标的比较不具有统计学显著差异（见附表 2.9）。

表 2.20　　劳动力、除草剂和有机肥投入的回归结果

自变量	每亩劳动力投入 (2SLS)	每亩除草剂投入 (2SLS)	有机肥投入（虚拟变量）(Probit)
恒变量	-1.29 (-0.56)	-24.5** (-2.60)	-4.07** (-2.35)
租入地块虚拟变量	—	—	—
地块面积	-0.10* (-1.82)	-0.21*** (-3.86)	—
地块离家的距离	0.49*** (2.76)	—	-0.03*** (-2.57)
地块离家距离的平方	-0.12*** (-3.17)	—	—
地块数	—	0.23** (2.02)	—
产量	0.68** (2.16)	0.88*** (4.93)	—
年龄	—	9.81** (1.98)	0.16** (1.92)
年龄的平方	—	-1.27* (-1.97)	-0.001** (-2.06)
受教育程度虚拟变量	—	—	—
上祝村虚拟变量	0.68*** (3.85)	—	1.48*** (3.98)
港沿村虚拟变量	—	-0.19** (-2.04)	1.15*** (3.12)
R^2	0.39	0.36	
Adj. R^2	0.37	0.33	
McFadden R^2			0.14
观察值	154	154	154

注：劳动力和除草剂投入方程为双对数。括号中为 z 值；* 表示 10% 水平显著，** 表示 5% 水平显著，*** 表示 1% 水平显著。

表 2.21　　　　　　　　　　　化肥施用回归结果，2SLS

自变量	每亩氮肥用量	每亩磷肥用量	每亩钾肥用量
恒变量	- 8.32 *** (- 5.11)	- 3.16 (- 1.23)	- 5.81 * (- 1.86)
租入地块虚拟变量	—	0.31 ** (2.17)	0.34 ** (2.00)
地块面积	- 0.12 * (- 1.85)	—	—
地块离家的距离	—	—	—
地块离家距离的平方	0.15 *** (2.45)	—	—
地块数	—	- 0.37 *** (- 2.49)	—
产量	1.68 *** (7.02)	0.97 *** (2.63)	1.21 *** (2.70)
年龄	—	—	—
年龄的平方	—	—	—
受教育程度	- 0.29 *** (- 2.55)	—	—
上祝村	—	- 0.71 *** (- 3.02)	- 0.44 * (- 1.74)
港沿村	- 0.26 ** (- 2.13)	- 0.64 *** (- 4.12)	—
R^2	0.43	0.40	0.35
Adj. R^2	0.41	0.38	0.33
观察值	154	154	154

　　注：所有方程均为双对数。括号中为 z 值；＊表示 10% 水平显著，＊＊表示 5% 水平显著，＊＊＊表示 1% 水平显著。

　　另一种解释可能是，租出地块的农民在开始租出地块之前的最后一年或两年中没有或较少施用磷肥和钾肥。这两种化肥通常作为基肥施用，肥效较长。租用的土地如想达到预期产量，需要补充施用磷肥和钾肥来补偿之前的不足。实地调研期间的非正式访谈证实了这一解释。曼德尔（Mandel，1970）的证据也支持这一解释。土地的短期租赁阻碍了农民对土地的投资，即使租赁期长达九年，也不例外。曼德尔（Mandel，1970）的研究表明，"农民经常不得不在第一个三年轮作期间重建其前任损害的肥力；他在第二个三年期间正常耕种土地，然后在最后三年以各种方式耗尽土地肥力。"

在土地细碎化指标中，地块大小对劳动力投入、除草剂使用和氮肥施用有负面影响。面积大的地块更易于管理，因此具有更高的投入使用效率。地块面积增加1%，每亩劳动力、除草剂和氮肥的投入分别减少0.10%、0.21%和0.12%。有机肥、磷肥和钾肥的使用不受地块大小的影响。地块距离对相对较近地块的劳动力使用有正向影响，而对较远地块则有负面影响。拐点大约为8分钟的行程时间。我们调查中收集的劳动力使用数据包括前往地块所需的时间。因此，较远地块上劳动力投入的减少超过了前往地块所需的时间，而对于附近地块，则没有。

施用有机肥料是一项相当艰苦的活动。正如预期的那样，地块的距离会对有机肥的使用产生负向影响。地块距离对氮肥施用的正向影响表明，氮肥用于替代远处地块上的有机肥。地块距离没有影响其他化肥和除草剂的使用。农场的地块数量只影响除草剂和磷肥的使用水平。拥有更多地块的农场会遭受更多来自邻近非耕地的杂草入侵，因此需要更多地使用除草剂。磷肥的施用是一项相对长期的投资。对于拥有诸多地块的农民来说，土地重新分配的可能性更高，这可能解释了农民不愿意通过施用磷肥来投资土壤质量的原因。

除施用有机肥，产量反过来对所有农场管理变量都有正向影响。因此，通过控制投入使用和水稻产量之间的技术关系（根据生产函数估计），产量较高的地块获得的投入量较高。估计的弹性范围从劳动力的 0.68 到氮肥使用的 1.68。

户主的年龄只影响除草剂和有机肥的使用。年龄较大的农民比年轻农民更可能使用除草剂和有机肥，但随着年龄增大，影响减小。48 岁以上的农民使用除草剂减少。教育只影响氮肥的施用水平。当户主接受了一些正规教育时，氮肥的使用量往往较低。在农业生产决策中，耕作经验对于其他管理变量，可能比正规教育更重要。

在保持其他因素不变的情况下，偏远山区上祝村的农民比离主要市场最近的板桥村的农民使用更多的劳动力和有机肥，使用更少的磷肥和钾肥。平原地区的港沿村的农民比板桥村的农民使用更多的肥料，而使用的除草剂和氮磷肥较少。

2.4.4.2　土壤质量的影响因素

表 2.22 为土壤有机质和土壤全氮模型的回归结果。在解释土壤有机质（SOM）的方程中，结果如预期的那样，有机肥使用可以非常显著地增加土壤有机质的含量。在施用了有机肥的地块上，土壤有机质含量平均高出 37%。土壤黏粒含量对从地块获得的水稻产量没有显著影响。在港沿村，在控制了有机肥使用影响的土壤中，有机质含量略高于其他两个村庄。

表 2.22　　　土壤有机质和土壤全氮模型的回归结果，2SLS

自变量	土壤有机质	土壤全氮
恒变量	3.13 *** (18.9)	−1.97 *** (−29.7)
每亩纯氮用量	n. a.	—
有机肥使用虚拟变量	1.42 *** (4.51)	—
水稻产量	—	—

续表

自变量	土壤有机质	土壤全氮
土壤有机质	n. a.	0. 65 *** (12. 4)
土壤黏粒含量	—	n. a.
上祝村	—	—
港沿村	0. 28 * (1. 70)	—
R^2	0. 01	0. 74
Adj. R^2	− 0. 00	0. 74
观察值	154	154

注：土壤全氮方程为双对数；n. a. 为不适用。括号中为 t – 统计；＊表示 10% 水平显著，
*** 表示 1% 水平显著。

　　土壤全氮深受土壤有机质含量的影响。主要原因是土壤有机质中有机态氮占土壤全氮的大部分。此外，较高的土壤有机质含量可防止氮通过淋滤和挥发损失。土壤有机质含量增加 1%，土壤全氮增加 0.65%。土壤总氮含量不受氮肥施用或有机肥施用的显著影响。土壤总氮的形成是一个相对缓慢的过程，在一个农业季节中观察到的氮和有机肥施用水平的差异不会显著影响土壤总氮的含量。如希里克（Heerink，1994）所示，如果（a）解释变量的相关系数及其在样本上的滞后值在相关时间段内接近于 1，以及（b）解释变量在时间上的标准偏差相对恒定，则横截面观测可用于提供长期过程的近似值。在我们的案例中，这意味着在每个地块上施氮（有机肥）对土壤总氮积累的贡献期内应相对恒定。这一假设可能不合理。然而，在我们的模型中，有机肥的使用通过其对土壤有机质形成的贡献间接影响土壤氮的形成。再次发现，产量对土壤总氮的影响不大，对土壤有机质含量的影响也不大。

　　土壤速效磷和土壤速效钾的回归结果如表 2. 23 所示。结果显示，

磷肥的使用显著增加了土壤速效磷的含量，即磷肥施用量增加1%，土壤中速效磷的含量平均增加0.41%。然而，钾肥施用对土壤速效钾含量没有显著影响。单个季节的数据在解释长期过程方面的不足可能再次解释了后者的结果。

表 2.23　　　　　土壤速效磷和土壤速效钾的回归结果，2SLS

自变量	土壤速效磷	土壤速效钾
恒变量	1.26 (1.33)	6.70*** (6.45)
每亩磷肥施用量	0.41* (1.60)	n.a.
每亩钾肥施用量	n.a.	—
有机肥施用	0.54** (1.68)	0.43*** (3.00)
水稻产量	—	—
土壤 pH 值	—	−1.98** (−2.19)
土壤黏粒含量	−0.31* (−1.79)	0.48*** (4.34)
上祝村	0.87** (2.10)	—
港沿村	0.91*** (3.23)	−0.40*** (−5.21)
R^2	0.08	0.22
Adj. R^2	0.04	0.19
观察值	154	154

　　注：两个方程均为双对数；n.a. 为不适用。括号中为 t-统计；*表示10%水平显著，**表示5%水平显著，***表示1%水平显著。

　　有机肥的使用对土壤中的速效磷和速效钾都有显著的正向影响。与不施肥的地块相比，施肥地块的土壤速效磷含量较不施肥地块平均高54%（7.2g/kg），土壤速效钾含量较不施肥地块平均高43%（40.6mg/kg）。水稻产量对土壤速效磷和速效钾含量没有显著影响。因此，土壤质量变量似乎都不受地块间水稻产量差异的影响。

土壤pH对土壤速效磷没有显著影响，但对土壤速效钾有显著的负面影响。后者的结果可以解释为，黏土层之间特定位置的钾固定和截留在碱性条件下可能更高。

土壤黏粒含量对土壤速效磷有显著的负影响，但对土壤速效钾有正影响。对于磷，可能是酸性土壤（样本地块的土壤pH值平均为5.15，呈酸性）黏粒对磷产生专性吸附，磷出现"老化"而使磷肥效果大大降低。钾的流动性很强，容易遭到淋溶，因此土壤黏土颗粒可以在一定程度上减少钾的损失。

在保持其他因素不变的情况下，上祝村和港沿村的土壤速效磷含量平均比板桥村的高90%左右。港沿村地块的土壤速效钾含量比板桥和上祝地块低约40%。模型中未包括的土壤特征，如这些村庄的水分特征或母质状况，可以用来解释这些结果。

2.4.4.3 产量的影响因素

前两小节的结果表明，几个解释变量对土壤管理决策和土壤质量影响不大。从方程（2.33）～方程（2.38）所示的模型中删除这些变量后，可以识别水稻产量方程。这些变量被删除时，其他十个方程也可以被识别。

表2.24显示了水稻产量的回归结果。劳动力使用对产量有显著的正向影响。换言之，边际劳动生产率大于零。这意味着在我们的研究中，不存在劳动力剩余，即如果想让劳动力从农业中撤出，就可能影响到农业生产，这不同于许多关于中国的研究所假设的，农业生产中存在劳动力剩余。在本章第3节的生产前沿函数结果中，劳动力投入对水稻

产量的影响也不显著。

表 2.24　水稻产量方程的回归结果，2SLS

自变量	水稻产量
恒变量	4.62*** (7.50)
每亩劳动力用量	0.27*** (2.64)
每亩除草剂用量	0.34*** (3.25)
地块面接	0.07* (1.63)
土壤有机质含量	—
土壤全氮含量	—
土壤速效磷含量	0.13** (2.17)
土壤速效钾含量	0.16** (1.74)
表土层厚度	—
土壤 pH 值	—
上祝村	-0.52*** (-6.03)
港沿村	—
R^2	0.46
Adj. R^2	0.45
观察值	154

注：方程为双对数；n. a. 为不适用。括号中为 t - 统计；* 表示 10% 水平显著，** 表示 5% 水平显著，*** 表示 1% 水平显著。

需要注意的是，本节中的劳动力是按地块进行计量的，仅包括在现场工作的时间，而不包括前往地块的时间。因此，与前几章中使用的数据（包括行程时间）相比，它给出了更精确的实际劳动力投入估算。地块面积对水稻产量的影响较小但显著。因此，有一些证据表明，水稻作物种植业的规模收益增加。因为生产和管理变量是以每亩为基础衡量的，所以面积变量表示 Cobb – Douglas 生产函数中存在规模经济。根据总产量（以及总劳动力和除草剂使用量）重新运算 Cobb – Douglas 函数，我们得到了地块面积的弹性0.32。该弹性大大低于第5章中估计的地块面积相对于总面积的弹性（0.97）。

在土壤质量指标中，只有速效磷和速效钾对水稻产量有显著影响。这表明，土壤速效磷和土壤速效钾含量是研究区水稻产量的限制因素。地块之间土壤全氮含量和土壤有机质含量的变化显然对于水稻产量的影响无关紧要，因为土壤中全氮的含量足够，或者土壤中全氮以不可用的形式存在。

表土层厚度土壤 pH 值也不影响水稻产量。我们研究区域的平均表土层厚度为17cm，足以使水稻根系伸展。水稻生长对 pH 值没有严格要求。我们研究区域的土壤 pH 值在4.6~5.9之间的范围，pH 值偏酸性，有些低，但当淹水时，该值将趋于接近7.0。而研究区，水稻生长需要经常处于淹水状态。

与板桥和港沿村的地块相比，上祝村的地块水稻产量较低。考虑到村庄之间的作物种植和动态土壤质量差异，上祝（偏远村庄）的地块平均水稻产量比其他村庄低52%。气候、坡度、景观位置和获得推广服务的机会的差异可能是解释水稻产量差异的重要因素。这与我们在本章第2节和第3节中发现的上祝村每吨粮食生产成本较高和技术效率较低的情况一致。

2.4.5 讨论和结语

土壤质量对许多发展中国家的可持续农业发展和粮食安全具有重要

影响。土壤质量的一个组成部分是土壤养分总储量。正如卡斯曼和哈伍德（Cassman and Harwood，1995）所述，为了维持农业生产力，土壤养分储量的下降需要更多的投入和更高的管理技能，以补偿养分可得性的减少。这就是为什么农业发展与土壤质量管理之间的相互作用引起了研究人员的广泛关注（例如，Koning et al.，2001，Sanchez，2002；Heerink，2005）。本章试图探讨管理实践、可观察土壤特性和农业土地生产力之间的主要联系。

该节应用本章 2.2 节所述三个村庄的地块层面投入/产出数据及选定的若干土壤质量指标和农户层面信息，研究土地细碎化和土地产权权对地块层面土壤管理、土壤质量动态组成、作物生产和水稻产量的影响。采用 2SLS 经济计量方法同时估计这些变量之间的相互关联关系。

参考图 2.2 所示的分析框架，本节的结果证实了所考虑因素之间的一些相互作用。

（1）增加劳动力和除草剂的使用对作物产量有直接的正向影响；

（2）产量对作物种植决策具有显著的正反馈效应；

（3）施用有机肥对土壤中大量养分的存量和有效性具有正向影响；然而，由于数据限制，无法确认化肥施用对土壤大量养分的影响；

（4）只有土壤速效磷和土壤速效钾影响水稻产量；土壤全氮和土壤有机质含量、土壤 pH 和表土层厚度的差异对水稻产量的变化没有影响；

（5）通过水稻收割移除的生物量不会显著影响土壤中的大量养分；

（6）研究发现，水稻产量对施肥有显著的正向影响，但对有机肥的施用没有影响；

（7）地块的产权状态影响磷肥和钾肥的施用，但不影响本节中探讨的其他农场管理变量；

（8）土地细碎化对农场管理决策的影响是混合的：在较远的地块

上，劳动力和有机肥使用量较低，但氮肥使用量较高；在大型地块上，单位面积的劳动力、除草剂和氮肥使用量较低，可以实现作物种植的规模经济；在拥有更多地块的农场里，单位面积除草剂的使用量较高，单位面积磷肥的施用量较低。

基于这些研究结果，我们得出结论，耕地细碎化确实影响农场管理实践和决策。将小块、零碎的地块合并成较小数量的较大地块，通过在给定产量水平下减少劳动力和除草剂的使用，可提高农业生产投入的效率。此外，如果这些地块靠近宅基地，将施用更多的有机肥。增加有机肥的施用有助于改善土壤质量，并增加研究区域水稻生产中两个主要产量限制因素即土壤中的速效磷和速效钾的有效性。

地块的土地产权状态不影响有关劳动力和除草剂使用的作物种植决策。然而，租用土地的农民确实施用了更多的化肥（磷肥和钾肥）。他们这样做可能是为了补偿租出土地的农民在前几个季节对此类化肥施用的不足。

这意味着农民更关心短期产量，而不是长期土壤生产力的积累。为了维持长期土壤生产力，应采取措施确保土地租赁价格能反映对土壤的投资。

142

第3章

耕地细碎化对水稻生产
影响的进一步分析

　　本章是对第 2 章耕地细碎化对水稻生产影响的进一步补充和证实。这一章包括 4 节,第 1 节探讨耕地细碎化的成因,第 2 节分析耕地细碎化对水稻生产带来的成本,第 3 节探究耕地细碎化对农户土壤肥力管理的影响,第 4 节分析耕地细碎化对农田耕层土壤质量的影响及其作用机制。不同于第 2 章的是,在探讨耕地细碎化成因的时候,早前的研究仅采用了江西省 11 个村的数据,补充研究则增加了湖北省的 15 个村和广西壮族自治区的 13 个村,结果进一步证实原有研究的假说;在分析耕地细碎化成本时,本章增加了一个水稻生产中耕地细碎化成本的分析框架,将耕地细碎化成本区分为私人成本和社会成本,并进一步将这些成本分解成实物成本、运行成本、设施改良成本和社会外部性,加强了对耕地细碎化成本的理论分析;在探讨耕地细碎化对土壤肥力管理时,基于 300 多个水稻生产地块层面的样本,从作物种植制度选择、作物类型、化肥施用决策以及绿肥和有机肥施用决策方面展开;而最后一部分则采用地块层面的土壤样本测试数据、第二次土壤普查数据与农户层面的社会经济数据,对代表耕层土壤质量的土壤有机碳如何受耕地细碎化的影响进行探讨。这有别于传统农业经济学对耕地细碎化影响农业生产成本、效率和产量等的诸多研究,本章对细碎化的耕地经营格局如何影响表征未来粮食生产潜力的土壤肥力管理和土壤质量进行了跨学科的探讨。

3.1 耕地细碎化的成因

土地细碎化是许多国家农业中存在的主要问题之一。细碎化是农业发展的一大障碍，它阻碍农业机械的采用和农业现代化的实现，影响生产效率并造成极大的成本浪费。中国土地细碎化状况远较其他许多国家严重。据调查，土地细碎化浪费了中国农地有效面积的 3%～10%（Zhang et al.，1997），每吨谷物增加 115 元劳动力生产成本[①]并降低了 15.3% 的土地生产率[②]（Wan and Cheng，2001）。土地细碎化的存在影响农业产业结构的调整并不利于农户对土地进行长效投入，这极大地削弱了农业的发展后劲。因此，减轻土地细碎化将有利于中国农业更好地应对全面加入 WTO 的挑战。

3.1.1 中国耕地细碎化的理论解释

对土地细碎化成因的解释，理论上有两种观点：供给面解释及需求面解释。前者将细碎化看作是农户的外生变量，如由于继承制和人口压力所引起的土地相对稀缺及共有产权的瓦解；后者将细碎化视为农户的选择变量，假定细碎化的私人收益大于成本，如在欠发达地区，农民视土地为生存保障。在缺乏保险和信贷等风险分散机制的情

---

① 按 2000 年研究区劳动力影子价格计算，平均地块大小为 0.71 亩，户均早稻种植规模为 5 亩，分成 7 块。若消除土地细碎化，则每生产 1 吨谷物将节约 115 元劳动力成本。
② 谷物产出。

况下，农户可通过细碎化的土地种植（不同）作物来分散市场及自然灾害等风险。

中国土地细碎化的成因既有供给面的影响又有需求面影响。前者主要来源于家庭联产承包责任制的实行。虽然承包责任制最早由农户自发兴起，但随后几年内政府将其当作一项制度在全国农村推广；后者主要指根据土地质量的好坏和地块离家的远近按人口均分土地的形式。家庭承包责任制在实行之初对消除农村普遍存在的饥饿和贫困起了非常重要的作用。20多年后的今天，虽然承包制的优点（如激发农户的劳动热情）在许多依然比较贫困的地区继续发挥着作用，但它在广大地区所引发的弊端也日渐暴露，其中，最为明显的就是导致了土地的分散化、细碎化经营及其对农业生产和农村发展的影响。这些弊端自20世纪80年代以来就引起了政府部门的重视，于是从沿海地区开始发起了规模经营及土地整理运动，然而效果不甚明显。"跟土地整理之前相比，土地细碎化状况没有得到明显改观"，目前只有6%的耕地属于"规模耕作"[①]（黄贤金等，2001），农村土地经营从整体上看依然过细、过散而不利于农业生产率的提高（杜润生，1996；Hu，1997）。许多地区为适应人口变动而进行的每隔3~5年调整一次土地（有些地方甚至一年一调）的现象十分频繁，这在某种程度上加剧了土地的细碎化程度（陈华，1992）。而农村地区自发的土地租入租出又在某些方面缓解了细碎化状况。

对中国土地细碎化问题的研究已有不少，但运用土地细碎化成因的主流理论，并结合经验数据进行定量分析的案例极少。为给减轻土地细碎化的相关政策的制定提供参考，有必要对土地细碎化的成因及其影响因素进行深入的探讨。

---

① 指耕地面积大于0.67公顷/劳动力。

3.1.2　模型及数据

虽然目前在中国绝大多数地区土地直接由农户经营，但多数村依然保留着对土地的多项权利，如土地的调整多为村或村民小组的集体行为，"田园化"项目的实施以及以土地为依据的国家订购粮的征收也多以村为单位进行。这些行为都可能在不同程度上影响土地细碎化程度。农村土地市场也大多存在于本村甚至本组农户之间，特别是在欠发达地区。因此本节分别从村级和农户层次探讨土地细碎化的影响因素。

3.1.2.1　村级水平

中国土地细碎化主要由四个方面的因素导致：（1）家庭联产承包责任制下的土地分配过程；（2）人口变动引起的土地（局部）调整；（3）政府发起的土地整理项目；（4）农户之间的土地租入和租出活动。每个因素受不同变量的影响，因此村级水平土地细碎化影响因素的结构模型及每个变量对因变量的影响可表示如下：

$$Fv = f_1(Dv^+,\ Rv^+,\ HOv^{+/-},\ HIv^{+/-},\ Cv^-) \tag{3.1}$$

$$Dv = f_2(NCv^+,\ LAv^+,\ SNv^-) \tag{3.2}$$

$$NCv = f_3(TPv^{+/-},\ LQv^+,\ CLv^+,\ MAv^-,\ LAv^-,\ OFv^-) \tag{3.3}$$

$$Rv = f_4(DCv^+,\ LAv^{+/-},\ ILv^-,\ OFv^-,\ QUv^-,\ HIv^-) \tag{3.4}$$

$$HOv = f_5(OFv^+,\ CRv^+) \tag{3.5}$$

$$HIv = f_6(QUv^-,\ ILv^+,\ CRv^{+/-}) \tag{3.6}$$

其中，Fv 为村级土地细碎化指标（如户均地块大小和户均地块数等），Dv 为由土地分配过程导致的土地细碎化，Rv 为自家庭承包责任制以来土地调整的频率和范围，HOv 为户均租出地块面积，HIv 为户均租入地块面积，Cv 为土地整理项目的存在与否，NCv 为土地分配过程中的等级，LAv 为人均耕地面积，SNv 为村中非农户占总农户之比，

146

DCv 为人口变动指标，*ILv* 为平均收入水平，*OFv* 为全村总收入中非农收入份额，*QUv* 为国家订购指标（订购任务或虚拟变量），*CRv* 为固定资产值，*CLv* 为土地承包期长短，*TPv* 为地貌特征（平原、丘陵和山区），*LQv* 为土地质量差异指标（土壤类型、灌排条件、路况等），*MAv* 为市场通达度指标。

村级数据来源于 1999 年湖北、广西和江西三个省 40 个村的农村固定观察点，样点分布为湖北 15 个村、广西 14 个村（后有一个村在分析时因总地块数与平均水平偏差太大而被删除）和江西的 11 个村，按照经济发展水平、地貌类型及距离市场的远近等的不同分别从不同地区选取。丘陵和山地面积在这三省占总面积的 71%～78%，因而本节的结果更能代表我国丘陵山地省份的情况。但因影响土地细碎化的主要因素在这三省与其他省份无显著差异，因此结果可用来说明其他省份的情况。由于数据采集的困难，村级模型简化如下：

$$Fv = g_1 (TPv^{+/-}, \ LQv^+, \ CLv^+, \ MAv^-, \ LAv^{+/-}, \ OFv^-, \ SNv^-,$$

$$DCv^+, \ ILv^-, \ QUv^-, \ HOv^{+/-}, \ HIv^{+/-}, \ Cv^-) \tag{3.7}$$

$$HOv = g_2 (OFv^+, \ CRv^+) \tag{3.8}$$

$$HIv = g_3 (QUv^-, \ ILv^+, \ CRv^{+/-}) \tag{3.9}$$

土地细碎化指标用户均地块数和平均地块大小来表示。假设所有估计的方程都采用直线形式。变量的定义和未知系数的期望符号如表 3.1 所示。C_{ij} 表示未知系数，u_i 表示具有标准特征的随机误差。

表 3.1　　　　村级水平分析中的变量名及其期望符号

变量含义	单位
因变量	
平均地块数	
平均地块大小	亩

续表

变量含义	单位			
平均租出土地面积	亩			
平均租入土地面积	亩			
解释变量	预测符号			
	单位	平均地块数	平均地块大小	平均租出土地面积	平均租入土地面积
广西虚拟变量		+/-	+/-	+/-	+/-
江西虚拟变量		+/-	+/-	+/-	+/-
非平原村虚拟变量		+	-		
山区村虚拟变量		+			
非城郊区虚拟变量		-	+		
偏远地区虚拟变量		+			
人均耕地面积	亩	+/-	+/-		
非农收入份额	%	-	+	+	
非农户占总农户比重	%		+		
年均纯收入	万元	-	+		+
粮食订购虚拟变量		-	+		-
平均租出地块面积	亩	+/-	+/-		
平均租入地块面积	亩	+/-	+/-		
固定资产值	万元			+	+/-

$$NPv = C_{10} + C_{11} \times DMGX + C_{12} \times DMJX + C_{13} \times DMNP + C_{14} \times DMMO$$
$$+ C_{15} \times DMLS + C_{16} \times DMRE + C_{17} \times LAv + C_{18} \times OFv + C_{19} \times SNv$$
$$+ C_{110} \times ILv + C_{111} \times QUv + C_{112} \times HOv + C_{113} \times HIv + u_1$$

$$PSv = C_{20} + C_{21} \times DMGX + C_{22} \times DMJX + C_{23} \times DMNP + C_{24} \times DMMO$$
$$+ C_{25} \times DMLS + C_{26} \times DMRE + C_{27} \times LAv + C_{28} \times OFv + C_{29} \times SNv$$
$$+ C_{210} \times ILv + C_{211} \times QUdm + C_{212} \times HOv + C_{213} \times HIv + u_2$$

$$HOv = C_{30} + C_{31} \times DMGX + C_{32} \times DMJX + C_{33} \times OFv + C_{34} \times CRv + u_3$$

$$HIv = C_{40} + C_{41} \times DMGX + C_{42} \times DMJX + C_{43} \times ILv + C_{44} \times Quv + C_{45} \times CRv + u_4$$

3.1.2.2　农户层次

农户层次土地细碎化程度主要由村级土地细碎化程度及农户家庭特征决定，其结构模型可表示为：

$$Fh = f_7(Fv^+, \ HSh^+, \ LFh^+, \ HOh^-, \ HIh^+) \qquad (3.10)$$

$$HOh = f_8(OFh^+, \ CRh^-) \qquad (3.11)$$

$$HIh = f_9(QUdm^-, \ ILh^+, \ CRh^{+/-}) \qquad (3.12)$$

其中，Fh 为农户层次土地细碎化指标，HSh 为家庭规模，LFh 为家庭农村劳动力占总劳动力之比，HOh 为家庭出租土地面积，HIh 为家庭租入土地面积，OFh 为家庭总收入中非农收入份额，CRh 为家庭中固定资产大小，表明信贷获取的可能性，$QUdm$ 为家庭土地经营面积粮食定购，ILh 为家庭收入大小。

农户层次的数据来源于 2000 年江西省 11 个地区、11 村的 863 家农户。模型中加入村级水平的土地细碎化程度，用来更正村级水平的差异。回归方程中变量的含义及系数的估计符号如表 3.2 所示。

$$NPh = C_{50} + C_{51} \times NPv + C_{52} \times HSh + C_{53} \times LFh + C_{54} \times HOh + C_{55} \times HIh + u_5$$

$$PSh = C_{60} + C_{61} \times PSv + C_{62} \times HSh + C_{63} \times LFh + C_{64} \times HOh + C_{65} \times HIh + u_6$$

$$HOh = C_{70} + C_{71} \times OFh + C_{72} \times CRh + u_7$$

$$HIh = C_{80} + C_{81} \times ILh + C_{82} \times QUdm + C_{83} \times CRh + u_8$$

表 3.2　　　　　　　农户层次土地细碎化变量及其期望符号

变量含义	单位
因变量	
农户经营地块数	
平均地块大小	亩
租出面积	亩
租入面积	亩

续表

解释变量	预测符号				
	单位	农户经营地块数	平均地块大小	租出面积	租入面积
村级户均地块数		+			
村级平均地块大小	亩		+		
家庭规模	人	+	+		
家庭劳动力比		+	+		
租出面积	亩	−	+／−		
租入面积	亩	+	+／−		
非农收入份额	%			+	
年净收入	万元				+
粮食订购虚拟变量 −					
固定资产值	万元			+	+／−

3.1.3 结果与讨论

3.1.3.1 村级水平

运用 EViews 计量经济软件和最小二乘法对模型进行估计，所得村级水平土地细碎化影响因素结果如表 3.3 所示。

表 3.3　　　　村级水平土地细碎化回归结果

解释变量	因变量			
	农户经营地块数	平均地块大小	租出面积	租入面积
常数项	−0.91 (−0.27)	0.45 (1.62)	0.21*** (2.81)	0.16 (1.41)
广西虚拟变量	9.59*** (5.32)	−0.38*** (−2.57)	0.07 (0.89)	0.14 (1.16)

续表

解释变量	因变量			
	农户经营地块数	平均地块大小	租出面积	租入面积
江西虚拟变量	2.19 (0.98)	−0.27 (−1.42)	0.35*** (4.10)	0.33*** (2.53)
非平原村虚拟变量	5.01*** (2.97)	−0.42*** (−2.97)		
山区村虚拟变量	0.64 (0.30)	0.11 (0.62)		
非城郊区虚拟变量	4.60 (1.65)	−0.13 (−0.57)		
偏远地区虚拟变量	4.51** (2.33)	−0.21 (−1.32)		
人均耕地面积	0.51 (0.28)	0.50*** (3.34)		
非农收入份额	−0.003 (−0.08)	0.01 (1.60)	−0.00 (−0.14)	
非农户占总农户比重	−0.14 (−0.64)	0.01 (0.64)		
年均纯收入	−0.27 (−0.77)	0.02 (0.62)		−0.00 (−0.21)
固定资产值			−0.08** (−2.12)	−0.06 (−1.12)
粮食订购虚拟变量	−0.001 (−0.48)	0.00 (0.75)		
平均租入地块面积	3.29 (0.89)	−0.35 (−1.15)		−0.00 (−0.07)
平均租出地块面积	−0.12 (−0.03)	0.38 (1.04)		
F 检验	4.54	2.44	4.90	1.32
R^2	0.70	0.56	0.37	0.17
调整的 R^2	0.55	0.33	0.29	0.04

注：括号中为 t 值；** 表示5%水平显著，*** 表示1%水平显著；F 检验4.54 表示1%水平显著，2.44 表示5%水平显著。

表 3.3 表明，每个变量的符号与期望的一样。广西土地细碎化程度显著高于湖北和江西，丘陵和山区土地细碎化程度高于平原地区。离市场较远的偏远村庄地块较多，但平均地块大小与离市场远近无显著差异。人均耕地面积显著影响平均地块大小，而与户均地块数关系不大。非农收入份额、农村非农户比、年净收入水平以及粮食订购任务对土地细碎化程度无显著影响。

土地市场的参与状况没有如期望中一般缓解土地细碎化状况，这可能是因为：（1）土地市场在目前中国农村尚不普遍，还不足以使土地明显集中。据调查，湖北省和广西只有 3%、江西省有 12% 的农户参与过土地的租入或租出；（2）由于土地租入租出多发生在亲戚或朋友而非地块相邻的农户之间，因此即使参与土地市场，也往往因租入地块与自家承包地块不在一处而很少有合并的可能性；（3）即使租入的地块与自家地块相邻，也常常因租期过短（通常为一年）而不能使田块真正地合并（如削掉田块间的田埂）。

表 3.3 表明，村级水平土地市场参与不受非农就业的影响。固定资产的量（通常用来表征信贷获取的可能性）对租入土地有显著的负面影响。这说明家庭拥有的固定资产越多，农户越不愿意租出土地。这部分是因为农户不愿浪费其中生产性固定资产的折旧，因为固定资产的量要与土地面积相配，否则资本将被"淀积"而造成浪费；部分因为不在意土地出租所带来的收入。

3.1.3.2 农户层次

农户层次土地细碎化和土地市场参与情况如表 3.4 所示。各变量的符号与预期的相同，且地块数的各解释变量显著，而平均地块大小的解释变量中家庭劳动力的比例不显著，但村级水平的土地细碎化特征、家庭规模及土地市场的参与状况（租入租出土地面积）皆具有统计意义上的显著性。村级土地细碎化程度对农户层次土地细碎化有显著影响，说明农户层次土地细碎化在很大程度上由所在村庄的特征决定。家庭规模无论对地块数还是平均地块大小均有显著影响，但家庭劳动力比例只影响地块数而不显著影响平均地块大小。大家庭通常具有更多和更大的地块，说明土地主要是按照家庭人口分配的。在所调查地区，家庭每增加一个人口，农户家将增加 1.15 个地块，而平均地块大小将增加 0.02 亩/块。

表 3.4　　　　　　　　农户层次土地细碎化回归结果

解释变量	因变量（观察值 863 个）			
	农户经营地块数	平均地块大小	租出土地面积	租入土地面积
常数项	-5.81 *** (-5.97)	0.03 (0.56)	0.21 *** (4.24)	0.40 *** (5.31)
村级户均地块数	1.02 *** (21.74)			
村级平均地块大小		0.90 *** (26.97)		
家庭规模	1.15 *** (10.59)	0.02 *** (2.86)		
非农收入份额	0.02 ** (2.10)	0.00 (-0.01)		
粮食订购虚拟变量				-0.23 ** (-1.94)
非农收入份额			0.00 (0.03)	
年净收入				0.13 * (1.81)
固定资产值			-0.01 (-0.48)	-0.06 *** (-3.46)
租出土地面积	-1.03 *** (-5.45)	-0.02 * (-1.70)		

解释变量	因变量（观察值 863 个）			
	农户经营地块数	平均地块大小	租出土地面积	租入土地面积
租入土地面积	0.81 *** (5.47)	0.03 *** (3.11)		
F 检验	131	151	0.12	5.30
R²	0.43	0.47	0.00	0.02
调整的 R²	0.43	0.47	0.00	0.02

注：括号中为 t 检验值；* 表示 10% 水平显著，** 表示 5% 水平显著，*** 表示 1% 水平显著；F 检验 131 和 151 表示 1% 水平显著。

　　一个有趣的发现是土地的租入和租出显著地影响农户层次土地细碎化程度。农户每租出 1 亩土地，地块将减少 1.03，平均地块大小将减少 0.02 亩；而每租入 1 亩土地，将增加 0.81 块，平均地块大小增加 0.03 亩。这表明每交易 1 亩土地将减少 0.22 个地块，同时使平均地块增加 0.01 亩。但农户层次土地租入租出的解释变量不足以说明问题，即土地上的粮食定购任务、家庭非农收入份额、收入水平以及固定资产情况不能解释农户租入或租出土地的差异。

3.1.4　结论和建议

　　本节运用农村固定观察点数据和经济学研究方法对中国土地细碎化的成因及其影响因素分别从村级水平和农户层次进行分析。结果表明，中国目前的土地细碎化主要受供给面因素影响。较高的人口压力减小了村级平均地块大小，但没能影响村级地块总数。

　　此外，地貌特征和市场情况对土地细碎化程度有影响。研究中主要的需求面因素——土地市场的参与度在村级水平对土地细碎化的影响不显著。可能的解释是目前调查区农村土地市场的出现尚不普遍，且已有的土地交易多出现在亲戚或朋友间而非相邻的地块间,且租入时间较短,这就减少了土地合并的可能性。农户层次土地市场的参与状况对土地细碎化程度有显著影响。每亩土地的租入租出会从总体上减轻土地细碎化状况,使地块减少0.22亩,同时平均地块大小增加0.01亩。农户层次土地细碎化研究的另一个发现是大家庭拥有更多和更大的地块,家庭中农业劳动力比例对地块数有明显影响而对平均地块大小影响不明显,表明土地主要是按照家庭人口均分的。这意味着农村劳动力和土地资源之间的配置存在着效率损失。

对土地细碎化影响因素的分析及现行农村土地市场运行中存在的主要问题表明,土地细碎化在目前中国普遍存在。若不采取有效措施减轻土地细碎化,它将在相当长时期内持续。过细及高度分散的土地经营方式是农业生产成本居高不下的一个重要原因①(樊纲,2002),是农业生产率提高的障碍,也是农村贫困的一个重要根源。

减轻土地细碎化程度相关政策的制定应权衡供给面和需求面的影响,兼顾效率与公平。据此,在保持现行土地分配制度30年不变的情况下,本节提出以下建议。

(1)给农民以可交易的土地产权,以便土地可在市场上自由地流转而农民的利益仍能得到保障。现行土地市场由于制度上的某些缺陷而对土地合并贡献不大。今后随着经济的发展,户籍制度的松动以及非农就业的增加,可交易的土地产权可望能有效地减轻土地细碎化程度。

(2)大力发展小型非国有企业,推进城镇化和工业化以吸纳更多的农村劳动力和减轻农地压力,为土地合并和规模经营创造条件。

(3)虽然本节没能够得到关于土地整理方面的数据,但调查表明,土地整理能通过合并地块而有效地减轻土地的细碎化程度。

---

① 中国农产品价格高于国际市场的30%~50%(樊纲,2002)。

研究结果显示，土地整理应着重在市场通达性好的地区开展，而在偏远地区，农户宁愿分散地块以便种植更多种类的作物来分散风险和劳动力的使用。在这类地区，土地细碎化减轻的政策应重视基础设施的修建以提高市场通达性，从而减轻土地细碎化及农村贫困。

3.2　耕地细碎化的成本

土地细碎化是指一个农户同时经营一个以上分散地块的现象。在许多以农业为主的国家，土地细碎化非常普遍（McPherson，1982）。据报道，虽然各国家和地区土地细碎化的标准不一，全世界 80% 的农地处于细碎化状态（Simmons，1988）。自 20 世纪 80 年代农村土地制度改革以来，中国成为土地细碎化最为严重的国家之一（Nguyen et al.，1996；Wan and Cheng，2001；Tan et al.，2006）。在这场土地改革中，地块被按照土壤质量的优劣和离家的远近等切割均分到每个劳动力、每人或每户。随后，80% 的村庄定期进行土地调整，而每次调整使人均占有的份额越来越小。尽管 1998 年颁布的新《土地法》限制土地的重调，但一项对 17 个主要农业省份 1 621 个农户进行的调查（叶剑平等，2000）显示，64% 的农户仍期望调整土地。即使不调整土地，如果不采取合适的公共政策来减轻细碎化，在现行土地产权制度安排下，土地细碎化也可能持续存在。

土地细碎化有一些正效应，如通过作物种植的多样化分散风险（Fenoaltea，1976；Heston and Kumar，1983），并能使家庭按季节分配劳动力等（Bentley，1987）。此外，一些国家通过均分土地在很大程度上实现了食物安全和公平。然而，土地细碎化是现行农村土地经营中的主要问题之一，特别是在发展中国家。许多研究者（Kompas，2002；

Najafi and Bakhshoodeh，1992；Rusu，2002；Hu，1997）认为，土地细碎化的负面效应大于其正面效应。细碎化加大经济成本降低农业效率，是现代农业技术采用、农村基础设施建设和农业现代化的障碍。总之，根据现有研究，土地细碎化意味着社会效率的损失。

尽管土地细碎化在许多国家是一个普遍而严重的问题，由于地块数据收集的困难等原因，鲜见关于细碎化对农业生产成本影响的定量研究。由贾巴林等（Jabarin et al.，1994）对北约旦小麦生产成本的研究是笔者手头仅有的一例。该研究发现由平均地块大小代表的土地细碎化对小麦的生产成本有显著的负影响。增加平均地块的大小可降低每吨小麦的生产成本。然而该研究存在一些缺陷，如只用平均地块大小代表土地细碎化程度，意味着其他与生产成本有关的土地细碎化信息，如地块离家的远近以及地块的分布状况等缺失。此外，该研究从三个不同地区调查了 63 个农户。用来代表北约旦的情况，样本嫌太小。有关土地细碎化对农业生产成本影响的经验研究，中国目前尚未发现。

生产成本不仅影响农产品的竞争力，也影响生产者的决策。本节试图分析土地细碎化对中国主要水稻产区之一的东南部江西省水稻生产可变成本的影响。研究结果可望为减轻土地细碎化的有关政策讨论提供重要的依据。

3.2.1　土地细碎化与农业生产成本

土地细碎化包括两方面含义：一是指农户家庭拥有的地块在一片较大范围内呈空间分散现象；二是暗指地块由于过细过散而不利于合理有效耕作。因此，土地细碎化不仅影响农户层次农地经营的效率，也严重影响农村地区的公共投资效果和农村贫困的减轻。其对农业生产成本的影响包括两个方面（见图 3.1）：私人成本和社会成本。如果将土地细碎化区分为农场内部的细碎化和农户之间的细碎化，前者主要增加农户的私人成本，后者可同时增加私人成本和社会成本。

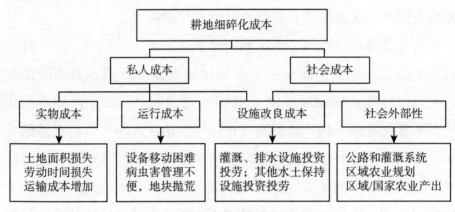

图 3.1　水稻生产中的耕地细碎化成本

图 3.1 表明，由土地细碎化导致的私人成本主要包括实物成本和运行成本。前者可表现为由于边界过多造成的土地浪费、往返时间的浪费及因地块过散、过远而造成的运输成本增加。这些可被认为是土地细碎化对私人农业生产所造成的直接影响。此外，零散细碎的土地也会由于引起操作上的困难而导致其他成本。如在本研究的调查地区，农户抱怨将笨重的打谷机从一块地搬到另一块地非常困难。这反映出土地细碎化不仅直接增加劳动的使用，也可能引起农业技术使用、田间管理和病虫害综合防治的困难，从而增加运行成本。

除私人成本外，土地细碎化也在农户层次和区域层次引起外部性。在农户层次上，引起田间设施，如灌溉、排水及其他水土保持措施的困难。这种成本也可部分归为私人成本，因为农户必须为灌排设施的修建及土壤肥力的培育支付费用。然而，他们却不能得到此种投入的全部回报，因部分效益将作为外部性溢出。其结果必然是，农户不愿意为此付费。区域层次的社会外部性主要表现在基础设施，如公路和灌排系统建设上。细碎化的农场（户间细碎化）将引起区域农业规划（通常要求进行商业化生产）的困难。由于交通闭塞和灌排设施的不良而引起区域农业实物产出的下降，而由于市场进入的困难，高产值作物种植减少而使农业总产值下降。

土地细碎化导致的农业成本还包括一些其他的交易成本，如由于农场规模过小，农民常常缺乏获得对生产和销售有用信息的激励，当农民作出生产决策和销售决策时，信息的不完善会使交易成本增加。土地细碎化导致不同地块上农产品质量的异质性，从而导致价格的差异性。当农户面临小规模农场和细碎化土地时，他们很难种植高附加值和市场导向的作物，因细碎和过小的规模使农户很难进入市场。在我们调查的地区就有此种情形出现。农户种植的高品质红芽芋，在上海的销售行情很好，但每户少量的芋头使其很难直接远销到上海。而农户之间芋头品质的差异和成熟季节的分散使组织起来集体销售也不容易。从这个意义上来说，土地细碎化对交易成本的影响不仅表现在农户层次上，也表现在区域水平上。然而，由于数据有限，本书不计划研究土地细碎化对交易成本的影响，而主要分析细碎化对农业生产成本的影响。

3.2.2　抽样与数据收集

本节的数据（包括土地细碎化、农业投入、产出以及价格等）取自江西的三个市场远近、经济发展水平和土地细碎化程度不同的村庄。这三个村庄在自然资源禀赋和基础设施方面显示出较大的差异性，能够用来代表中国东南部丘陵地区以水稻生产为主的其他的村庄（Kuiper et al.，2001）。

这三个村庄中，板桥最小，拥有220户900人。为丘陵地区，旱地面积占总面积的60%～70%；距离最近的城市在10公里以内，但小村到主干道的路况不够好。灌溉条件尚可，稻田一般在支付灌溉费后可引用水库的水来灌溉。旱地为雨养农业系统，种植经济类作物。① 自包产到户以来，土地从未调整过，② 这在当地农村不多见。上祝村为一偏远村庄，从县城到村委会所在地有两个小时的车程。其 16 个自然村散布在山间，有些小村极难到达。全村有 472 户，2 028 个人口。主要作物为水稻和林木（竹子和杉树）。水稻种植在山谷里及梯田上，山头上多为林木。据说梯田为几百年前用石头建造。林木禁止随意砍伐。本村进行过小规模土地调整，但调整的频率和规模各个自然村不一样。港沿村最大，有 730 户，3 200 个人口。该村位于平原地区，离县城约 30 公里。主要作物为水稻和蔬菜。拖拉机在该村时有使用。土地每年都要进行小规模调整，仅限于有人口变动的家庭。但每 5 年到 10 年，土地会大调整一次，涉及所有农户。人均耕地各村不一，板桥村人均有 1.89亩，上祝 1.36 亩，而港沿人均耕地只有 1.21 亩。

这三个村分别由 4 个、16 个和 7 个自然村组成。分别从三个村总农户中随机抽取 23.6%、23.7% 和 23.8% 进行一对一、面对面访谈，共获得 339 户调研样本，即从以上三个村分别获得 52 户、112 户和 174户调研样本。对所选 339 个农户及 2 490 个地块进行调查，2000 年农业生产季节的详细信息。全部农户中，265 户种植早稻，211 户种植中稻，262 户种植晚稻。323 个农户种植了一种以上的稻子。本节将生产成本区分为 5 种，即劳动力、种子、化肥、化学物质（杀虫剂和除草剂）及耕牛和拖拉机。劳动力成本包括所有用于水稻种植活动的劳动投入，包括育秧、整理田块、播种、施肥、插秧、除草、收获及田间管理的时间，也包括每种活动过程中浪费于往返田块与田块或住处的时间。所有时间都换算成工作日，每工作日为 8 个小时。8% 的农户参与了劳动力

---

① 这是一个经济类作物种植较多的村庄。
② 截至调查时的 2000 年止。

160

市场，雇佣劳动力价格为 20 元/天。由于研究区农业劳动力市场不完善
（Kuiper and Van Tongeren，2005），因此假定自家劳动力的影子价格低
于市场价格 25%，为 15 元/天①。

种子成本包括种子和农膜，农膜只用于早稻育秧时保温。农民使用
两种种子：高产品种和本地种。高产品种一般从市场上购买，本地种为
自家所留，价格为产出价。调查区农户通常施用几种养分含量和价格不
同的化肥。由于离市场远近的差异及购买地不同，同种化肥对不同村和
户的价格也不尽相同，相差 12% 以内。化学物质的价格差异与化肥价
格一样。耕牛在板桥和上祝两村主要为自家拥有，在港沿，有 17% 的
农户从本组或本村租入耕牛。水稻生产中拖拉机的使用尚不普遍，板桥
只有一个农户、上祝没有、港沿有 20 户使用拖拉机耕作。自家拥有的
耕牛和拖拉机的影子价格假定也低于其租金的 25%。在总可变成本中，
劳动力成本占 68%，而种子、杀虫剂和除草剂只分别占总成本的约 3%
和 4%。耕牛和拖拉机的使用成本约占 10%，而化肥占 15%。若用低于
劳动力市场价格 10% 和 50% 的价格作为自家劳动力的影子价格，则劳
动力成本分别占总成本的 71% 和 59%。因此，可以认为在江西东北部，
甚至邻省的一些地区，劳动力成本是水稻生产中可变成本的最重要组成
部分。

3.2.3　研究方法

生产成本为农户决策的结果。因此我们运用农户模型，考虑到农户
面临的制度约束和市场不完善，导出以下单位产出成本方程的简化形式
（详见附录）：

---

① 假定自家劳动力影子价格低于市场价格 50% 和 10%，通过灵敏度分析，结果的显著性
变动很小。

$$C = g(\zeta, \xi, v) \tag{3.13}$$

其中，C 代表单位产出的成本，ζ 为一组农场特征，ξ 为一组家庭特征，v 为一村庄特征变量，$g(\cdot)$ 代表方程的简化形式。土地细碎化程度包含在农场特征（ζ）中。

根据研究目的，我们需要选定一组土地细碎化指标，这些指标既可全面地反映土地细碎化的程度，又可从中导出合理的政策含义。经验研究中，很多指标可用来衡量土地细碎化。最常用的是以下三个基本指标中的一项或一项以上：地块数、地块平均大小和地块离家的平均距离。一些研究中用到了辛普森指数（Simpson Index，SI）（例如 Blarel et al.，1992）。本节中，我们采用辛普森指数，农场规模和地块离家的平均距离来表示土地细碎化程度。辛普森指数是衡量土地细碎化的一项综合指标，定义如下：

$$SI = 1 - \sum_{i=1}^{n} a_i^2 \Big/ \left(\sum_{i=1}^{n} a_i \right)^2 \tag{3.14}$$

其中，n 代表地块数，a_i 代表每个地块的面积。SI 介于 0 和 1 之间，SI 值越大，表示土地细碎化程度越高。从方程（3.14）可以看出，辛普森指数的值由地块数、平均地块大小和地块大小的分布情况决定。它没有包含农场规模和地块距离的信息，而农场规模常用于分析规模经济效果，地块距离则表明农场内地块分布的空间状况。

农场特征对生产效率有直接影响。较高的辛普森指数增加生产成本，因为现代农业技术更难于在细碎化的田块上运用，这种田块也较难于管理。如前文所述，土地细碎化可能由于便于风险管理和按季节分配劳动力而降低生产成本。因此，辛普森指数对总生产成本影响的最终效果难以确定。由于可能存在的规模效应，大一些的农场生产成本应相对较低。地块离家的距离会因劳动时间的浪费而增加生产成本。如自家拥有耕牛，生产成本会低一些，一方面，因其影子价格较租用的耕牛价格低；另一方面，自家的耕牛比租用的耕牛允许农户有更灵活的耕作时间和可能更有效整地。

农户家庭特征会影响农户对技术的采用而因此影响生产成本。年龄较大的农民体能较差，但务农经验可能比年轻农民要丰富，因此年龄对生产成本影响的效果不确定。受教育程度更高的农民和家庭规模更大的农户可能降低生产成本，因为这两种情形都有利于农户识别作物生长中出现的问题，采用更好的田间管理方法及更及时地进行作物管理。此外，大家庭比小家庭有更低或更有效的影子价格。储蓄和借贷都有可能缓解农户面临的资金约束，使其能更有效地管理作物从而降低生产成本。村庄特征用两个虚拟变量来表示。上祝村和港沿村的农户会比板桥村的农户有更高的生产成本，因为跟板桥村相比，那两村的市场条件较差，农户面对较高的生产投入价格以及较低的农业产出价格。

以上分析适用于总生产成本，但不适用于每一种生产成本。对土地细碎化等造成的影响，农民可以通过调整投入来作出反应，如多用一种（化肥）而少用另一种投入（化学物质和劳动等）。在随后的经验研究中，我们将分析以上各解释变量对水稻生产总成本和各类成本的影响。

经验分析中，令人感兴趣的是因变量中的生产成本和自变量中的土地细碎化情况。总生产成本的变动幅度很大，从每吨 326 元到 5 463 元。[1] 同样，各类生产成本也都呈现出较大的变动。各农场的土地细碎化程度也有差异，辛普森指数的变动幅度为 0 ~ 0.91（平均为 0.73）。[2] 农场平均规模为 10.4 亩（略高于全国平均水平），变动幅度为 1 ~ 34 亩。[3] 各农场地块离家的平均距离在 3 分钟到 1 小时，平均为

---

① 调查时 1 元约折合 USD 0.12。
② 每户的地块数为 1 ~ 17，平均为 7.4，而平均地块大小的变动幅度为 0.36 ~ 6.84 亩，平均为 1.5 亩。
③ 1 亩 = 1/15 公顷。

16 分钟（见表 3.5）。其他指标也显示出相当大的变异性，适合进行回归分析。

表 3.5　耕地细碎化指标的描述性统计及其对生产成本的预期影响

项目	平均值	标准差	对生产成本的预期影响
辛普森指数（SI）	0.73	0.17	+
农场规模（亩）（FS）	10.4	5.68	−
地块离家的步行距离（分钟）（DT）	16.1	7.70	+

从方程（3.13）可知，模型应包含哪些变量，但模型的具体形式不知道。为选择合适的估计形式，我们测试模型的正态性（Jarque – Bera），模型形式的正确性（Ramsey RESET）和拟合性（R – squared，F – test），并最终选定半对数形式的方程。经验分析的模型形式如下：

$$\ln(PC_i) = \alpha_{0i} + \alpha_{1i}SI + \alpha_{2i}FS + \alpha_{3i}DT + \alpha_{4i}CO + \alpha_{5i}AH + \alpha_{6i}EH + \alpha_{7i}HS$$
$$+ \alpha_{8i}AS + \alpha_{9i}TC + \alpha_{10i}DS + \alpha_{11i}DG + v_i \qquad (3.15)$$

其中，PC_i 分别表示 TC，LC，FC，SC，HC 和 OC，α_{0i}，$\cdots$，α_{11i} 为待估系数，v_i 为随机干扰项，具备古典假设的标准特征，$i = 1$，$\cdots$，322。[①] 各变量的定义如表 3.5 所示。

3.2.4　结果与讨论

我们用最小二乘法估计了方程（3.15）~ 方程（3.20）。总成本方程通过了 F 检验，结果如表 3.6 所示。农场规模对水稻生产总成本有显著负影响。规模大的农场可降低每吨水稻生产的成本。在平均规模上和

---

① 回归包括 322 个农户，上祝村有一农户的化肥调查数据高达每吨 6 300 元，因偏离实际而被排除。

其他条件不变的情况下，农场规模每增大 1 亩，总成本可降低 1.4%。
如期望的一样，地块离家的距离对生产成本有显著正影响。在平均距离
之上，每远 1 分钟，生产成本将增加 0.8%。辛普森指数对总生产成本
没有显著影响。这一结果表明辛普森指数更高的农场有利于风险管理和
更好地在不同季节分配劳动力，从而抵消细碎化对农田管理和技术采用
带来的不便。对每类成本进行的经验分析可用来检验这一假设。

表 3.6　　　　　　　耕地细碎化对总生产成本影响的回归结果

项目	系数	t - 统计
辛普森指数	0.16	1.24
农场规模（亩）	− 0.014***	− 3.65
地块距离（分钟）	0.008***	3.21
常数项	6.63***	38.85
R^2	0.34	
调整的 R^2	0.31	
观察值数目	322	

注：①因变量为对数形式。② *** 为 1% 水平显著。

　　另一农场特征，耕牛产权对总成本有显著负影响，这与我们的预期
一致。其他条件不变时，自家拥有耕牛的农户总生产成本比没有耕牛的
农户低 7.9%（不考虑喂养耕牛的成本）。原因可能有两个方面：一是
自家耕牛的影子价格较租用耕牛的价格低；二是自家的耕牛允许农户从
容和更为有效地进行备耕，从而提高耕作效率。模型所包含的农户特征
中，我们发现有两项对成本有显著影响。其中户主的年龄对水稻生产总
成本有微弱的正影响，而户主受教育的水平对每吨水稻的生产成本有负
影响。后者证实受教育程度更高者进行水稻生产时技巧更高。贷款对成
本有显著负影响，表明农户在有效管理农场时面临着一些资金约束。

水稻生产成本在村庄之间有显著差异。其他因素不变的情况下，上祝村每吨水稻生产成本较板桥高出43%，而港沿和板桥每吨水稻生产成本差异小得多（只有10%）。这主要是由于市场通达度不同而引起：上祝村离市场最远，各种物质投入的价格高于板桥和港沿。对自家劳动力不同影子工资率（分别为劳动力市场价格的90%和50%）进行灵敏度分析，结论与影子价格为75%时非常相似。① 总生产成本的回归结果表明，农场规模和地块离家的远近显著地影响水稻生产成本，但辛普森指数对水稻生产总成本没有显著影响。所收集的详细农户和田块调查数据使我们能够分析土地细碎化对水稻生产每种成本的影响，以及考察细碎化是如何影响每种成本的。表3.7归纳了三个土地细碎化指标对每种水稻生产成本的影响。

表3.7　　　　　耕地细碎化指标对水稻生产各成本的影响

项目	劳动力成本	化肥成本	种子成本	杀虫剂和除草剂成本	耕牛和拖拉机成本
辛普森指数	0.421 ***	− 0.275 *	− 0.325 *	− 0.090	− 0.333 *
农场规模	− 0.019 ***	0.0004	− 0.011 *	− 0.018 ***	− 0.006
地块的平均距离	0.009 ***	0.005 *	0.003	0.007 **	0.007 **
观察值数目	322	319	319	319	322

注：* 表示10%水平显著，** 表示5%水平显著，*** 表示1%水平显著。

辛普森指数对各成本的影响较为有趣：对劳动力成本有显著正影响，而却降低化肥和耕牛以及拖拉机使用成本。辛普森指数每增加0.01，会增加0.42%的劳动力成本，但降低0.28%的化肥成本和

————————————
① 在影子价格为市场价格50%的回归方程中，年龄变量从统计意义上来说不显著，港沿村虚拟变量在影子价格为90%的方程中不显著，而其他变量只是 t - 值和估计的系数与表3.6结果有微小差异，因此这里没有列出。

0.33% 的种子及 0.33% 的耕牛和拖拉机使用成本。假定投入和产出价格与土地细碎化程度不相干，那么这一结果表明增大辛普森指数会引起水稻生产中化肥、种子、耕牛和拖拉机等的使用向劳动力的使用转化。这一发现与我们对土地细碎化可使农户更好地按季节分配劳动力，但会带来田间管理的不便和技术采用的困难这一假设相一致。

农场规模对劳动力、种子和化学物质成本有显著负影响，表明在化肥以及耕牛和拖拉机的使用相同的情况下，规模经济可通过节约劳动力、种子以及化学物质的使用来实现。农户家庭每增加 1 亩耕地，每吨稻谷生产所需的劳动力成本就可降低 1.9%，化学物质成本可降低 1.8%，种子成本可降低 1.1%。除种子外，地块离家的平均距离对各类成本均有显著正影响。地块离家的行走距离每增加 1 分钟，每吨稻谷生产所需的劳动力成本就要增加 0.9%，化肥增加 0.5%，化学物质以及耕牛和拖拉机使用成本分别增加 0.7%。劳动力以及耕牛和拖拉机成本的结果证实，地块离家越远，就需要耗费越多的运行时间。平均距离较远的农场所耗化肥成本较高，可能是因为农户更多施用化肥而较少施用有机肥之故，也可能是因为田块较远时，因不便管理而使化肥的使用效率降低，从而提高了生产成本。化学物质的使用在较远的农场更多，可能的解释是农民对远处的田块巡视较少，不容易发现稻田长了草或出现了病虫害，为了防止草害或病虫害的发生，宁可多用一些化学物质。

若对自家劳动力的影子价格进行灵敏度分析，同样可以发现辛普森指数对劳动力成本的影响非常显著。当影子工资率为市场价格的 90% 时，估计的劳动力成本系数为 0.41（1% 水平显著）；影子工资率为市场价格的 50% 时，系数为 0.36（5% 水平显著）。[①] 其他变量的结果与初始方案比只显示出微小的差异。这些结果进一步证实了我们对本书所

---

① 其他各类成本没有因为劳动力影子价格的不同而显示出明显差异。

得出的结论。

3.2.5 结论与建议

本章采用简化的农户家庭模型经验地分析了土地细碎化对江西水稻生产小农户可变成本的影响，考虑到制度的约束和市场的不完善。样本村和农户在农村条件的多样性上具有代表性，可以代表江西东北部和中国东南部更广大丘陵地区的水稻生产系统。

估计结果表明，由辛普森指数、农场规模和地块离家的平均行走距离表示的土地细碎化对水稻生产的可变成本具有显著影响。农场规模和地块距离分别显著地从负向和正向影响生产成本。而辛普森指数对水稻生产总成本没有显示出统计意义上的显著性，但通过对水稻生产各项成本的细致分析发现，较高的辛普森指数增加劳动力成本，而降低化肥、种子和拖拉机使用成本。这一结果表明，土地细碎化程度较高的农户会倾向于采用劳动集约型方法而少采用现代技术，因而使土地细碎化对生产成本的净影响不显著。这一发现支持了以下假定：辛普森指数较高的农户家庭可以更好地按季节分配劳动力，以此来抵消由于细碎化引起的管理不便和技术采用困难而带来的负面影响。

这一发现对某些土地利用政策如土地整理项目的实施具有重要政策含义：将分散细碎的田块合并成地块数更少但面积更大的土地整理项目可以促进新技术的采用，但也可能减少对农村劳动力的吸纳，因而增加农村劳动力的剩余。然而，农业新技术的采用和农村剩余劳动力的减少是目前中国旨在提高农民收入和农业综合生产能力政策的重要目标。土地整理项目如果能够结合一些其他用来增加劳动就业机会的农产品生产，以及一些可提供充足非农就业机会，以便农村剩余劳动力可以转移出去的措施，就可成功地促进这些农业政策目标的实现。

3.3　耕地细碎化与土壤肥力管理

耕地是农业的根本。耕地质量关乎农业可持续发展和农民的切身利益。中国耕地质量总体状况不佳,耕地基础地力对粮食产量的贡献率仅为 50%,中低产田占全国耕地 70% 以上。在粮食总产连续多年增长的情况下,耕地负载逐年加大,耕地基础地力后劲不足,给农业可持续发展带来隐患。为促进农业可持续发展,国家的多个部委,包括原农业部、自然资源部和财政部等,自 2006 年起启动实施了支持农民还田秸秆,种植绿肥,增施有机肥等土壤有机质提升项目,旨在促进土壤肥力管理。

3.3.1　引言

耕地土壤退化已经成为许多发展中国家严重的环境和经济问题(Scherr and Yadav,2001;Koning et al.,2001;Sanchez,2002;Heerink,2005;Rasul and Thapa,2007;Ye and van Ranst,2009)。中国资源缺乏,人口众多,面临着巨大的粮食自给压力,因此土壤退化问题尤为严重(Lindert,1999;Yang,2006;Guo et al.,2010)。土壤肥力管理一般包括土壤免耕、施肥、灌溉、作物种植系统和秸秆还田,其目的在于为作物的生长提供良好的土壤条件以促进作物高产(Greenland and Nabhan,2001;Yang,2006)。由于土壤质量是农业生产的基础,因此改善土壤质量管理对于粮食安全、减贫和环境保护方面的决策越来越重要。

尽管大多数土壤肥力管理实践可以在短期内促进更高的产量,但其对土壤质量的净影响以及由此对潜在农业生产力的长期影响可能非常不同。不当的土壤肥力管理做法，如长期单季种植、过度使用/不平衡施用化肥以及缺乏农家肥施用，会加速土地退化，威胁农业可持续性和环境健康（Zhen et al.，2006）。

自20世纪80年代以来，化学氮肥的过度施用导致了中国主要农田的严重酸化（Guo et al.，2010），这对中国的粮食自给构成了严重挑战。有效的土壤肥力管理实践，如平衡施用化肥、作物轮作、作物秸秆还田和有机肥施用，已被证明可通过增加土壤有机质（Moreno et al.，2006；Chen et al.，2009；Sombrero and de Benito，2010）和促进水土保持（Huang et al.，2008），在保持农业可持续方面发挥着至关重要的作用。有效的土壤肥力管理实践被认为是一种降低地球温度、改善农业可持续性和环境健康成本效益的方法（IPCC，2007）。然而，迄今为止，全世界农民尚未普遍采用有效的土壤肥力管理做法（Li et al.，2011）。了解哪些因素决定了土壤肥力管理措施的采用以及如何采用，可以为提高土壤质量和作物生产力的决策激励提供重要参考。

社会经济因素在农民的土壤肥力管理决策中扮演了重要角色。在过去的几十年中，人们对于土壤肥力管理行为的决定因素倍加关注，但是，现有研究的关注点大多在生物物理学方面。实际上，农民做关于土壤肥力管理的决策，不仅以农场的自然条件和技术有效性为依据，还会根据社会经济条件来决策。

在过去的几十年里，已经有越来越多的人开始关注社会经济因素的影响。例如，卡兹（Katz，2000）、德宁格拉和金（Deininger and Jin，2003）就提出，稳定的土地制度与合理的土地使用政策可以激励农民更好地管理他们的土地。奥马莫等（Omamo et al.，2002）在探索肯尼亚小农场中土壤肥力管理的驱动因素时发现，更低的农场——市场运输成本或者更多的家庭劳动力数量可以显著提高化肥使用量。蒂托内尔等

170

（Tittonell et al.，2010）在探讨肯尼亚和乌干达地区农村生计决策对土壤肥力管理的影响时发现，农场生计决策能够通过作物种植模式的选择显著影响土壤肥力管理行为。这些研究让我们对于社会经济因素如何影响土壤肥力管理行为有了更深的理解。

土壤肥力更多地表现在具体地块上，但是现有的研究大多是在村或农户层面上进行的。在中国南方地区，稻田土壤酸化和土壤板结等典型土壤肥力管理问题广泛存在，因此，从地块层面来研究该地区土地特性对土壤肥力管理行为的影响更为合理。此外，由于该地区土地分配与再分配制度普遍施行，因此土地细碎化问题比较严重。谭淑豪等（Tan et al.，2006）指出，1986 年，当地每户的耕地面积为 0.61 公顷，平均拥有 8.43 块地，1999 年变为 0.53 公顷，每家拥有 6.06 块地。可见，土地细碎化严重。

农村固定观察的数据显示，1999 年，江西每个农户拥有 8.95 块地块且地块面积小于 0.05 公顷（Tan，2006）。另一项调查显示，被调查的 17 个省在 1999～2010 年都进行了土地再调整。在江西的调查样本中，有 90% 的村进行过至少四次的土地重调。在过去的 20 年，虽然很多省都通过土地整合在某种程度上减轻了土地细碎化，但细碎化问题依然十分严峻。2010 年，每户平均只有 0.41 公顷耕地，但其平均地块却超过 4.4 块（Feng et al.，2011）。

在中国，土地流转作为一个重要特色正变得越发普遍（Ye et al.，2010；Gao et al.，2012；Qin and Tan，2013）。2008 年，所有承包地中的 8.17% 发生流转，2009 年达到 11%，2010 年升至 20%。高等（Gao et al.，2012）在一项研究中指出，样本农户的耕地出租率为 19%，几乎是 2000 年 10% 的两倍。在诸如上海一类的发达地区，农户参与土地流转的比例高达 50%。事实上，土地流转发生在地块层面，因此，土地流转和其他社会经济特征也可能影响农户的土壤肥力管理决策（Gao et al.，

2012），并对农业的可持续发展和食品安全产生影响（Yu et al.，2003；Tittonell et al.，2007）。然而，关于土地细碎化等地块特性如何影响农户土壤肥力管理决策的实证研究尚不完全为人所知。

关于地块因素对农户土壤肥力管理决策的影响依然还有很多问题亟待解决。只有个别学者对相关问题进行了研究，比如阿里（Ali，1996）、萨赫等（Sah et al.，2010）和一些中国学者（Li et al.，1998；Yu et al.，2003；Gao et al.，2012）。李果等（Li et al.，1998）用80户农户、160个地块的数据检验土地产权对生产投入强度的影响，他们发现，更长的土地使用权会激励一些类似于使用有机肥和磷肥之类的土地长效性投资。之后，俞海等（Yu et al.，2003）利用180个地块的两阶段数据检验使用权稳定性和土地流转对于耕地资源退化的影响，他们发现稳定的土地使用权可以提高土壤的长期肥力，农户之间土地的非正式流转会加剧土壤退化。高等（Gao et al.，2012）在更近一些的研究中也用一个二阶段数据探讨了土地租赁市场如何影响农业投资。作者强调，土地租赁市场的兴起在某种程度上解释了为什么样本中农户每公顷土地的有机肥施用量从2000年13吨变成了2008年的5吨。虽然他们很好地检验了使用权对于农业投资的影响，但是这些研究主要关注的是有机肥的施用，而这只是土壤肥力管理行为的一部分。并且关注土地细碎化对有机肥施用之外土壤肥力管理措施的研究较为鲜见。

为了更好地理解土地细碎化等地块层面的特征如何影响农户的土壤肥力管理行为，本章基于调查数据，探讨了土地细碎化等因素对农户种植选择、施肥（包括化肥和有机肥）及绿肥作物种植的影响，希望所得结果能够为致力于推动土壤肥力管理的政策设计提供参考，从而起到缓解资源环境压力，维持农业生产的作用。后面将会对调研区域做出更多说明。

本节在介绍相关资料和研究方法之前，需要对本节的局限性做出说明。本节在农户和村级层面进行取样，收集了来自江西省 3 个县、3 个村、315 个地块的数据，由于调研地区土地细碎化现象严重，本节只纳入了这 3 个村的 58 个农户的数据。即便如此，当限定了其他类似于农户特征、投入产出价格、自然生态（温度、降水）等影响农户决策的因素后，样本量依旧足够用来检验地块层面的土地细碎化特征对农户土壤肥力管理的影响。

此外，由于地块之间的差异通常比村之间的差异要大，因此，如果在数量足够的典型村中调查更多的地块，可能会以合理的成本获得更详细和令人信服的信息。为了检验样本规模是否可靠，本节将在最后的"结果与讨论"部分将所得结果与相关研究进行比较。

3.3.2　资料与方法

3.3.2.1　调研地及样本说明

本节收集了 2011 年江西省东部 3 个村庄的数据。江西省是典型的水稻种植区，水稻生产在当地作物种植中占据了很大比例，正常情况下，农民将近 90% 的土地用来种水稻。在被调查的村中大量种植着双季水稻和单季水稻，分别占土地面积的 48% 和 41%，由此可以推断，水稻生产是该地区的主导作物。根据当地农民、调研人员和政府官员的意见，被选中的村庄可以作为因为不恰当的土壤肥力管理而导致土壤退化倾向的代表区域。在该地区，绿肥是一种重要且典型的土壤肥力管理手段，能够有效增加土壤有机物含量，提高土壤质量，从而减少化肥施用量（Rui and Zhang，2010）。根据社会经济发展水平和土壤肥力管理行为挑选出这 3 个村，并以 A、B 和 C 来表示。虽然这些村庄来自 3 个县，但其相互之间距离较近，因此，诸如降雨、温度、投入产出价格等可能影响管理行为的自然及社会经济条件相差不大，可以得到有效控制。A 村到 B 村距离大约 70 公里，A 村到 C 村距离 90 公里，B 村到 C 村则有 80 公里。从一个村到另一个村开车需要 2~3 小时，时间长短主要由路况决定。

A 村地处丘陵地区，村内有 280 户农户，总共 1 400 人，灌溉等农田设施状况良好，市场销路较为畅通。B 村坐落在较远的山区，全村有 580 户，2 400 人，从村内开车前往县中心地区大约需要两个小时，该村的社会经济发展水平在江西省内偏低。C 村则处于平原地区，与县城中心的距离在另外两村之间，人口规模是三个村中最大的，有 920 户，总人口达到 3 750 人，经济发展水平处于中等。2011 年，A、B、C 三村的人均收入分别为 8 000 元、2 800 元和 6 500 元，人均农田面积分别为 0.13 公顷、0.05 公顷和 0.07 公顷。C 村的作物种植种类与 A、B 两村有所不同，例如，红芽芋作为 C 村的传统作物，在该村有广泛种植，而 A、B 两村却没有种植。

自土地承包到户以来至调研时，三个村都由于人口数量的变化对承包地进行过大的调整。自土地第一次分配以来，A 村的承包地已经进行了两次重新调整，每十年大调整一次，即将所有之前分给农户的地块全部收回，然后按照人口情况重新分配给各户。在 B 村，土地调整的频率和规模与 A 村有所不同。C 村在过去的几十年中同样经历了土地调整。这与丰雷等（Feng et al.，2011）的发现相一致，即江西省超过 94% 的农村进行了土地重调。

C 村的一个典型农户可以在某种程度上反映出该地区亟待被检验的主要特征：土地产权、细碎化和地块土壤质量。该农户大约耕种了 1.07 公顷土地，其中，0.47 公顷是承包地，0.60 公顷是从其他农民那里租来的土地，这些土地共分为 7 块。承包地可以根据土壤质量和灌溉条件分为四个等级：基本田，土壤质量和灌溉条件中等；差田，容易遭受洪涝①；好田，土壤肥沃且灌溉条件较好。这三种田块均指可以灌溉用来种植水稻的田块。旱地，一般靠雨水灌溉。与江西省大部分村庄一样，该农户的耕地也根据人口变化经历过调整。但是，考虑土壤质量和灌溉条件，各地块的调整频率也因田地质量的不同而有所变化。基本田一般每三年小调一次，差田、好田和旱地每九年大调整一次，大调整时农户的所有田块（包括基本田）都要被村集体（一般是村民小组）收回，然后再根据当时的家庭人口规模重新分配给各家各户。

本节基于一项始于2001年的调查展开的。如前几节所述，那次的调研分别从A、B和C三个村中随机抽取了约23%户农户，即54户、109户和168户，组成了一个共有331户的样本②。当前研究的问卷调查在2011年进行，并于2013年进行一些回访，将一些有着其他不同目标的调查融入进去。由于预算的经费和时间有限③，此次调查只在331户的A、B和C村样本中分别随机选取了15户、21户和22户，即总共58户的315块地进行调查。这315块地中，有102块在A村，88块在B村，125块在C村。样本农户平均每户有5.4块耕地，A、B和C三村平均每户分别有6.8块、4.2块和5.7块耕地。这样的耕地细碎化程度可以代表中国南方水稻主产区的耕地细碎化现状，但比全国2010年的细碎化程度（4.4块）要严重一些（Feng et al.，2011）。

3.3.2.2　数据结构与变量的描述性统计

数据包括农户特征、地块层面因素、村庄特征和投入产出价格。农户特征包括户主的年龄及受教育程度、农场规模、农户家庭规模和家庭收入及常规消费支出。调查中超过20%的农户无法准确告知其家庭收入，

① 在2013年的回访中，农民表示截至当年六月底，此类土地经历了一场严重的洪灾。
② 2001年，三个村分别有235户、474户和730户农户。
③ 为得到一个相对可靠的数据库，在调查过程中对这58户的315个地块进行深入了解，这是非常耗时耗力的。

但是所有农户都知道其消费支出。因此，我们仿照涂勤等（Tu et al.，2011）的做法，用消费支出作为财富的代理变量，衡量农户对化肥等生产资料的购买能力。地块层面的因素包括地块特性和地块质量，地块特性包括土地细碎化状况，即地块离家的距离和地块面积，以及地块的产权状况（例如，一块地是自留地、承包地还是从其他农民或集体那里租来的土地）。给定土地初始条件，地块质量在相当大程度上是由农户长期管理决定的（Tittonell et al.，2010），本节将这一点视为地块层面的社会经济特征。作物生产包括在一个生产周期内地块的产出、投入（劳动、除草剂、杀虫剂、化肥、种子等）和投入产出价格。土壤肥力管理行为包括作物种植制度和施肥情况（例如，有机肥和化肥的施用）。此外，用了两个虚拟变量来表示村庄特征以减少模型中可能存在的误差。

自留地要么是半个世纪之前由集体分给农户的，要么是农户开荒所得。虽然自留地可以由农户耕种很长时间，但其在一个村的总土地面积中只占很小一部分。根据 1962 年的《农村人民公社条例》，可以将农地面积的 5%~7% 作为自留地。然而，许多村的自留地远不及这个数值。在被调查的 315 个地块中，只有 8 块是自留地，自留地块数占总地块的 2.54%，且自留地的面积通常小于承包地块的面积，农户多用自留地种植蔬菜和经济作物。本节因此将自留地块从模型中去除。在调查样本中，虽然很多男性并不经常待在村里，但还是掌握着家中的生产决策权，因此户主性别并没有被考虑在农户特征中。

此外，理论上应该将投入价格作为经济模型变量，但因为所选村庄相距较近，农民告知的化肥价格几乎相同，这与笔者在田野调查中观察到的相一致。农户之间肥料价格的差异十分微小，因此，投入价格变量并没有放入模型。

平均而言，一个五口之家大约耕种 0.9 公顷土地，平均每块土地 0.113 公顷。样本地块中，大约有 21% 是租入的，这一数据比甘等

（Gan et al.，2012）的结论高出 3 个百分点。一般来说，尽管农民倾向于连续多年耕种同一地块，他们还是选择一年一租，且与租出者之间没有签订正式合同。地块离家的平均距离步行 12 分钟。此外，样本地块的质量不及中等水平。这与国家层面的调查结果相一致，后者显示，中国 2/3 以上的耕地质量处于中低水平。样本地块中有 31% 种植了诸如紫云英、花生、菜豆和豌豆等土壤保护性作物。

化肥主要包括氮肥、磷肥和钾肥，农民可以单独使用各种肥料，也可以使用不同比例的氮肥、磷肥和钾肥配合而成的混合肥或复混肥。为便于比较，本节计算了调研地生产季中纯氮肥（N）、纯磷（P_2O_5）和纯钾（K_2O）的施用量。化肥在地块上的施用量取决于复种指数（即一块地每年种植作物的次数）、肥料施用强度和肥料施用效率。

平均来看，在样本地块中，纯氮、纯磷和纯钾一个生产季的施用量分别为 210 千克/公顷、109 千克/公顷和 151 千克/公顷，施用比例为 1∶0.5∶0.7。依据中国南方水稻主产区 262 个地块的田间实验数据，当 $N∶P_2O_5∶K_2O$ 比例达到 1∶0.28∶0.32 时（MoA，2011），可以达到经济产值最大，当 $N∶P_2O_5∶K_2O$ 比例达到 1∶0.55∶0.7 时，可以达到物质产出最大。在这一点上，平均最大产出为 5 860 千克/公顷。样本地块中的氮磷钾之比非常接近物质产出最大化时的水平，但是其产出只有 4 292 千克/公顷，比推荐比例要低 30%。这意味着，通过采用一些有效的土壤肥力管理方法，产量可以大大提高，化肥施用比例也可以更经济有效。

在被调查地区，施用有机肥和种植绿肥作物是维护和提高土壤肥力的重要传统方法。在被调查地区，有机肥主要由牛、猪和鸡的粪便及一些作物残渣等混合而成，一般在整地时用作基肥。在 44% 的样本地块中，平均每个生产季要施用 5 000 千克有机肥，施用量在 0～20 000 千克/公顷范围内波动。关于绿肥种植将在"结果与讨论"部分说明（见表 3.8 和表 3.9）。

表 3.8   数据结构及所用变量的描述性统计

变量	代码	单位	平均值	标准误	最小值	最大值
年龄	age	年	47.18	11.50	28	75
受教育程度	edu	年	4.80	2.72	0	13
农户家庭规模	hhsize	人	5.17	1.79	1	10
家庭消费	Cons	千元	9.845	9.033	0.480	43.3
农场规模	fsize	公顷	0.891	0.528	1.8	35.6
地块大小	psize	公顷	0.113	0.101	0.02	16.1
地块产权（虚拟变量）[a]	dt	—	0.21	0.41	0	1
地块离家的距离[b]	dist	分钟	12.55	10.36	1	60
土地质量（虚拟变量）[c]	quality	—	0.35	0.48	0	1
绿肥种植（虚拟变量）[d]	dgren	—	0.31	0.46	0	1
有机肥施用（虚拟变量）	dman	—	0.44	0.50	0	1
纯氮	N	千克/公顷	210	203	0	334
纯磷	P_2O_5	千克/公顷	109	94	0.9	145
纯钾	K_2O	千克/公顷	151	194	0.9	290
有机肥	manue	千克/公顷	4 920	11 235	0	20 000

注：a. 表中 1 代表租入地块，0 代表农户承包的地块。

b. 地块到农户家里的徒步距离。由于路况好坏不一，用徒步行走的时间表示路程的远近。

c. 表中 1 代表好田，0 代表劣田或中等田。地块在分给农民时，田地质量由村里根据土壤结构、灌溉条件、种植能力和作物产量等决定。

d. 表中 1 代表种植绿肥作物的地块（主要是紫云英、肥田油菜或肥田萝卜等），0 代表其他。

资料来源：笔者调查。

表 3.9   作物种植制度选择

种植制度	地块数量	占比（%）*	作物类型	地块数量	占比（%）
一熟制	108	35.18	蔬菜*	11	10.19
			经济作物	22	20.37
			单季稻	75	69.44

续表

种植制度	地块数量	占比（%）*	作物类型	地块数量	占比（%）
二熟制	115	37.46	单季稻 + 经济作物	28	24.35
			双季（早 + 晚）稻	77	66.95
			单季稻 + 绿肥作物	10	8.70
三熟制	84	27.36	双季稻 + 经济作物	4	4.8
			单季稻 + 经济作物 + 绿肥作物	12	14.2
			双季稻 + 绿肥作物	68	81

注：删除所调研的 315 个地块中 8 块自留地，保留的地块总量为 307 块。

＊蔬菜可以生产一季，两季甚至三季。调研中将蔬菜视为一季作物。

3.3.2.3　数据分析方法

本节用统计方法分析种植方式选择的分布规律，用计量模型估计其他土壤肥力管理决策方程[①]。前面提到，土壤肥力管理决策受社会经济因素影响（Omamo et al.，2002；Zingore et al.，2007），包括村庄、农户和地块的一些特征。假设农户的土壤肥力管理行为与解释变量之间为线性关系[②]。

$$SM_i^* = P_{1i}\alpha + H_1\beta + V_{1i}\phi + \upsilon_1$$

第二个二元选择的方程可以用来判断农户是否种植绿肥作物或是否施用有机肥：

$$Z_i^* = P_{2i}\alpha + H_{2i}\beta + V_{2i}\phi + \upsilon_2$$

观察规则如下：

$$SM_i = SM_i^*，\ Z_i = 1\ if\ Z_i^* > 0$$

---

① 农户模型由萨多尔特和德·詹弗里（Sadoult and De Janvry，1995）构建。

② 理论上讲，户主的年龄和受教育程度与土壤肥力管理是非线性关系，也就是说，在土壤肥力管理中处于某种年龄和教育水平的农民会和与他年龄不同、教育水平不同的人有不同的选择。由于本研究中更关注土地细碎化等特征，土地质量和产权都为虚拟变量，并预期农场规模地块大小和地块离家距离都是线性关系，也假设年龄和受教育程度与土壤肥力管理呈线性关系。

$$SM_i = 0, \ Z_i = 0 \ if \ Z_i^* \leqslant 0$$

其中，SM_i 代表农户在 i 地块上进行的实际土壤肥力管理行为，即在该地块上施用了多少氮磷钾化肥和有机肥。在这个标准的 Probit 模型中，二元变量 Z_i 可以简单代表农民是否种植绿肥作物或是否使用有机肥，P_i、H_i 分别为地块 i 和拥有地块 i 的农户的特征向量，V_i 为地块 i 所属村庄之间的差别向量，α、β 和 ϕ 为待估系数向量，υ 为等式误差项向量。

上述提到的各个土壤肥力管理因素的预期方向可以是混合的并用以解释最后结果。一般来说，在这种情况下用似不相关回归模型（seemingly unrelated regressions，SUR）被认为是一种一致且有效的估计方法，然而，每个方程右边都包含完全相同的回归集，事实上它等价于普通最小二乘（OLS），因此选择 OLS 来估计具有连续因变量的方程，并且使用 Probit 模型来估计两个二元方程。

3.3.3　结果与讨论

3.3.3.1　作物种植制度及分布

表 3.9、表 3.10 列出了保留在模型中的 307 个承包地块的种植制度选择。表 3.9 显示，样本地块中，一熟、二熟和三熟种植制度分布较为平均，各占样本地块的 1/3 左右，二熟制地块稍多，三熟制地块略少。在各种种植制度中，具体种植的作物种类有所区别。例如，在一熟制中，有 10% 的地块用来生产蔬菜，20% 的用来种植西瓜、油菜籽、甘蔗和花生等经济作物，余下的 70% 用来生产粮食，即种植水稻。

在被调查地区，作为一种土壤肥力管理的重要手段，绿肥种植也是重要的作物种植方式。在 307 个地块中，种过绿肥作物的有 90 块，占总地块的 29%。这 90 个地块中，76% 种植了双季稻，14% 种植了单季稻和经济作物，剩下的 10% 种植单季稻，即早稻、晚稻或中季稻（见表 3.9）。在所调研的地区，早稻一般于 3 月底 4 月初播种，7 月中下旬收割；中稻一般 4 月初 ~ 5 月底播种，9 月中下旬收获；而晚稻一般 6 月中下旬播种，10 月上中旬收割。需要说明的是，晚稻通常在秧田中播种，待前茬的早稻收割之后再移栽到稻田中。

被调查地区土地产权状况和种植模式选择之间的关系如表 3.10 所示。与前面所提一致，在剔除自留地之后，按其产权方式，地块被区分为租用地块和承包地块。值得一提的是，在三熟制中承包地和租用地在 5% 置信水平下显著（30.24% vs 15.25%），承包地中的绿肥作物和（包括豆科作物）也比租用地多（绿肥作物为 32.66% vs 15.25%），其方差分析也在 5% 的置信水平下显著。从数据上来看，虽然承包地和租用地上经济作物的方差分析不显著，但两者仍有一定差异（27.02% vs 20.34%）。与经济作物相似，蔬菜作物的分析结果（表 3.10 未列出）也不显著（5.24% vs 0%）。

表 3.10　　　　　　　　　　　地块产权和种植制度选择

项目	承包地块（%）	租用地块（%）	方差分析	
			F 值	P 值
一熟制	33.87	40.68	0.750	0.435
二熟制	35.89	44.07	1.113	0.351
三熟制	30.24	15.25	7.401	0.053 **
绿肥作物	32.66	15.25	17.011	0.015 **
经济作物	27.02	20.34	0.329	0.597

注：** 表示 5% 水平显著。

此外，虽然 8 块自留地已被剔除，但令人吃惊的是，这 8 块自留地中只有一块在收获了花生之后用来种植了水稻，其余 7 块全年都用来生产蔬菜,并且通过化肥、有机肥和灌溉的改善得到更好的管理。但是,在已有关于中国的研究中尚未有人考虑过种植模式选择(Li et al.,1998;Yu et al.,2003;Gao et al.,2012),因此我们无法将本研究结果与已有研究进行对比。本节对于种植模式选择的研究显示,更加安全的土地制度有利于多样化且有利于土壤肥力管理的作物种植模式,因此有利于促进农业的可持续性。德·加格(De Jager,1998)和萨拉斯亚(Salasya,2005)等认为肯尼亚的经济作物和蔬菜比粮食作物的管理更具有可持续性,本书观点在某种程度上与此相同。

3.3.3.2 化肥施用决策

本节使用 EViews 6.0 对所有方程进行估计。估计零假设为所列变量无法对地块间化肥和有机肥的施用差异做出解释,根据方程的 F 统计量结果完全可以拒绝该零假设。表 3.11 显示社会经济因素对 N、P_2O_5 和 K_2O 施用的全部影响[①]。被调查地区所施用的化肥一般包括尿素、有不同氮磷钾比例的复混肥、钙镁磷酸盐和氯化钾等,考虑到本节的关注点,我们只研究地块层面的土地特征对化肥施用的影响。与前文类似,本节的研究将这些化肥都换算成有效养分含量,即纯 N、P_2O_5 和 K_2O。

表 3.11   化肥施用的回归结果

项目	N (OLS)		P_2O_5 (OLS)		K_2O (OLS)	
	Coeff	t - value	Coeff	t - value	Coeff	t - value
常数项	59.95	4.006[***]	38.02	4.881[***]	67.77	4.830[***]
年龄	-0.275	-1.365	-0.145	-1.378	-0.237	-1.254
受教育程度	0.384	0.485	-0.325	-0.788	-1.627	-2.192[**]

---

① 消费支出(用来作为家庭收入的代理变量)只对氮肥施用有微弱的负向影响,而对磷肥,钾肥和有机肥施用没有显著影响。这表明,一般来说收入可能不是农民购买化肥的限制因素。然而,如果有时农民消费支出太多,也可能没有足够的钱去购买肥料。

续表

项目	N（OLS）		P$_2$O$_5$（OLS）		K$_2$O（OLS）	
	Coeff	t – value	Coeff	t – value	Coeff	t – value
农户家庭规模	3.567	3.316***	0.911	1.628*	-2.573	-2.551***
消费支出	-1.719	-1.725*	-0.254	-0.489	-0.431	-0.461
农场面积	-0.873	-3.006***	-0.336	-2.221**	0.239	0.878
地块面积	-1.508	-1.290	-1.817	-2.988***	-1.970	-1.798*
地块离家距离	-0.175	-0.943	-0.187	-1.937**	-0.297	-1.705*
地块产权（虚拟）	-4.859	-1.044	-0.746	-0.308	-3.835	-0.879
地块质量（虚拟）	6.830	1.856*	-0.101	-0.053	3.547	1.028
B	-39.90	-8.932***	-18.78	-8.078***	-20.87	-4.984***
C	-19.82	-4.338***	-6.117	-2.573***	-7.050	-1.646*
R – squared	0.27		0.24		0.14	
Adjusted R – squared	0.25		0.21		0.11	
No. of observations	307					

注：*表示10%水平显著，**表示5%水平显著，***表示1%水平显著。

我们在被调查区发现，地块大小对化肥施用有显著负向影响。控制其他因素不变，面积更大的地块化肥施用强度反而更低。这也说明，在相同产量水平上，较大地块上施用化肥进行作物生产效率更高。阮等（Nguyen，1996）的结果显示，通过控制农场规模可以发现地块规模与水稻、玉米和小麦生产存在显著正向关系。这进一步证实了，地块规模的扩大可以通过影响农户行为来促进化肥的有效施用。换言之，当地块较小时，农民在化肥施用上会更随意（他们可能不介意浪费一些化肥），而地块或农场规模变大时，农民会因为化肥需求量的上升而更节约地施用化肥，以免造成大的浪费。

地块离家的距离只对 P$_2$O$_5$ 和 K$_2$O 的施用有显著负向影响。这里有两种解释：一是农民对较远地块上施用 P$_2$O$_5$ 和 K$_2$O 关注较少；二是较远地块的种植效率更高。谭淑豪等（Tan et al.，2010）认为，当保持其他因素不变时，较远地块种植效率更低，由此可以否定第二种解释。可以确定的是，农民通常对较远地块关注较少，尤其是对于对土壤肥力保持更加长效的磷肥和钾肥的施用。

与预期不同的是，地块产权安排对化肥施用强度没有显著影响。这说明，当给定其他因素时，农民在租入土地和承包地上的化肥施用量并没有什么不同。然而，土地质量对氮肥的施用却有显著的正向影响。这表明，控制其他变量不变时，与差田或基本田相比，农民会在质量更高的地块上施用更多氮肥，这也证明农民会在质量更好的土地上投入更多精力，给予更多关注。田野调查过程中发现，差田更容易遭到抛荒。

3.3.3.3　绿肥和有机肥施用决策

本节 F 统计值和 LR 统计值都很高，可以拒绝原假设。被调查地区土地特征对绿肥和有机肥施用的影响（见表 3.12）。本研究与早前研究相似，都将焦点放在地块水平土地特征的讨论上。与预期结果相同，所有地块层面土地特征都在统计上对有机肥施用有显著影响。其他条件给定时，地块大小对有机肥施用有负向影响，并且在较大的地块上有不用或少用有机肥的趋势。赵（Zhao，2006）和高等（Gao et al.，2012）认为较大地块会较少施用有机肥，本研究的发现与其一致。地块离家的距离对有机肥施用有负向影响，这一点也与高等（2012）的发现相符。这可能是因为施用有机肥需要大量人力，且有机肥肥量有限，农民更倾向于在离家近的地块上施用有机肥。研究结果显示，地块的产权状况对绿肥种植有显著负向影响，控制其他因素不变，与承包地相比，农民倾向于在租用地块上种植更少的绿肥作物。这是因为绿肥在改善土壤方面是一种长期投资，而承包地使用权对于农户而言更为稳定，农户更可能从这种土壤投资得到回报。这一结果也与卡兹（Katz，2000）和德宁格尔和金（Deininger and Jin，2003）的结果相同，他们认为，稳定的产权会鼓励农民更好地经营土地。

184

表 3.12　　　　　　　　　　　绿肥种植和有机肥施用

项目	绿肥施用（Probit）		有机肥施用（Probit）		有机肥施用量（OLS）	
	Coeff	t‑value	Coeff	t‑value	Coeff	t‑value
常数项	−1.021	−1.312	−1.369	−1.934 **	755	0.623
年龄	0.009	0.836	0.011	1.187	−3.908	−0.239
受教育程度	−0.083	−2.078 **	0.042	1.125	−13.65	−0.213
农户家庭规模	−0.101	−1.895 **	−0.038	−0.713	60.98	0.700
消费支出	0.048	0.940	0.004	0.081	76	0.939
农场面积	−0.020	−1.179	−0.006	−0.443	7.519	0.320
地块面积	0.072	1.266	−0.124	−1.754 *	−268	−2.829 ***
地块离家距离	0.015	1.523	−0.018	−2.028 **	−35.46	−2.357 ***
地块产权（虚拟变量）	0.520	2.044 **	0.296	1.322	19.55	0.052
地块质量（虚拟变量）	0.987	5.333 ***	0.668	3.880 ***	693	2.325 **
B	−0.195	−0.880	0.849	4.004 ***	1 282	3.543 ***
C	−0.059	−0.266	1.063	4.745 ***	259	0.699
R‑squared					0.14	
Adjusted R‑squared					0.10	
McFadden R‑squared	0.14		0.17			
总观测量			307			

注：* 表示 10% 水平显著，** 表示 5% 水平显著，*** 表示 1% 水平显著。

地块质量对绿肥种植和有机肥施用有显著正向影响，说明农民会更倾向于在质量好的地块上种植绿肥作物或施用有机肥。此外，在土壤质量高的地块上，有机肥的施用强度更大。这与高等（Gao et al.，2012）的观点一致，土壤肥力更高的地块投入的有机肥更多。这证明了农民会更多关注好田，在好田上投入更多精力和资源。一般来说，好田更容易管理，生产时也更有效率，与差田或中等田块相比，投资好田得到的回报会更多。由此推之，农民可能会在生产中忽略差田。不幸的是，中国 2/3 的耕地质量都在中低水平。现有的以细碎化为特征的土地产权制度安排可能会使得作为土地直接和主要利用者的农户对土壤肥力产生不当管理。这一点应在今后引起高度重视。

3.3.4 结 论

本节运用统计方法和经济模型探讨了土地细碎化和产权状况等土地特征对农户土壤肥力管理决策的影响，希望以此促进农户采用适当的土壤肥力管理策略，以保持或提升耕地的土壤质量。虽然研究所用的数据来自中国南方水稻种植区三个县三个村 58 户的 315 个地块，但所得结论却十分有趣。总体上研究发现，土地细碎化及地块的产权状况等特征会显著影响农户的土壤肥力管理行为。围绕土地产权、地块大小和地块离家距离这三个变量得到的主要结论都与已有研究基本一致，安全的土地产权会鼓励农户进行土壤肥力管理，而地块离家距离会抑制农户进行土地友好型投资，而小地块会降低化肥和有机肥的施用强度。

与大多数现有研究不同，本节进一步探讨了土地特征对种植制度选择的影响，并考虑地块的土壤质量。作物种植制度是土壤肥力管理实践的一个重要方面。主要研究结果表明，更安全的土地产权制度安排通过更多样化和更加土壤友好的种植制度选择促进了土壤肥力管理。值得一提的是，研究发现农民会投入更多的精力去管理土壤质量更好的土地，如施用更多的氮肥和有机肥，并且更倾向于种植绿肥作物。

研究表明，现行以细碎化为特征的耕地经营状况可能会致使农民对土壤肥力产生不当管理。相关政策应该致力于使产权更加稳定并减少细碎化的土地经营模式。此外，有必要通过加强对中低产量田的改造来推动土地的长期投资。受严重土地细碎化的影响，家庭和村庄的抽样规模较小，样本较少而不能用来进行家庭和村庄层面的研究，本研究在地块层面进行。目前的研究可能不能很好地代表中国南方水稻种植区的状况，因此，研究所得的结论可能需要更大规模的更多样本研究进一步证实。

3.4　耕地细碎化对耕层土壤质量的影响

3.4.1　引言

维持或增加作为耕层土壤质量典型代表的农田土壤有机碳的储存被认为是一个双赢策略，既可以提高土壤生产力和增加陆地碳库，又可以减少农业中温室气体（GHG）的排放（Lal，2004a）。作物生产在通过固碳以减缓农业气候变化方面具有巨大的潜力（Smith et al.，2007）。然而，这种潜力只能通过合理的土地利用和推荐的管理措施来实现（Lal，2002，2004），而这些可能随市场碳价格而发生变化（Lewandrowski et al.，2004；Smith and Trines，2007）。

通过增施生物量和有机肥来增加有机投入的管理做法可增加土壤中的碳，改善微生物功能，促进有机碳的积累。众所周知，改善作物经营，如减少耕作和强化种植，以提高对土壤的碳输入，有利于有机碳固存（Lal，2004；Ogle et al.，2005）。然而，土地利用变化和管理对土壤有机碳的储存和固存有很大的影响，对全球气候变化具有潜在的减缓作用（Guo and Gifford，2002；Schlamadinger et al.，2007；Smith，2008）。现有少数研究涉及农田的土地利用和管理变化下土壤有机碳储量的变化（Osher et al.，2003；Smith，2008）。

在发展中国家，细碎的农田和小型农场管理系统对土地资源可获得性的限制影响可持续农业和粮食安全（Simmons，1986；Niroula and

Thapa，2005；Rahman and Rahman，2009）。土壤有机物被普遍认为是可持续农业的关键土壤因素（Smith et al.，1999；Carter，2002），并可能受到土地利用强度的变化和土壤肥力管理措施的影响（Grandy and Robertson，2007）。现有研究探讨如何通过改善土地利用和土壤肥力管理，以增强发展中国家农业的土壤碳储量（Garcia – Oliva et al.，2004；Milne et al.，2007；Smith et al.，2007；Smith et al.，2006）。然而，一些土地政策和管理障碍可能阻碍发展中国家获得土壤碳固存的效益，因此，需要制定适当的世界气候和贸易政策来鼓励欠发达国家的农业固碳和气候变化减缓（de Costa and Sangakkara，2006；Smithand Trines，2007；Eitzinger et al.，2010）。

发展中国家农田中的碳固存将取决于农户家庭实施的土壤肥力管理措施的现有表现，但是关于家庭土地管理对土壤有机碳状况和固存能力影响的研究非常少。

近50年来，中国在土地利用、土地覆盖和土地管理制度方面发生了翻天覆地的变化。自20世纪70年代末以来，农田管理已从集体经营转向家庭承包责任制，这导致小型家庭农场的土地细碎化更严重（Tan et al.，2006）。通过研究农田管理对土壤质量和生产力的影响，检验了土地细碎化（Tan et al.，2008）、产权归属（Yu et al.，2003）和与技术采纳相关（Zhang and Xu，1996；Ou-yang et al.，2003）对家庭行为的影响。

随着人们对减缓农业气候变化的日益关注，农田土壤有机碳的固存可能在抵销中国日益增长的温室气体排放方面发挥关键作用（Lal，2004b；Pan，2009；Pan and Zhao，2005）。中国农田的土壤有机碳储存和动态变化方面，如土地利用变化（Song et al.，2005；Hou et al.，2007；Li et al.，2007）、施肥方式（Wang et al.，2010）、种植和轮作（Xu et al.，2006）和耕作方式（Wang et al.，2010）的研究越来越多。研究表明，中国农田有机碳固存具有显著的天生优势（Lal，2002，2004b；Pan et al.，2010），但是关于家庭农场管理措施如何以及在多大程度上影响中国农田有机碳储存和碳固存能力的研究很少。这一信息差距限制了评估有机碳固存对减轻中国未来温室气体的可贡献的能力，并削弱了农田管理气候政策的发展（Pan，2009）。

本节的目的是采用农场调查数据，量化不同土地经营方式下，家庭农场的土壤有机碳储量在土地使用权状况、家庭农场规模和土地使用方面的变化。这一分析旨在为改善农业管理，加强中国农业的碳固存和为温室气体减排提供决策依据。

3.4.2　材料和方法

3.4.2.1　家庭农场调查

2003 年 2 月，在中国江西省余江县洪湖乡板桥村（28°04′~28°37′N，116°41′~117°09′E）进行了家庭农场规模下的作物生产和土壤管理调查。这个村庄被认为是江西省东北部和中国东南丘陵较大生产水稻的典型农村代表（Kuiper et al.，2001）。这个地区的地貌是第四纪红土阶地。当地气候为亚热带季风气候，年平均气温为 17.2℃ ~18.1℃，年降水量为 1 700~1 800 毫米。在过去 20 年内，这里 70% 的降雨主要集中在 4 月底~7 月初（JBLM，1991）。农田主要分布在广泛的红土地上。根据中国土壤系统分类（Gong et al.，2007），稻田的土壤类型被归为水耕人为土。根据（SSS – USDA，1999）土壤分类法，被归为湿润极育土，而旱地的土壤类型被归为始成土—强发育润湿老成土（SSS – USDA，1999）。该地区由于用于种植的红土地退化，导致了土壤肥力和作物生产力明显不足（Zhao，2002）。

被调查的村庄在 1970~1990 年是中国江西省经济不发达、农业生产力较低的村庄之一。在 2003 年进行调查之前，这里大多数农民都靠农业产出生活（Tan et al.，2008）。2002 年，全村共有 220 户共 900人，分别居住在总面积 113.3 公顷的 4 个小村庄，人均土地利用面积为0.15 公顷。总农田面积中，灌溉的稻田占 82.3 公顷，大部分种植双季稻，另有 31.1 公顷为旱地，以种植花生、蔬菜和柑橘树为主。2002 年水稻平均产量为 5.1 吨/公顷。由于化肥的广泛使用，造成农家肥的使用非常有限。1984 年土地所有权制度转化为家庭承包责任制；根据家庭大小和劳动力，并考虑土壤质量和与村庄的距离来分配土地。

本次调查从全村（板桥村）经营的共 113.3 公顷农田中随机抽取15 户，共涉及 105 个地块。调研记录了 105 个地块的大小、过去 5 年的栽培历史、产量和土壤肥力管理状况，包括土地使用权状况、作物轮作、施肥、秸秆还田和土壤肥力状况等。自 20 世纪 60 年代以来，带有水泵灌溉的稻田开始发展，而旱地作物在该村已经持续存在了 100 多年。这 105 地块随机分布在全村的农田中。

3.4.2.2　土壤样本采集

2003 年 2 月底，在没有农作物生长的情况下，使用荷兰 Eijkelkamp土芯取样器，在 0～150 毫米深度采集了 15 个被调查家庭相关的所有地块的表土样本，每块土地随机选取 3 个子样本组成复合样本，在现场采样后混合。每个样品被放置在一个不锈钢箱中，并在取样后 3 天内运到实验室。所测土壤的基本理化性状汇总（见表 3.13）。

3.4.2.3　土壤性质测定

使用德国 Elementar Vario MAX CNS 分析仪测量土壤中的总有机碳（C）和氮（N）。土壤 pH 值（水）、速效磷、速效钾和土壤黏粒含量的测定按照鲁如坤（2000）描述的方案进行。所有的取样和测量都为一式两份。该村农田的表层土壤有机碳含量来源于 1985 年完成的第二次全国土壤调查，从余江县当地土壤调查机构提供的记录中提取。

表 3.13　　　　样本地块表土（0~150mm）的基本理化性状

（平均 ± S. D.）（n = 105）

土壤基本理化性状	值
pH 值（H$_2$O）	5.2 ± 0.3
土壤有机碳 SOC（g/kg）	13 ± 6.1
土壤全氮 Total N（g/kg）	2 ± 0.7
土壤速效磷 Available P（mg/kg）	10 ± 7.9
土壤速效钾 Available K（mg/kg）	101 ± 54.0
土壤黏粒含量 Clay（<0.002mm，g/kg）	15 ± 6.8

资料来源：基于实地调研取样。

统计分析

数据使用 Excel 2003 进行处理。选用 SPSS 11.0 统计软件包 SPSS（2001）进行方差分析（ANOVA），以此来检验土地利用类型和不同土地使用权土壤有机碳的统计学差异。统计学上的显著性被定义为 P < 0.05。

3.4.3　研究结果

3.4.3.1　被调查家庭的土地管理状况

家庭农田的土地使用权和土地利用状况的基本情况（见表 3.14）。被调查家庭平均为 4.5 人，平均每户占地 0.67 公顷。根据自然资源部开展的全国土地利用变化调查报告，2004 年人均利用土地 0.15 公顷（NACOC and FASC，1999），高于全国人均 0.09 公顷的平均值。在调查的 105 块农田中，有 83 块为稻田，22 块为旱地。这反映出中国南方的农业以水稻生产为主。在 20 世纪 80 年代末，水稻种植占江西耕地面积的 90%（JBLM，1991），占余江县耕地面积的 85%（SSOYC，1986）。根据 1985 年完成的土地产权制度改革，被调查的大部分地块都是直接从集体承包的，只有 21 个地块被同村的其他家庭租用，种植至少一种作物。

表 3.14　　　　样本户土地经营概况和耕地规模（平均 ± S. D. ）

家庭农场面积	地块数量 4. 5 ± 1. 52	总面积（公顷） 0. 7 ± 0. 38
土地利用		
稻田	83	0. 1 ± 0. 11
旱地	22	0. 1 ± 0. 07
土地使用权		
承包	84	0. 1 ± 0. 12
租赁	21	0. 1 ± 0. 07
土地细碎化		
<0. 1 公顷	47	0. 1 ± 0. 02
≥0. 1 公顷	58	0. 2 ± 0. 12

资料来源：基于实地调研。

如图 3.2 所示，家庭农田面积呈偏态分布，面积范围为 0. 01 ~ 0. 63 公顷，大部分地块的面积较小。被调查家庭农田平均土地面积 0. 11 公顷，接近全国的总体水平（0. 09 公顷）。这些农田的细碎化较严重，其

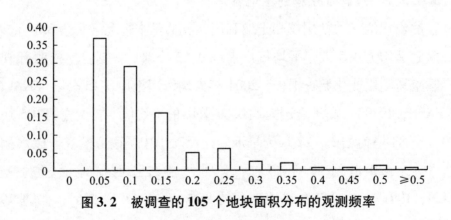

图 3. 2　被调查的 105 个地块面积分布的观测频率

中有 47 个地块的平均面积为 0.05 公顷，58 个面积大于 0.1 公顷的地块的平均面积为 0.22 公顷（见表 3.14）。此外，土地细碎化程度与土地的出租和旱地高度有关。土地使用权制度的这些特点使生产力很难提高，进而农田的土壤有机碳积累难以提高。

3.4.3.2　土地经营下土壤有机碳含量的变化

根据标准正态分布的统计（见图 3.3），可以发现 105 个地块的土壤有机碳含量为 1.7～25.2 克/千克，平均值（±S. D. ）为 13±6.1 克/千克。因此，地块土壤有机碳的变化明显小于地块面积本身的变化。不同土地使用权、土地细碎化和土地利用状态下表层土壤有机碳含量的变化如图 3.3 所示。土地利用类型对土壤有机碳含量有较大影响。这 105 个地块多数为稻田，平均土壤有机碳含量为 13.95 克/千克，显著高于旱地（平均高 70%）。这与之前发现的稻田中土壤有机碳含量远高于旱地的研究结果普遍一致（Pan et al. , 2004；Song et al. , 2005）。承包地块的土壤有机碳含量远高于租赁地块，前者的平均值几乎是后者的两倍。土地细碎化对土壤有机碳含量的影响显著较小，面积 <0.1 公顷的地块土壤有机碳水平显著低于地块面积 >0.1 公顷（平均高 20%）。土地细碎化与农场规模对土壤有机碳存在影响。

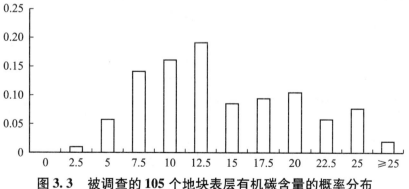

图 3.3　被调查的 105 个地块表层有机碳含量的概率分布

对于地块数量较少的家庭，耕地总面积较大的家庭管理的 SOC 含量（平均增加 3.4 克/千克）明显高于耕地总面积较小的家庭（见表 3.15）。相比 1985 年的土壤有机碳水平，当家庭责任制度实施时，规模大于 0.7 公顷的农户家庭所经营的土地，土壤有机碳积累为 6.12 克/千克，而规模小于 0.7 公顷的农户家庭所经营的耕地，土壤有机碳积累量为 1 克/千克。由规模较大、数量较少的家庭所管理的农田的土壤有机碳明显高于数量较多的家庭所经营的农田。自实施家庭承包责任制以来，规模较大的家庭农场土壤有机碳平均增加了 6 克/千克，而面积较小的农田土壤有机碳没有显著增加。研究结果表明，土地使用权制度和土地利用对农户家庭农田的有机碳储存和有机碳动态变化均有较大的交互影响。

表 3.15 样本农户田块表土有机碳（g/kg；平均值 ±SD）随地块数量和面积的变化

项目	观测值		
地块数量	≤7		>7
农田总面积（公顷）	<0.7	≥0.7	≥0.7
农户数量（户）	6	7	2
家庭经营规模（公顷）	0.4±0.06	0.9±0.18	1.4
1985 年表层土壤有机碳	12±2.0	10±1.8	11
2003 年表层土壤有机碳	13±2.7	17±1.0	9
土壤有机碳的平均增加值	1±2.1	6±2.0	−2

资料来源：基于作者的实地调研和取样。

3.4.3.3 农业管理措施下表层土壤有机碳含量变化

由于土壤质量差、养分库低、红土阶地的土壤遭受了酸化和严重地水土流失，因此水稻生产力较低（Zhao，2002）。以前为了满足对谷物高产量的需求，水稻是双季稻或三季稻，如果没有保护措施，会在很大程度上耗尽土壤肥力。完善该地区的农业管理措施需要采用秸秆还田和绿肥种植的种植制度（Tan et al.，2008；Tan et al.，2006）。

表3.15表明，大多数地块种植了双季稻或三季作物，很少有绿肥种植或秸秆还田。土壤条件差的旱地一般单一种植花生和果树，水稻—水稻双季种植和水稻—水稻—冬季蔬菜三季种植（Tan et al.，2008；Tan et al.，2006）。而旱地作物的表层土壤有机碳含量远低于双倍和三倍种植，双季和三季种植的土壤有机碳含量只有很小的差别。以苜蓿为主的绿肥作物种植产生的土壤有机碳含量显著高于非绿肥种植（平均多3.3克/千克）。然而，与没有秸秆还田的地块相比，秸秆还田使土壤有机碳含量增加了0.5克/千克。总的来说，管理措施对表层土壤有机碳的影响大于秸秆还田，其次是绿肥种植，水稻种植强度的影响最小。

3.4.4　结果讨论

3.4.4.1　被调查农田表层土壤有机碳动态变化

1985年，江西省第二次全国土壤调查对相同深度土壤取样并进行分析，乡村农场土壤有机碳分别为稻田12±4.8克/千克和旱地7±2.9克/千克。然而在本节中，2003年调查的家庭农场的稻田和旱地的表层土壤有机碳含量分别为14±5.7克/千克和8±5.2克/千克（见图3.4），这些变化在管理措施上似乎微不足道（Zhou et al.，2006），本书也并未将其考虑在内。被调查地块表层土壤有机碳分别以2.3克/千克和1.2克/千克增加，但目前水平分别低于黄（Huang，1999）报道的稻田和旱地的省级平均值17±6.2克/千克和9±4.4克/千克。

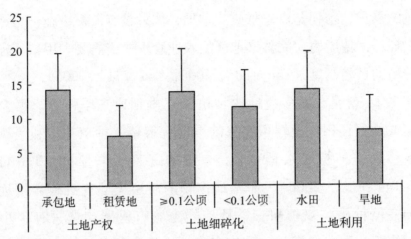

图 3.4　被调查的 105 个地块表层土壤有机碳含量随土地产权、土地利用和细碎化的变化（条形图上的大写字母表示同一块类型在 $P < 0.05$ 水平下存在显著差异）

目前，地块调查中江苏省和全国农田土壤有机碳的总体增加趋势符合先前在太湖宜兴（Zhang et al.，2004）和乌江（Hou et al.，2007）的调查，江西省水平（Liao et al.，2009）和全国农作物范围（Pan et al.，2010）。在区域范围内，稻田的土壤有机碳含量比旱地提高更大，长期水下试验，比起旱地来说，稻田的投入量一般更高，分解率更低。稻田和旱地的平均增长率分别为 0.14 克/千克·年和 0.07 克/千克·年，略高于中国耕地的 0.11 克/千克·年和 0.06 克/千克·年（Pan et al.，2010）。这在一定程度上可能归因于通过与红土中的氧水合物结合而形成对土壤有机碳的化学保护（Zhou et al.，2009a）。周等（Zhou et al.，2009b）认为，在长期实验中，与其他两种低游离氧水合物的稻田土壤相比，红土稻田的固碳速度更快、固碳量更强。

然而，邻近地区的农田土壤有机碳含量被认为增长得更快：许等（Xu et al.，2009）认为安徽贵池区的稻田和旱地平均分别增加 0.25 克/千克·年和 0.09 克/千克·年，主要的低地农田来自长江沿岸湿地。在之前的一项研究中，自 20 世纪 80 年代末以来，由于工业化的快速发展和大型农场的发展（Ma and Liu，2009），菜稻轮作和冬季休耕制度一直占主导地位，1985～2002 年江苏宜兴县的稻田土壤有机碳以 0.28 克/20 克/年增加（Zhang et al.，2004）。因此，被调查的家庭农田的土壤有机碳的增长速度似乎相对较小。再加上不同土壤有机碳含量随不同农田规模和地块大小的变化，可能反映了土地使用权和土地细碎化对农田土壤有机碳储存和提高的影响。

3.4.4.2 土地使用权和作物管理对土壤有机碳的交互影响

地块表层土壤有机碳水平在农业管理措施与家庭土地管理的交互作用差异很大（见图 3.3、表 3.15 和表 3.16）。农业管理措施对表层土壤有机碳的影响不同；绿肥种植增加 29.3%；秸秆还田增加 41.6%；水稻种植强度增加 43.8%（双季稻 16 ±5.4 克/千克至单季稻 11 ±4.9 克/千克）；水稻种植强度 54.9%（主要为旱地作物三季稻为 15 ±5.7 克/千克至单季稻 9 ±6.9 克/千克）。相比之下，家庭土地管理方面显现了土地细碎化对表层土壤有机碳的影响：地块面积 >0.1 公顷以上的土壤有机碳含量比 0.1 公顷以下土地高 19.3%；土地利用类型也是如此：稻田的土壤有机碳含量比旱地多 72.2%；土地使用权显示，直接承包的土地比租赁土地土壤有机碳含量多 96.5%（见图 3.4）。虽然土地细碎化对作物生产力和资源利用效率的影响一直被广泛研究（Tan et al.，2008；Tan et al.，2006；Wan and Chen，1996；Su and Wang，2002），但细碎化并不是本书的关键因素。当稻田转化为旱地时，土壤有机碳会出现大幅减少，这在其他地方已观察到（Hou et al.，2007；Li et al.，2007）。然而农业管理措施通过作物中有机物输入的变化（特别是秸秆还田和绿肥栽培）对土壤有机碳产生直接影响，土地使用权通过上述有机质输入产生间接影响。在过去的十年里，保护措施在很大程度上被农民忽视了（Wang and Chen，1996，2001，2005；Wang，2004；Wu et al.，2008；Yu et al.，2003）。对于租用的农田，土地管理人员更关心的是否

197

能获得足够的产量，而不是确保土壤质量和肥力。此外，村里大部分细碎的小农田是退化红土地所形成的旱地，灌溉条件较差（Wu et al.，2008；Yu et al.，2003）。由于管理这些生产力低下的细碎土地的成本相对较高，农民们没有动力去精心管理（Tan et al.，2008）。实际上，距离村庄一段距离的细碎、贫瘠的农田通常被出租并用于旱地作物生产（Tan et al.，2008），这导致了土壤有机碳的总体存储减少。

表3.16   在不同农业管理措施下的表层土壤有机碳含量（平均值±S.D.）

作物和土地管理	地块数量	表层土壤有机碳（g/kg）
作物耕作制度		
一年一熟	24	9±6.9
一年两熟	47	13±5.3
一年三熟	34	15±5.7
绿肥		
种植	34	15±5.8
未种植	71	11±5.1
秸秆还田		
执行	9	17±3.9
未执行	96	12±6.1

为了检验家庭和农业管理措施的影响，这些地块被分为两种不同管理方案的子集。方案一包括19块采用秸秆还田或绿肥种植的种植双季稻的旱地，直接承包，面积>0.1公顷，方案二包括15块租赁的无绿肥或秸秆还田的旱地，面积<0.1公顷。土地使用权和农业管理措施对土壤有机碳储存具有较大的协同效应。与情景Ⅰ的稻田的有效土地利用和管理措施（平均18±5.3克/千克）相比，管理低效地块（情景Ⅱ）表层土壤有机碳的储存量要小得多（平均7±2.10克/千克）。这说明家庭土地管理导致的农田有机碳存量存在较大差距，可能对我国农田的有

机碳水平产生很大影响，叠加农场范围内的农业管理效应。

中国农业一直受到可耕地短缺和土地细碎化的限制（Wan and Chen，1996；Wu et al.，2005；Su and Wang，2002）。完善的管理措施以提高谷物生产量和提高农业生产效率的需求被时常强调（Jiang，2009；Lu and Zhang，2008；Luo，2008；Ma and Liu，2009；Wu et al.，2008）。提高作物生产力的管理将有利于土壤固碳（Lal，2004），而有机碳的积累有利于中国农作物的生产力，特别是稻田（Pan et al.，2009a，2009b；Pan and Zhao，2005）。因此，除了良好的农业管理措施外，建立健全的家庭土地管理体系是帮助确保谷物生产和碳固存以减少中国温室气体排放的必要条件。因此，在中国的国家气候缓解行动计划中，应考虑鼓励采取适当的良好家庭农场管理措施的激励。

更广泛地说，该地区的土地使用权和家庭土地管理制度在整个中国非常普遍，并且与许多其他发展中国家的制度有许多相似之处。被研究的村庄在远离城市的农村，主要依靠农业生产。该村的规模、总面积及农作物生产是中国南方农村地区的典范；每户平均耕地总面积<1公顷。作物生产主要是水稻，另外在土壤贫瘠的连绵高地的一些旱地作物。大多数南亚和非洲国家以前都是这样的地形以及土地使用权制度（McPherson，1982；Otsuka et al.，2001；de Costa and Sangakkara，2006；Niroula and Thapa，2005；Suyanto et al.，2001）。本案例研究提供了罕见的定量信息，将土壤碳储存的有效性的限制与实施的潜在障碍联系起来，并可作为调查发展中国家其他地方农业中实施气候减缓实践的障碍的模板。

第4章

大食物观下的一个案例：耕地
细碎化对稻虾共作的影响

改革开放 40 多年来，我国经济发生了翻天覆地的变化。1978 ~ 2018 年，人均 GDP 由 156 美元跃升至 9 770 美元，成为中等偏上收入国家。收入的快速增长推动了居民食物消费需求由传统温饱型、生存型消费向享受型、发展型消费的转变（孙巍和杨程博，2015），绿色、有机、无公害的农产品受到市场青睐。而传统水稻单作模式通过投入大量化肥、农药、除草剂等来稳产增产，不仅使稻米品质受损，也使生态环境受到破坏。"稻虾复合种养模式"作为一种双水双绿模式，能够有效利用稻田资源，通过水稻与虾互利共生，实现水稻、水产协同发展，生产绿色稻米、绿色水产品，丰富了"米袋子"和"菜篮子"，实现了"钱袋子"与"吃的健康"的双重保障，还破解了"谁来种地"和"如何种好地"的难题，被农业部誉为"现代农业发展的成功典范，现代农业的一次革命"（曹凑贵，2019）。

鉴于其良好的生态效益、经济效益与社会效益，中央及各级政府纷纷出台规划和指导意见，大力推动"稻虾复合种养模式"的发展。2015 年，《国务院办公厅关于加快转变农业发展方式的意见》提出"把稻田综合种养作为发展生态循环农业的重要内容"。2016 年，中央"一号文件"提出"启动实施种养结合循环农业推动种养结合、农牧循环发展"。2017 年，中央"一号文件"《关于深入推进农业供给侧结构性改革加快培育农业农村发展新动能的若干意见》，提出"推进稻田综合种养"。2018 年，中央"一号文件"《中共中央　国务院关于实施乡村振兴战略的意见》提出要优化养殖业空间布局，大力发展绿色生态健康养殖。

在需求拉动及政策推动下，稻虾复合种养模式近年来得到了"井喷式"发展（曹凑贵，2019）。2003～2018 年，小龙虾养殖产量由 5.16 万吨增加至 163.87 万吨，增长 30 多倍（见图 4.1）。其中，2018 年小龙虾养殖总面积达 1 680 万亩，稻田养殖贡献了 75.1% 的份额①。湖北省委书记李鸿忠指示：要做大做强"稻虾""虾稻"两大品牌，争做全国"虾王"，稻虾复合种养模式发展得如火如荼。

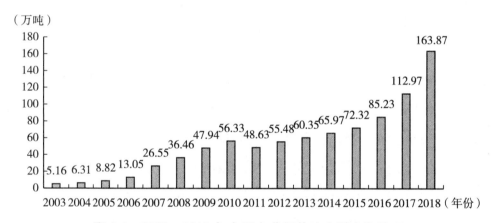

图 4.1　2003～2018 年全国小龙虾养殖产量变化情况

资料来源：《中国小龙虾产业发展报告（2019）》。

作为一种通过虾稻互促，实现"一水两用、一田双收、稳粮增效、粮渔双赢"，受到中央及各级政府的大力推崇的生态农业种养模式，

---

① 资料来源于《中国小龙虾产业发展报告（2019）》。

"稻虾复合种养"如何受耕地细碎化的影响？如何影响？本章基于课题组在稻虾共作核心区湖北荆州和潜江的多次农户实地调研数据，从生产成本、经济效率和环境效益方面对这些问题进行探讨。

4.1　耕地细碎化对稻虾共作生产的影响概述

4.1.1　研究背景及问题的提出

土地细碎化在我国由来已久，主要有自然因素和人为因素两个方面的原因。自然因素一般由土地的自然分割如地质、地形和水文等地理方面因素所带来的细碎化，而人为因素由制度因素、市场因素及人口因素等导致（赵小睿和张光宏，2018）。其中，制度因素主要包括土地世袭制及继承制，市场因素主要有土地流转、互换、买卖等形式，人口因素主要是指人口数量与耕地数量不平衡等。《国家新型城镇化规划（2014—2020 年）》指出，我国人均耕地仅 0.1 公顷，户均土地规模约 0.6 公顷，土地非常细碎。细碎化对于农业生产有一系列的负面影响，主要包括需要划分出更多田埂以界定产权边界，减少耕地面积（Zhang et al.，1997）；增加农户在不同地块间往返时间及生产资料的运输成本（Wu et al.，2005；纪月清等，2017）；不利于机械作业从而阻碍机械替代劳动等（Burton and King，1982；Bentley，1987；王亚辉等，2019）。土地的细碎使粮食生产可能处于规模报酬递减状态，加之粮食生产比较效益低下，难以达到规模经济（苏丹，2018）。在此条件下，扩大农业经营规模是我国农业走向现代化、提升农民收入的必然选择（陈锡文，2013；张红宇等，2014；梅建明，2002）。

　　根据课题组的实地调研，荆州、潜江当地稻虾复合种养农户进行稻虾田改造时，大多是将自家多块细碎水稻田直接改造，或者在承包地的基础上，流转一定面积的水稻田（一般与原地块不相连）后改造成稻虾田，改造后的稻虾田尽管面积有所增加，但仍远小于技术规程中提出的面积要求，细碎化情况突出。此外，由于稻虾复合种养技术本身特点，对稻田面积有一定要求。面积较小时，对水稻种植的影响较小，但想要开发成稻虾田则成本高昂。较之水稻单作模式，细碎化对稻虾复合种养模式产生了更大的影响。

　　根据 2018 年底湖北省水产技术推广总站对 2 000 余户稻虾种养户的调查，2018 年只有约 33% 的稻虾农户赚钱，67% 的稻虾农户保本或亏损，主要原因在于农户在流转或承包土地上随意开挖虾沟，部分面积较小的田块改造成稻虾田，导致成本过高而产生亏损。在稻虾复合种养规模化发展的政策下，我国耕地细碎化问题更加凸显。

　　基于上述研究背景，本章旨在探讨，对于改造成稻虾复合种养模式的农户来说，其耕地细碎化程度如何？稻虾田的细碎化对农户的生产成本有何影响？对其经济效率和环境效率有何影响？影响的机制是什么？回答这些问题，有助于更好地指导稻虾共作乃至稻田复合种养的发展。

4.1.2　概念界定

4.1.2.1　稻虾复合种养

　　稻虾复合种养模式包含稻虾连作模式与稻虾共作模式。2001 年，湖北省潜江市农民率先探索出在稻田中养殖克氏原螯虾的模式，即"稻虾连作"。稻虾连作是指一季稻接连一季虾的生产模式，因存在水稻种植时间与小龙虾生长时间冲突问题，导致经济效益较低。在此基础上经过近 10 年的发展，科研工作者和农户逐步探索出"稻虾共作"模式。

"稻虾共作"模式指一年收割一季中稻，养殖两季虾的生态种养模式。稻沟由原来的1米宽、0.8米深的小沟，改挖成4米宽、1.5米深的养殖沟（见图4.2），环沟占稻田比例不超过10%[①]，并利用挖环沟的泥土加宽、加高、加固外埂和内埂，以保证田埂保水能力强，并为小龙虾打洞创造空间。之后进行虾沟消毒、种植水草、完善排灌水系统以及小龙虾防逃设施建设等前期工程。

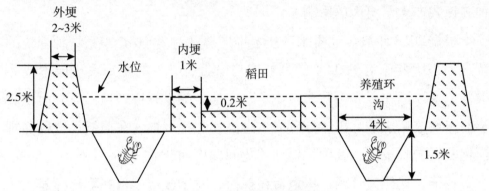

图4.2　稻虾共作环沟设计

资料来源：刘闯、陈友明（2018）；曹凑贵等（2017）。

前期工程建设完成后，开展水稻与小龙虾的种养结合和互利共生。其流程为：每年于3~4月投放幼虾，之后进行饲料投喂、小龙虾病害防治等工程，并于5月底捕捞第一季成虾，剩下的虾苗及种虾留在虾沟继续繁殖。之后进行水稻整田、插秧等水稻种植流程，待到5~6月水稻插秧一段时间后，小龙虾由沟里进入田间，开启"稻虾共生"阶段，直至8~9月收获第二批成虾。之后投放亲虾，对稻田灌水（越冬前，保持水深20~30厘米；越冬期，随着气温下降，逐渐加深水位至50~60厘米）后小龙虾进行繁殖，跨过冬季休眠期，翌年春天继续生长，

① 资料来源于《稻渔综合种养技术规范》。

于 5～6 月收第一季虾，如此来回交替（见图 4.3）。"稻虾共作"模式由于开挖深沟，解决了水稻插秧、晒田等期间小龙虾去留的问题，变"一稻一虾"为"一稻两虾"，大幅提高了农民收益。

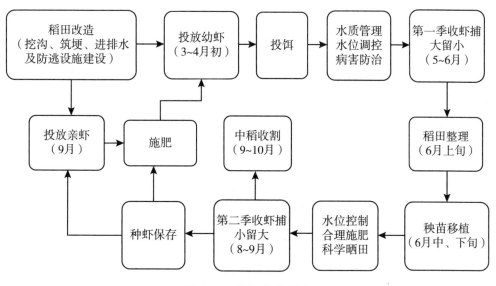

图 4.3　稻虾共作流程

资料来源：根据调研资料整理。

4.1.2.2　耕地细碎化

耕地细碎化含义丰富，不同学者对此有不同的理解与界定。多数学者将其界定为农户经营着在家周围、互不相邻的一块以上的土地，且多数地块面积较小。麦弗逊（McPherson，1982）认为，土地细碎化指农户经营者许多互不相邻的土地，且将每个地块视为独立的生产单元。宾斯（Binns，2005）认为，土地细碎化指农场具有较多互相分离的地块，且这些地块分布在较大的土地范围内，其定义与麦弗逊有一定相似之处。王兴稳等（2008）、赵凯（2011）与之理解相同。多夫林（Dovring，1960）引入"过度细碎化"的概念，他认为，如果农场中的地块数量超过其面积（以公顷为单位），则认为存在"过度细碎化"。例如，一家农户拥有10公顷土地，但经营着10块以上的地块，则存在"过度细碎化"问题。此外，他通过测量农民与每个地块往返间的距离来量化距离因素，并认为地块之间的距离是细碎化造成效率低下的主要原因。然而，这些定义只关注单个生产者所拥有分散的地块位置，而不考虑各自地块的用途及地块形状的变化。桑克维斯特和丽莎（Sundqvist and Lisa，2006）考虑了农场的空间特征，包括农场规模、地块数量、地块的大小和形状、地块的大小分布和空间分布。塞巴蒂斯（Sabates，2002）将土地细碎化表现为一种多维现象，具有四个维度：物理细碎化、社会细碎化、活动细碎化及产权细碎化。他认为，当下面任意一种情况出现时，存在物理细碎化：（1）农户耕种着非毗邻地块；（2）地块彼此远离或者离农户家较远；（3）农户拥有的地块面积较小。

以上定义主要从农户微观尺度出发，除此之外，部分学者基于区域中观尺度定义了土地细碎化。布顿和金（Burton and King，1982）将土地细碎化描述为农村的基本空间问题，认为将农场分割给不同土地生产者，从而带来管理不善的问题。孙雁、赵小敏（2010）考虑到由于自然或人为的因素导致土地利用类型不同，某一种土地类型难以实现规模、连片经营，土地呈现插花、无序、分散的状态，在空间地理数据库图形上，表现出许多数量繁多、形状大小不一的图斑，代表着不同的土地利用类型。李鑫（2011，2012）认为，土地细碎化指土地由于自然或人为割裂，耕地呈现出一种分散、无序状态。皮埃尔等（Pierre et al.，2019）在对土地细碎化进行文献综述后，认为土地耕种者的数量超过了给定区域内的土地面积（如在10公顷内有10个以上的耕种者），即平均家庭土地持有量少于1公顷，或者农户经营着2块及以上的土地，房屋与地块之间的距离超过500米，则存在土地细碎化。连雪君等（2014）从产权细碎化角度出发，认为土地被"物理分割"的同时，产权属性也相应被分割，由一束产权变成了包含土地所有权、使用权、流转权、收益权等在内的多束产权，使产权在地理上呈现分离与交叉的排列形式，他将这种现象称为细碎化土地产权。

综上所述，土地细碎化内涵丰富，既有中观、微观视角、又有物理、产权视角。从中微观角度来看，代表着：（1）农户经营着互不相邻的分散的土地；（2）规模土地被不同农户耕种而交叉相连（连雪君等，2014）两种理解；从物理、产权视角来看，土地细碎化不仅表现为土地利用、土地价值、土地区位、土地形态和内部的细碎化，更体现在随之带来的产权由一束被分割成多束所带来的细碎化问题（Pierre et al.，2019）。

尽管对于土地细碎化有不同的理解，但仍有许多共同之处。结合本节研究实际，将土地细碎化定义为：（1）农户经营着多块互不相邻土地，并且与其他农民经营的地块交叉；（2）农户拥有的地块面积较小。

4.1.2.3　生产成本

成本包含经济成本与会计成本两种概念。麦弗逊等（2007）认为，农业生产经营分析的生产成本应该是经济成本的概念，需要考虑未被支付现金工资的家庭劳动力成本。《全国农产品成本收益资料汇编（2019）》是我国最权威的农产品生产成本核算资料，其对生产成本作了如下定义：生产成本是指为了生产某产品而投入的各项资金（包括实物与现金）与劳动力的成本，反映了为生产该产品所发生的除土地外各项资源的耗费。由此可以看出，生产成本主要包括各项生产资料费用及劳动力成本等可变成本，不包含土地成本这一固定成本。本研究未将土地成本纳入分析范围，主要原因是，对于未租地的农户来说，其土地成本为零或者折租较少，而租地的农户其流转租金较高，由于租金的存在，无法准确评估出土地细碎程度差异所导致的生产成本的变动情况。因此本节对于生产成本的分析未将土地成本纳入分析范围。生产成本的计算公式为：

$$每亩生产成本 = 每亩物质与服务费用 + 每亩人工成本$$

其中，物质与服务费用指在直接生产过程中所耗费的各项生产资料的费用、购买服务支出及其他各项现金（实物）支出，包括直接费用与间接费用两部分。直接费用包括种子费、租赁作业费、化肥费、农药费等，间接费用包括固定资产折旧、保险费、销售费等。人工成本为家庭用工折价与雇工费用的总和。由于本节研究对象为"稻虾复合种养"模式，包含水稻生产与虾生产两个方面，结合指标的可得性及计算的便利性，本节将生产成本分为种子费、化肥费、农药费、机械作业费（包括机耕、机灌）、虾苗费、饲料费、渔用药物费用、劳动力成本、固定资产折旧九部分。

4.1.2.4 经济效率

经济学中，"效率"这一概念有着广泛的应用，不同的"效率"概念之间既有区别又有联系，但是其本质的内涵是一样的，即"资源的不浪费"，各学科有所区别的只是不同效率理论所认为的造成效率损失的原因不同（毕泗锋，2008）。西方经济学中"经济效率"的概念属于福利经济学的范畴，主要研究资源的最优化配置问题。最具代表性的是意大利经济学家和社会学家帕累托提出的帕累托效率。此后，新古典经济学派、新制度经济学派和雷本斯坦（Leibenstein，1966）提出的 X 非效率理论对效率损失及其来源作出了解释。

法瑞尔（Farrell，1957）将经济效率可测量化，促进了"效率"在实证研究的应用，他的研究将厂商的经济效率分为技术效率和资源配置效率两个主要部分，其中技术效率反映的是不考虑要素价格的情况下，厂商在给定投入下实现最大产出或在一定产出下需要最小投入的能力。对于农户来说，如果一个农户用相同的投入能够产生更多的产出或者用更少的投入生产相同的产出，则被认为是"最好的"，即最优效率的。

成本效率也是经济效率，考虑金钱在投入之间进行分配以获得最大的产出，即决策单元在给定的产出水平下需要最小成本或在给定的投入成本下产出最大产出的能力；配置效率则等于成本效率与技术效率的比值。我们采用法瑞尔（1957）提出的经济效率概念，即成本效率。

4.1.2.5　环境效率

环境效率是在技术效率（即给定生产技术和市场价格下，实际产出水平与前沿产出水平的比值）基础上，进一步综合考虑"生产效率"及"环境影响"的值。环境效率可用以衡量可持续发展（OECD，2002）。这一概念由施特格尔（Schaltegger，1990）提出后，学者、政府机构和国际组织从不同角度对环境效率的概念进行了相应阐释和拓展。

目前，关于环境效率的定义主要包括两类。第一类注重资源环境压力，认为环境效率等于经济总量与环境载荷的比值，这与世界可持续发展工商委员会（WBCSD，1997）对环境效率的定义一致。而欧洲环境署（EEA，2014）进一步提出，环境效率是以尽可能少的自然资源创造更多福利。王青（2007）视之为单位环境载荷的收益。胡皮斯（Gjalt Huppes，2005）认为，必须减少生产活动的环境污染，但应以经济价值最大为前提。第二类定义强调生产活动的环境影响。雷恩哈德（Reinhard，2000）用污染性投入的理想值与实际量之比表示环境效率。王大鹏（2011）和考特莱内（Kortelainen，2008）则以价值增量与环境损失之比衡量环境效率。王国顺等（2008）视之为单位生态投入能的经济绩效。表4.1列示了一些环境效率相关的文献。

尽管定义视角有所区别，已有研究都认同环境效率能够全面衡量生态—经济效果。通过提高环境效率，能够使产出增加和污染减少。根据文献，本节中稻田综合种养环境效率指一定技术水平下，最大化"双水"产出，最小化环境污染的能力。

表 4.1 　　　　　　　　　　　环境效率定义相关文献

角度	基本定义	相关文献
资源环境压力	反映资源环境压力，为经济总量与环境载荷之比	WBCSD，1992；EEA，2014；Gjalt Huppes，2005；王青，2007
生产活动的环境影响	在一定时间内，生产者经济活动的环境影响	Reinhard，2000；Kortelainen，2008；王国顺等，2008；王大鹏，2011；徐永娇，2012

4.2　耕地细碎化对稻虾共作生产成本的影响

4.2.1　分析框架

多数研究表明，土地细碎化不利于农业生产，主要影响包括田埂面积浪费（Zhang et al.，1997），劳动时间浪费在去往各个地块的往返时间上（Stryker，1976；谭淑豪，2011；Wu et al.，2005），增加机械投入成本（黄祖辉等，2014；Rahmans，2010；Laure et al.，2014），并且由于规模经济的原因，小规模的地块在固定资产、运输、土地投资等方面难以实现成本的有效分摊（纪月清等，2017；Wan and Cheng，2001；李谷成等，2009）。但目前多数研究主要从机械、劳动等生产要素投入角度出发，探究细碎化对各项生产要素的影响。本节深入农业各个生产环节进行梳理，以更全面更透彻理解耕地细碎化对生产的影响。

本节研究对象"稻虾复合种养"模式区别于传统水稻单作模式，在田间改造阶段、田间管理阶段及收获阶段均与单作模式有较多不同之处，因此细碎化在其中所起到的作用便与水稻单作模式下有一定差异。基于此，本节立足于"稻虾复合种养"模式，根据前文对这一模式流程的介绍，将稻虾生产过程细分为田间改造阶段、田间管理阶段及收获阶段，以探究各个环节中细碎化所起到的作用（见图 4.4）。

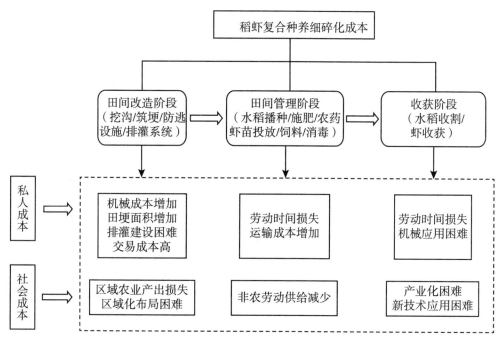

图 4.4　分析框架

　　田间改造过程包括开挖虾沟、加高、加宽田埂、防逃设施建设以及进排水系统建设等。虾沟开挖期间，需将原来 1 米宽、0.8 米深的小沟，改造成 4 米宽、1.5 米深的养殖环沟，产生较高机械费用。由于机械作业具有不可分性，对于较小稻虾田来讲，机械的作业宽幅和调转方向耗时是固定的，小规模在田间机械作业进退快速，且转向有一定困难（丁启朔等，2013），因此较小稻虾田上的机械作业效率有一定损耗，无论是按米计费还是按机时计费，小面积稻虾田开挖所带来的燃油费及人工费均有所上升。稻虾田面积越大，越能够有效利用工时且有利于采用移动速度快的机械并且有效利用工作时间，单位面积上的平均成本也会降低（吕挺等，2014）。

从另一角度讲，小块稻虾田基本只能选择在周围挖一圈虾沟，而大面积稻虾田存在"目"型、"田"型、"日"型、"井"型、"回"型等多种选择，因此大面积稻虾田能够更好地进行规划，从而降低机械投入成本。同时，由于稻虾田需要加宽、加高、加固外埂和内埂，以确保田埂的保水能力，并为小龙虾打洞创造空间，较水稻单作模式而言，田埂占据了更多的面积。稻虾田地块面积小而块数多则造成较多的田埂面积被浪费，影响水稻及虾产量。防逃设施建设及排灌水建设也存在较高的投入成本。由于生产设施投资具有不可分性，灌溉设施、防逃设施及机耕道路建设有较高的起步成本，面积越大越能有效分摊此部分固定成本（顾天竹等，2017），在分散的土地上进行投资，难度大，成本高，电线等铺设麻烦，且由于外部性的存在，农户不能获得全部收益，导致农户不愿意为建设基础设施、排灌系统建设付费（谭淑豪，2011；蔡荣，2015），从而对农业生产产生负向影响。除此之外，一旦改造成稻虾田，想要恢复成水稻田成本较高，因此，小面积稻虾田改造易引发农户间纠纷，产生了高昂的交易成本。

除上述私人成本，小面积水稻田改造成稻虾田还将产生一系列社会成本。一是种养区域化布局困难。随着"稻虾复合种养"模式的兴起，农户纷纷将自家水稻田改造成稻虾田，导致稻虾田面积小、块数多，且改造后稻田难以恢复，因此对于种养区域化布局产生较强阻碍作用，不利于稻虾产业规模化发展。二是区域农业产出损失，威胁粮食安全。区域农业产出损失主要体现在田埂面积较多及虾沟占比超标两个方面所带来的水稻产量及虾产量的损失。《稻渔综合种养技术规范》中规定稻渔综合种养田间改造时，沟坑占比（虾沟面积占总面积的比例）不超过10%，此时由于沟坑边际效应对产量的弥补效应，水稻产量无下降趋势。而小面积稻虾田在挖沟时，由于沟的宽度、深度等硬性要求，沟坑占比很容易超过10%，随着沟坑占比的增加，水稻产量直线下降（吴雪等，2010），威胁粮食安全，偏离以渔促稻的发展原则[①]。

田间管理阶段包括水稻田间管理及小龙虾田间管理。水稻田间管理主要包括播种、施肥、除草除虫；虾田间管理包括虾苗投放、投喂饲料、病害管理。田间管理阶段，细碎化对成本的影响主要体现在劳动投入时间增多及运输成本增加两个方面。相较于水稻单作模式，稻虾复合种养模式中小龙虾对水质有较高要求，农户需经常巡查水质，观察小龙虾的吃食情况，调整饲料投喂量并清理养殖环境。细碎化增加了农户在各个地块的往返时间，从而增加了劳动投入，进一步增加了劳动成本（卢华和胡浩，2015）。其次，细碎化不利于运输成本的分摊，由于劳动力及机械移动至地块所占用的时间固定，稻虾田块规模越大越能分摊种子、农药、饲料、生石灰等生产资料的运送成本。

除此之外，在这一阶段农户忙于在不同地块间奔波进行施肥、除草除虫、投喂饲料及消毒肥水等步骤，减少农户从事非农就业的时间，于整个社会而言减少了非农就业劳动力供给。

收获阶段，每天凌晨 3～4 小时的收虾、选虾、运虾、卖虾工作使农户频繁来往于各田块，且运输时间长会极大影响小龙虾的存活率，田块分散增加了农户的劳动投入时间，也降低农户的生产效益。除此之外，细碎化的分布使收割机不得不在各个地块间往返，提高农机的使用成本。若地块面积过小，难以实现机械化，则不能采用节省劳力的机械从而增加生产成本（Foster and Rosenzweig，2010；Klaus et al.，2016），过小的地块面积也不利于大型农机等高效率、高科技设备的使用与推广（赵小睿和张光宏，2018）。更为严重的是，稻虾田由于田间工程和茬口衔接等问题，机器不好进入，从而使农机在耕地、插秧、收割时受到较强阻碍，由于目前没有开发出稻虾综合种养配套农机，部分小田块甚

[①]　资料来源于《中国稻渔综合种养产业发展报告（2019）》。

至选择不进行水稻收割，降低粮食产量，不符合机械化发展趋势①。此外，稻虾复合种养经营主体分散，难以在生产及销售方面形成合力，制约稻虾产业化发展及社会化服务，且难以形成品牌，产品优质优价无从体现。

综合而言，细碎化对于稻虾复合种养田生产的影响在前期投入、田间管理及收获等各个阶段均有较强的体现，不仅增加农户的生产成本，更是对整个区域及社会产生较强的负外部性，不利于稻虾产业的整体发展以及国家粮食安全的保障。

4.2.2 研究区域概况及数据来源

4.2.2.1 调研地点选择

本节选取湖北作为调研对象。2018 年，全国小龙虾总产量为 163.87 万吨，养殖总面积为 1 680 万亩。其中，小龙虾稻田养殖占比最大，产量为 118.65 万吨，占总产量的 72.4%；养殖面积为 1 261 万亩，占养殖总面积的 75.1%。在全国 21 个小龙虾养殖省份中，湖北在养殖面积及养殖产量方面居于全国首位。产量约占全国总产量的一半（49.58%）（见图 4.5）。2018 年湖北稻虾种养面积达到 571 万亩，全国排名第一位（见图 4.6），新增千亩以上示范基地 21 个、国家级稻渔综合种养示范区 4 家，全省小龙虾一产产值达到 324.96 亿元，是采用稻虾复合种养模式的典型代表②。

2018 年，在全国小龙虾养殖产量前 30 名的县中，湖北有 15 个。其中有 2 个县养殖产量超过 10 万吨，分别是荆州市监利县（13.06 万吨）和荆州市洪湖市（10.55 万吨），分别获得了"中国小龙虾第一县"和

---

① 资料来源于《中国稻渔综合种养产业发展报告（2018）》。
② 资料来源于《中国小龙虾产业发展报告（2019）》。

"中国小龙虾第一名城"的荣誉称号，"荆州双水双绿打造乡村振兴成功典范"被中国绿色农业联盟评为"2019 全国绿色农业十佳发展范例"①。

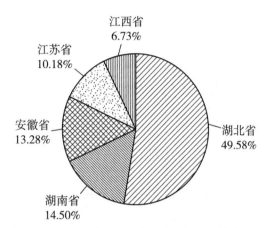

图 4.5 2018 年全国小龙虾养殖产量占比

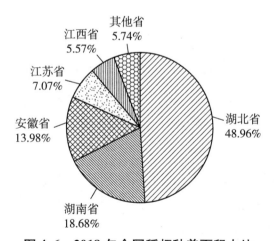

图 4.6 2018 年全国稻虾种养面积占比

————————————

① 资料来源于荆州市农业农村局 http：//nyj. jingzhou. gov. cn/xxdt/nydt/202001/t20200119_450259. shtml。

潜江市作为稻虾高效种养技术的发源地，最早开始探索小龙虾养殖。2010 年 5 月被评为"中国小龙虾之乡"，现已建立以积玉口、浩口、龙湾等为重点的稻虾养殖基地（苏章锋，2019）。荆州市和潜江市作为湖北省稻虾复合种养模式的典型代表，稻虾复合种养普及率高，且地形地貌、生产现状对我国稻虾复合种养模式的研究具有良好的代表性，对该地进行研究，能够对其他地区考虑到地理特征、细碎化情况因地制宜推广稻虾复合种养模式提供一定参考与借鉴。因此，本节选取湖北省荆州市和潜江市作为研究区域。

4.2.2.2 调研区域概况

荆州市地处江汉平原腹地，是湖北省优势农业资源的核心区，全市地势西高东低，由低山丘陵向岗地、平原逐渐过渡。全市海拔在 25～40 米的平原占地面积为 11 421.34 平方公里，海拔在 40～250 米的丘陵岗地占地 2 147.66 平方公里，海拔在 250 米以上的低山占地面积 493 平方公里[①]。2018 年荆州市乡村人口 247.03 万人，农村常住居民人均可支配收入 17 300 元[②]。荆州水资源丰富，为"全国淡水渔业第一市"，淡水产品产量已连续 23 年居全国地市之首。2019 年虾稻共作、稻渔种养面积发展到 265 万亩，小龙虾产量超过 40 万吨。荆州市着力推动水稻与水产两项优势产业融合发展，致力于打造"双水双绿"的产业体系。

潜江市居湖北省中南部江汉平原腹地，境内地势平坦，地面高程在 26～31 米，属亚热带季风性湿润气候，雨量充沛，气候宜人，素来以"水乡园林"著称。潜江地势低平，土地肥沃，气候温和，雨量充沛。2018 年，乡村常住人口 41.15 万人，人均可支配收入 17 797 元，虾稻

---

① 资料来源于荆州市人民政府 http：//www.jingzhou.gov.cn。
② 资料来源于《2018 年荆州市国民经济和社会发展统计公报》。

共作面积 54 万亩①。

4.2.2.3　数据来源及分布

本节所需数据来自 2019 年 10 月于湖北省荆州市及潜江市的调研数据。2018 年 8 月作者参与课题组在湖北省荆州市及潜江市的大规模调研，获得 309 份问卷，有效问卷 272 份，有效率达 88.03%。问卷涉及农户土地特征、投入产出、技术认知、生态认知等方面信息，完成一份问卷约需 40 分钟。通过此次调研，作者对稻虾复合种养的生产流程、发展现状及投入产出等方面情况有了全面认识。之后结合本书研究实际，在对问卷进行适当修改，并对调研员进行培训后，课题组于 2019 年 10 月再次赴荆州市及潜江市进行调研。荆州市先选取荆州区、沙市区及公安县作为调研地区，再进行乡镇、村庄的抽样。而潜江市为湖北省直辖县级市，下属 7 个街道，10 个镇，因此选取具有代表性的运粮湖农场、浩口镇及积玉口镇进行抽样。此次调研遵循随机抽样原则，结合本章研究话题收集稻虾复合种养农户家庭基本特征、土地特征、投入产出、固定资产、政策推广及农户对于土地细碎化的认知情况，问卷采取一对一访谈形式，为保证问卷质量，由调研员代为填写问卷。问卷共 16 页，完成一份问卷约需 1 小时。调研结束后，对部分问卷中的缺失问题进行电话回访。之后进行问卷核对、录入及数据处理工作，历时两个月共收集 34 个村庄、286 份问卷，剔除无效问卷（漏填、错填关键信息）后，剩余有效问卷 281 份，问卷有效率达 98.25%，样本分布如表 4.2 所示。

此外，在调研过程中，作者与长江大学农学院负责稻虾复合种养田间设计、田里养分等相关方向的多名研究生进行了深度访谈，从农学角度探讨了农户稻虾田块细碎化问题，从而对于土地细碎化现状有了更深

---

① 资料来源于《2018 年潜江市国民经济和社会发展统计公报》。

层次的了解。

表 4.2   稻虾复合种养的样本数量及分布

市	区/镇	村庄数（个）	农户数（户）
荆州市	荆州区	3	26
	沙市区	2	47
	公安县	7	8
潜江市	运粮湖管理区	6	48
	浩口镇	13	94
	积玉口镇	3	58
合计		34	281

资料来源：根据调研数据整理。

4.2.3 数据基本特征

4.2.3.1 农户基本特征

表 4.3 列出了样本农户基本特征及家庭特征。可以看出，样本农户为 50~60 岁的人数最多，占比 45.91%，其次是 40~50 岁的农户（26.33%）及 60~70 岁的农户（24.2%），说明样本农户普遍年龄偏大，老龄化现象严重。样本农户受教育程度为初中及以下的占比 85.05%，高中及以上文化的仅占 14.95%，文化程度普遍为初中文化水平。就农业劳动力数量而言，仅有 1 个农业劳动力的农户家庭占比为 19.57%，多数为 2~3 人（75.44%），仅 4.98% 的农户家里有超过 3 个农业劳动力。分析非农就业收入占比可知，其中：纯农户（非农收入占总收入比重 <10%）（张忠明，2014）62 户，占比 22.06%；Ⅰ兼农户（占比 10%~50%）96 户，占比 34.16%；Ⅱ兼农户（占比超 50%）123 户，占比 43.78%，说明稻虾复合种养农户的兼业化

程度较高。

表4.3 　　　　　　　　　　　　农户基本特征

变量	分类标准	农户数（户）	占比（%）	变量	分类标准	农户数（户）	占比（%）
年龄	≤40	4	1.42	农业劳动力数量	<2	55	19.57
	40~50	74	26.33		2~3	212	75.44
	50~60	129	45.91		>3	14	4.98
	60~70	68	24.20	是否外出务工	否	158	56.23
	>70	6	2.14		是	123	43.77
受教育程度	小学及以下	85	30.25	非农就业收入占比	<10%	62	22.06
	初中	154	54.80		10%~50%	96	34.16
	高中及以上	42	14.95		>50%	123	43.78

4.2.3.2　土地特征

土地特征包含土地质量、地势、坡度、排水条件、灌溉条件等，采取农户自评的方式对土地特征进行优、中、差三级评分。表4.4列出稻虾田的土地特征相关变量的描述性统计，可以看出，调研地区稻虾田土地特征基本情况较好。土地质量较好的农户占30.6%，稻虾田地势较低洼的占29.54%，仅12.45%的稻虾田地势较高。就坡度而言，88.61%农户认为稻虾田坡度较为平缓，仅11.39%的农户认为稻虾田坡度高。从排水条件及灌溉条件这两个指标可以看出，超半数农户稻虾田排水与引水非常方便，说明稻虾田的排灌设施建设较为完备。除此之外，稻虾田土地形状较为规则，多为长方形（72.24%），正方形占20.28%，仅有7.47%的稻虾田形状不规则。由上述描述性统计可以看出，稻虾田土地特征基本情况较好，土地质量高、地势低洼、坡度较缓，且排灌系统较为完善。

表4.4 土地特征

指标	优		中		差	
	农户数（户）	占比（%）	农户数（户）	占比（%）	农户数（户）	占比（%）
土地质量	86	30.6	156	55.52	39	13.88
地势	83	29.54	163	58.01	35	12.45
坡度	121	43.06	128	45.55	32	11.39
排水条件	191	67.97	53	18.86	37	13.17
灌溉条件	187	66.55	58	20.64	36	12.81

4.2.4 土地细碎化现状

本节首先用地块数、户均面积、块均面积三个指标对调研区域土地细碎化现状进行描述性统计。之后统计了农业农村部、全国各省份作为行业和地方标准发布的稻虾复合种养技术规程，以明确稻虾复合种养的适宜面积。在此基础上，通过与调研地的采纳面积相比，得出调研地区土地细碎化程度较高的结论。

4.2.4.1 调研地区土地细碎化现状

实地调研时发现，稻虾复合种养农户由于土地块数分散，且各地块大小、质量不一，有些过小地块无法采用稻虾复合种养，因此农户多会选择在自家能够采用稻虾复合种养的地块上进行挖沟、养虾等措施，这就导致了调研当地农户往往有多块地，却只能在其中选择1~2块进行稻虾复合种养的情况，土地的细碎化阻碍了稻虾复合种养模式的采纳规模。

就地块数来看，调研地区农户最多拥有地块数29块，最少拥有1块地，均值为2.83块（见表4.5）。但农户并不能将水稻田全部转化为稻虾田，表3.4显示，稻虾田最多有11块，最少为1块，均值为1.69块。调研数据表明，43.42%的农户家里既有水稻单作田，也有稻虾田，水稻单作田没有转化为稻虾田的原因主要有地块太分散、土地面积不

220

足、排灌条件差等。

表 4. 5　　　　　　　　　调查区域土地细碎化现状

指标	分类	平均值	标准差	最小值	最大值
地块数（块）	稻虾	1.69	1.23	1	11
	总体	2.83	2.51	1	29
户均面积（亩）	稻虾	24.51	28.27	2	258
	总体	29	31.72	2.16	270
块均面积（亩）	稻虾	15.3	13.92	1.5	112.44
	总体	13.77	14.43	1.10	112.44

　　注："稻虾"是指调研农户家里稻虾田的情况，"总体"是指调研农户家里所有的水田情况，包含水稻单作田与稻虾复合种养田。

　　就户均面积而言，农户水田面积最大值为 270 亩，最小值为 2.16 亩，均值为 29 亩。稻虾田与其差距不大，均值为 24.51 亩。就块均面积而言，调研地农户水田块均面积最大值为 112.44 亩，最小值为 1.1 亩，均值为 13.77 亩。稻虾田块均面积最大值为 112.44 亩，最小值为 1.5 亩，均值为 15.3 亩。由此可以看出，稻虾田单块面积比水稻单作田大，这是由于稻虾田要进行稻田改造、开挖虾沟，因此对面积有一定的要求，面积过小改造为稻虾田则成本过高，成本收益率较低。

　　从稻虾的各项指标看，其块均面积均值为 15.3 亩，相较一般的水田而言，似乎细碎化程度不高。但稻虾复合种养模式作为一种新型生态复合种养模式，结合种植业与养殖业的双重特性，又因开挖虾沟、围网防逃等设施建设对面积有一定要求，因此其细碎化程度的衡量与水稻单作田不同。第 3 节通过对各省、市、县（区）发布的稻虾复合种养相关技术规程的归纳，明确稻虾复合种养的面积要求，从而与调研地区稻虾种养面积进行对比，分析细碎化情况。

4.2.4.2 稻虾复合种养的技术规范

近年来，随着稻虾复合种养模式发展迅速，农户种养面积大幅增加，农民在种养过程中出现土地不合理利用、重虾轻稻、沟坑占比过大等问题突出。在此情况下，潜江作为稻虾复合种养模式的发源地，由潜江市水产局起草的《潜江龙虾"虾稻共作"技术规程》于 2013 年 5 月经中国渔业协会专家组评审通过，后作为国家行业标准予以公布和实施，具有较强的权威性。《潜江龙虾"虾稻共作"技术规程》指出，稻虾共作沟宽 3 ~ 4 米，沟深 1 ~ 1.5 米，面积以 50 亩一单元为宜。农业农村部于 2017 年 9 月发布《稻渔综合种养技术规范》，规定了沟坑占比不超过 10% 的硬性指标，并鼓励规模化经营，集中连片或统一经营面积应不低于 66.7 公顷。其他省份、县区针对稻虾复合种养模式，也陆续发布了一系列技术规程。

根据江苏盱眙、江苏扬州、湖南、湖北荆门、江西、沈阳等地发布的技术规程，稻虾复合种养模式适宜面积集中在 30 ~ 50 亩一单元，这与稻虾复合种养模式的沟坑占比有关。按照农业农村部发布的《稻渔综合种养技术规范》中的要求，沟坑占比不超过 10%。农业农村部于 2019 年 4 月发布的《农业农村部办公厅关于规范稻渔综合种养产业发展的通知》中明确指出，稻虾复合种养发展过程中，要以"稳粮增收"为根本前提，以"不与人争粮，不与粮争地"为基本原则，确保沟坑占比不超过 10%，水稻亩产不低于 500 千克的硬性指标，对个别地区及稻虾经营者出现的片面追求经济效益而忽视社会效益所带来的"重虾轻稻"、虾沟占比过大等问题进行摸排整改，以确保粮食种植面积。吴雪等（2010）研究表明，在沟坑占比不超过 10% 的条件下，沟坑边际效应导致的水稻增产效应，可以弥补因沟坑面积而减少了的水稻产量，从而保障粮食安全。而虾沟的改造由于需要挖 4 米宽、1.5 米深的养殖沟，加之占比限制，这就导致稻虾田的面积不能过小。长江大学朱建强

教授做稻虾工程设计时，根据实地调研得出，在沟坑占比不超过 10%
的硬性条件下，稻虾田的适宜面积为 30～50 亩一单元。稻虾田面积小，
最容易产生的问题就是沟坑面积超标，导致水稻减产。根据本课题组成
员于 2019 年 10 月的调研，稻虾田平均沟坑占比 28.68%，其中块均面
积在适宜面积 30 亩以下的稻虾田沟坑占比 29.46%，30 亩及以上的稻
虾田沟坑占比 20.73%，均值差 8.73%，这一差异在 1% 的显著性水平
上显著（见表 4.6）。

表 4.6 稻虾田沟坑占比

块均稻虾面积	均值	30 亩以下	30 亩及以上	均值差
沟坑占比（%）	28.68	29.46	20.73	8.73***

注：沟坑占比指虾沟面积占稻虾田总面积的比例。

由此可以看出，稻虾田面积较小导致虾沟占比较大，从而减少水稻
播种面积，影响水稻产量，这也验证了本书分析框架中提出的：细碎化
导致区域农业产出损失，威胁粮食安全这一机制。

4.2.4.3 种养面积与技术规程差距的讨论

由前文各单位发布的稻虾复合种养技术规程，可以看出：稻虾复合
种养适宜面积为 30～50 亩一单元。而根据本课题组成员在荆州市及潜
江市的调研，发现当地稻虾复合种养模式的采用仍是以小农户为主，块
均稻虾面积均值为 15.3 亩，其中，块均稻虾面积在均值以下的农户有
191 户（占比 67.97%），块均稻虾面积在均值以上的农户有 90 户（占
比 32.03%）。分区间统计块均稻虾面积分布情况可知，块均稻虾面积
集中在 1～20 亩，其中面积位于 0～10 亩区间的农户数量与 10～20 亩
农户数量持平，合计占比为 80.07%，块均稻虾面积超 30 亩的农户占比
仅 7.83%，说明就块均稻虾面积而言，大部分农户面积均较小，远达

不到技术规程中的要求。分析户均稻虾面积可知，户均稻虾面积均值为
24.51 亩，其中，面积在均值以下的农户有 204 户，占比 72.6%，面积
在均值以上的农户有 77 户，占比 27.4%。分区间统计分布情况，户均
稻虾面积位于 10~20 亩的农户数量最多，占比 37.37%（见表 4.7），
其次是 0~10 亩，占比 24.56%，20~30 亩的农户占比为 20.28%，户
均稻虾田面积大于 30 亩的农户占比共为 17.79%。

表 4.7　　　　　　　　　户均稻虾面积及块均稻虾面积分布

面积区间（亩）	块均稻虾面积		户均稻虾面积	
	农户数（户）	占比（%）	农户数（户）	占比（%）
(0~10]	112	39.86	69	24.56
(10~20]	113	40.21	105	37.37
(20~30]	34	12.10	57	20.28
(30~40]	12	4.27	16	5.69
40+	10	3.56	34	12.10
合计	281	100.00	281	100.00

与前文各单位发布的技术规程对比发现，现阶段采纳稻虾复合种养
的小农户，块均稻虾面积不足 30 亩的占 92.17%，户均面积不足 30 亩
的占 82.21%，表明绝大部分小农户稻虾田面积过小，达不到稻虾复合
种养 30~50 亩一单元的面积要求。总体来看，与技术规程相比，调研
区域农户稻虾田块均面积小、块数多，土地细碎化程度较高。

4.2.5　实证分析

4.2.5.1　模型构建及变量选择

本章基于农户模型理论，采用如下双对数模型：

$$\ln(PC_i) = \alpha_{0i} + \alpha_{1i}\ln(lf_i) + \alpha_{2i}age + \alpha_{3i}edu + \alpha_{4i}vc + \alpha_{5i}\exp er + \alpha_{6i}snfi$$

$$+ \alpha_{7i}alabor + \alpha_{8i}rg + \alpha_{9i}train + \alpha_{10i}pro + \sum\beta_i lc + v_i \quad (4.1)$$

其中，PC_i 指稻虾复合种养农户的各项成本情况，包括总生产成本（TC_i）、生物化学型成本（BCC_i）、机械投入成本（MC_i）、劳动力成本（LC_i）及固定资产折旧（DC_i）。LF_i 指土地细碎化变量，用块均稻虾面积表示。控制变量主要包含农户个人特征、家庭特征、农业政策特征、土地特征及地区虚拟变量。α_i、β_i 为各变量的回归系数，v_i 为模型的随机扰动项，服从正态分布，即 $v_i \sim N(0，\sigma^2)$。各变量定义如下。

生产成本（PC）。本章选用亩均生产成本作为被解释变量。稻虾复合种养生产成本包括生物化学型成本、机械投入成本、劳动力成本及固定资产折旧四部分。其中，生物化学型成本包括种子费、化肥费、农药费、虾苗费、饲料费和渔用药物费用。稻虾共作生产成本构成（见表4.8）。为避免异方差，对所有成本变量取对数。

表4.8　　　　　　　　稻虾共作的生产成本构成

成本类型	亩均成本（元/亩）	标准差	占总成本比重（%）
生产成本	2 534.71	1 130.43	100
生物化学型成本	1 605.79	849.06	63.35
种子	59.65	41.44	2.35
化肥	89.5	35.28	3.53
农药	72.52	41.71	2.86
虾苗	888.97	750.49	35.07
饲料	407.12	264.43	16.06
渔用药物	88.03	89.28	3.47
劳动力成本	596.75	512.77	23.54
机械投入成本	158.33	70.71	6.25
固定资产折旧	173.84	134.98	6.86

注：1 亩按标准亩（667m²）计算；渔用药物包括抗菌类及杀虫类药物。

土地细碎化特征（lf）。本章参考洛加等（Looga et al.，2018），选用块均稻虾面积作为土地细碎化变量，对其取对数。

农户个人特征，包括年龄（age）、受教育程度（edu）、是否是村干部（vc）及种养经验（exper）。

家庭特征主要包含非农收入占比（snfi）、农业劳动力数量（alabor）两个指标。

农业政策变量主要包括稻虾技术培训（train）及稻虾政策推广（pro）两个指标。

土地特征（lc）主要包括土地质量（quality）、地势（terrain）、坡度（gra）。

此外，本章选取市级地区虚拟变量（rg），即荆州市与潜江市的对比。潜江作为稻虾复合种养的发源地，对于稻虾复合种养模式的技术要点了解更为清楚，行业内最具权威性的《潜江龙虾"虾稻共作"技术规程》即由潜江市水产局起草，因此预计潜江市稻虾复合种养农户更善于稻虾的经营管理，从而生产成本较低。

块均稻虾面积为 15.3 亩，且变异较大，最小值为 1.5 亩，最大值为 112.44 亩。表 4.9 显示了细碎化程度与稻虾共作生产成本的关系。细碎化程度以稻虾块均面积均值为分界，块均稻虾面积 15.3 亩以下则认为细碎化程度高，15.3 亩及以上认为细碎化程度低。由表 4.9 可以看出，细碎化程度与稻虾共作生产成本呈明显的正相关关系，随着细碎化程度的增强，生产成本由 2 271 元/亩增至 2 659 元/亩，均值差388.57 元/亩，且在 1% 的显著性水平上显著。

细分各生产成本可知，随着土地细碎化程度由低到高，生物化学型成本由 1 464.34 元/亩增至 1 672.45 元/亩，均值差 208.11 元/亩，在10% 的显著性水平上显著。分析其各项构成可知，细碎化程度不同带来的虾苗投入有明显差异，差距为 182.99 元/亩，细碎化程度较高的农户其虾苗投入成本较高，可能的原因是农户块均稻虾面积较小时，为追求高额经济收益，一般会投放较多虾苗，导致龙虾养殖密度较大。而较大的养殖密度会影响小龙虾的生长，小龙虾间互相残杀，容易导致虾苗机械损伤，增加了小龙虾的死亡率，农户便需要补投新的虾苗，从而增加了虾苗的投入。而规模化的稻虾复合种养田较少存在投放过量虾苗等问题，因此相较而言虾苗投入较少。就劳动力成本而言，其与总成本一致，与细碎化程度呈明显的正相关关系。

表 4.9 细碎化与成本的相关性分析 单位：元/亩

成本类型	细碎化程度高	细碎化程度低	均值差
生产成本	2 659.16	2 270.59	388.57***
生物化学型成本	1 672.45	1 464.34	208.11*
种子	58.97	61.09	−2.12
化肥	91.53	85.20	6.33
农药	70.73	76.31	−5.58
虾苗	947.58	764.59	182.99*
饲料	421.16	377.33	43.84
渔用药物	82.48	99.81	−17.33
劳动力成本	645.43	493.45	151.98**
机械投入成本	151.49	172.85	−21.36**
固定资产折旧	189.80	139.96	49.84***

注：***、**、*分别表示 1%、5% 和 10% 的显著性水平。

随着细碎化程度的增强，劳动力成本逐渐增加，由 493.45 元/亩增至 645.43 元/亩，差距较大。这是由于小农户可能不计个人劳动时间成本，更加倾向于精耕细作，导致劳动投入时间较多。与之相反，机械成本表现为细碎化程度较高时，其成本较低，细碎化程度较低时，其成本反而升高，这一差异在 5% 的显著性水平上显著。可能是由于细碎化程度较高时，地块狭小不利于机械操作，农户可能会因此放弃机械投入，表现为机械成本较低。

随着地块面积的增大，机械代替劳动，因此机械成本增加而劳动力成本下降，反映了机械对劳动的良性替代。就固定资产折旧而言，随着细碎化程度的降低，固定资产折旧费用由 189.8 元/亩降至 139.96 元/亩，且这一差异在 1% 的显著性水平上显著，因此细碎化程度的降低使固定资产得以在更大面积上分摊。

利用 281 户湖北省荆州市及潜江市稻虾复合种养农户的调研数据，采用 Stata11.0 对细碎化影响稻虾复合种养农户生产成本的模型进行分析，结果发现，块均稻虾面积对稻虾复合种养农户生产成本有显著的负向影响，块均稻虾面积每增加 10%，带来生产成本 1.56% 的下降。块均稻虾面积的增加意味着细碎化程度的下降，带来生产成本的减少。这验证了本章的分析框架，即细碎化可能通过增加劳动往返时间、阻碍机械使用、固定成本难以分摊等原因，增加了稻虾复合种养农户的生产成本。

4.2.5.2 细碎化对各单项生产成本的影响

上述分析表明，细碎化对亩均稻虾生产成本具有显著正向影响。根据分析框架，细碎化对稻虾复合种养生产过程中的田间改造阶段、田间管理阶段及收虾阶段均有影响，且对每一阶段的影响最终体现在农户劳动力投入、机械投入、流动资本投入、固定资本投入等的投入差异上。

表 4.10 列出了细碎化对各类成本影响的回归结果。F 值显示，拒绝所有变量不能有效解释生产成本函数之间差异的原假设（除机械投入成本模型外，其余模型均在 1% 的显著性水平上显著，机械投入成本模型在 10% 的显著性水平上显著）。R^2 表明模型的拟合优度较好。

228

表 4. 10　　　　　　　　土地细碎化对各单项生产成本的影响

变量名称	生物化学型成本	机械投入成本	劳动力成本	固定资产折旧
Ln （块均稻虾面积）	-0.138^{***} (0.111)	0.073^{*} (0.087)	-0.241^{***} (0.139)	-0.251^{***} (0.133)
常数项	8.006^{***} (0.376)	4.890^{***} (0.295)	6.398^{***} (0.472)	5.712^{***} (0.453)
观测值	281	281	281	281
R – squared	0.264	0.088	0.188	0.22
F 值	5.927	1.588	3.808	4.661
Prob > F	0.000	0.072	0.000	0.000

注： $*p<0.1$ ， $***p<0.01$ ，括号内数值为系数标准误。

块均稻虾面积对生物化学型成本的影响为负，说明块均稻虾面积每增加 10%，带来生物化学型成本 1.38% 的下降，这可能是由于随着地块面积的增大，小龙虾养殖密度更为合理，且由于地块规模经济的存在，能够分摊运输成本，从而降低生物化学型资本的投入。对于稻虾复合种养来说，生物化学型成本占比较高的为虾苗和饲料，随着块均稻虾面积的增大，农户稻虾复合种养田养殖小龙虾的密度逐渐由过度转向合理，小农户虾苗投入高导致小龙虾恶性竞争、死亡等问题有所减轻，因此虾苗投入有所降低。且块均稻虾面积的增大使得农户能够充分分摊每天运送玉米、大豆及专用饲料的运输成本，因此块均面积的对生物化学型资本投入有负向影响。对机械投入成本而言，块均稻虾面积每增大 10%，导致机械投入成本增加 0.73%。这可能是由于土地细碎化对农户购买农机作业服务产生了一定的约束作用，农户在购买农机作业服务时，可能会发生小地块付费更高的现象，同时为此与农机手讨价还价还产生了一定的交易费用，农户可能会因此放弃购买农机作业服务，因此土地细碎化带来农机投入成本的下降。根据课题组调研，农户反映说自家稻虾田面积太小，虾沟太大，而且田里一直有水，农机进入时会陷车，很麻烦，因此放弃水稻收割。

由此可以看出，稻虾田面积较小阻碍了农户对于机械作业的投入，从而导致农机投入成本较低。稻虾田面积较大时，农户可能更愿意克服困难、购买农机服务来进行水稻收割，因此块均面积对于机械投入成本有正向影响。

对于劳动力成本而言，块均稻虾面积的增大带来劳动力投入的减少，块均稻虾面积每增加10%，导致劳动力成本下降2.41%。结合块均稻虾面积对机械投入的影响，我们可以发现：稻虾块均面积的扩大有利于实现机械对劳动的替代。同时，在劳动力成本不断攀升的情况下，机械相对价格较低，因此机械替代劳动带来总成本的下降。由此我们可以得出结论，块均稻虾面积的增大有利于实现机械对劳动的低成本替代，从而降低总生产成本。

对固定资产折旧而言，块均稻虾面积每增加10%，带来固定资产折旧费用降低2.51%。固定资产主要指挖沟费用、投食船以及围网等固定资产投资成本，而这些固定资产的起步成本非常高，地块越大，单位面积分摊的成本越低。因此，块均稻虾面积的增大有利于固定资产折旧费用的分摊，从而降低总生产成本。

结合上述对生物化学型成本、劳动力成本、机械投入成本及固定资产折旧费用的分析，我们可以发现，块均稻虾面积对生物化学型成本、劳动力成本及固定资产折旧有负向影响，且影响较大，弹性分别为 -0.138、-0.241 和 -0.251，对机械投入成本有正向影响（0.073）。而块均稻虾面积的增大意味着土地细碎化程度的降低。因此，我们可以得出结论，土地细碎化通过使农户增大虾苗、饲料等生物化学型投入成本、难以分摊固定资产折旧以及不利于机械对劳动的低成本替代，从而导致生产成本的增加。

4.2.5.3　内生性讨论

为克服由于模型设置不当等原因导致估计结果存在偏差等内生性问

题，本节讨论了模型设定中可能存在的两类内生性问题：一是遗漏变量偏误，二是土地细碎化程度与稻虾复合种养农户生产成本之间的双向因果关系。变量遗漏偏差：对于同一个村，有些农户由于能力强、与村干部关系好等原因获得了面积较大的地块，他们的生产成本低可能由于农户的个人禀赋而不是地块面积所致（吕挺等，2014）。此外，农户生产成本低也有可能是因为土壤质量好而不是地块面积大之故。本节将农户个人禀赋和土地质量等既与土地细碎化相关也与农业生产经营成本相关的变量纳入模型，并囊括了户主个人特征、家庭特征、农业政策、地区虚拟变量及土地特征变量，因而可以忽略遗漏变量问题。

土地细碎化程度与稻虾复合种养农户生产成本之间的双向因果关系：导致土地细碎化的因素主要有自然地理因素、土地分配制度及市场因素等。农户参与土地市场，会改变其土地细碎化状况。一方面农户通过土地流转扩大耕地规模，减轻了耕地细碎化，进而影响了农业经营成本；另一方面农户为了降低稻虾田改造成本可以通过流转土地增减农地规模，进而改变土地细碎化程度。土地流转市场的存在，使土地细碎化与农业经营成本之间存在互为因果关系，导致了估计系数偏误（Niroula and Thapa，2005；Rahman and Rahman，2009；Demetriou et al.，2013；Yucer et al.，2016）。此时，对于未参与土地流转市场的农户而言，其细碎化程度是外生的。因此，本节参考德宁格尔（Deininger，2017）、王亚辉等（2019）的做法，仅选取了未参与土地流转的稻虾复合种养农户，共计154户，分析土地细碎化对其生产成本的影响，并与总样本下的回归结果进行对比。

结果显示，进行内生性处理后，细碎化仍然对稻虾复合种养农户生产成本产生正向影响，在1%的显著性水平上显著，且剔除参与土地流转的农户后，细碎化对稻虾复合种养农户生产成本的影响系数有所上升，即块均稻虾面积的10%增大带来农户生产成本的减少程度由

1.56%升至1.61%。分析细碎化对单项成本的影响可知，进行内生性处理后，各变量系数正负与全样本结论一致，但机械投入成本的系数不再显著，可能是由于未参与土地流转市场的农户其本身土地面积较小，因此，块均面积的增加虽带来农户购买机械作业服务的程度提升，但该影响并不明显。考虑到全部样本农户后，大地块与小地块在机械作业服务上的区别才得以体现。

4.2.5.4 细碎化对不同规模稻虾农户生产成本的影响

德宁格尔（Deininger，2017）探究了细碎化对印度农场生产成本的影响，认为大规模农户较少受到机械化的制约，因此相较于小规模农户，大规模农户受到细碎化的影响较小。为了验证这种影响，我们从农户层面出发，以户均稻虾面积均值区分小规模农户（户均稻虾面积≤24.5亩）和大规模农户（户均稻虾面积＞24.5亩），分析细碎化对这两种不同规模农户生产成本的影响。

总成本的回归结果显示，块均稻虾面积对小规模及大规模农户的生产成本均有影响，但程度不同，块均稻虾面积每增加10%，带来小规模农户生产成本减少1.68%。而大规模农户生产成本减少1.6%，表明土地细碎化对稻虾复合种养小规模农户生产成本的影响更大，细碎化程度的降低能够更大幅度地降低小农户的生产成本。细分各单项成本可知，就生物化学型成本而言，随着块均稻虾面积的增加，小规模及大规模农户生物化学型成本均有所下降，且大规模农户成本下降比例大于小规模农户。可能的原因是对于大规模农户来说，块均稻虾面积的增大更有利于其充分分摊玉米、饲料等的运输成本，而这一效应对小农户的影响有限。

就机械投入成本而言，小规模农户其块均稻虾面积的增加提高了其机械投入成本，块均稻虾面积每增加10%，小规模农户机械投入成本增加1.24%，这一结果在5%的显著性水平上显著，而大规模农户块均稻虾面积的增加对机械投入成本也有正向影响，但影响不显著。这一发现也印证了前文细碎化不利于机械投入的结论。农户地块规模较小时，可能难以使用农机，因此，选择劳动力替代或者不进行水稻收割等田间管理操作，随着地块面积的增加，农户开始购买农机作业服务，带来机械投入成本的增加。对于大规模农户而言，块均面积过小带来的机械化制约效应不存在，因此块均面积与机械投入成本之间的关系并不显著。横向对比可以发现，块均稻虾面积对机械投入成本系数由 0.124 降为 0.01，表明随着地块规模的增加，机械使用障碍可能会消失，这一结论与德宁格尔（Deininger，2017）对印度农场生产成本的分析结论一致。

分析劳动力成本可知，块均稻虾面积每增加 10%，带来小规模稻虾复合种养农户劳动力成本下降 3.02%，这一结果在 1% 的显著性水平上显著，而块均稻虾面积的增加对大规模农户劳动力成本的影响为正，但不显著，表明稻虾田地块面积的增大降低了小农户的劳动力投入成本，增加了大规模农户的劳动力成本。因为对于小规模农户而言，随着块均面积的增大，其开始采用农机作业服务以代替劳动投入，带来机械成本份额的增加及劳动力投入份额的减少，促进机械对劳动的低成本替代。对于大规模农户而言，并不存在细碎化对机械的制约效应，且大规模农户由于监管等原因，可能存在为了保障水稻种植以及虾的生长而对雇工支付更高的效率工资等情况，因而增加了劳动力成本。

对固定资产折旧而言，挖沟、投食船、围网等费用分摊在小规模农户模型中体现较为明显，系数为 -0.246，且在 1% 的显著性水平上显著。对于大规模农户来说，块均稻虾面积的增加对固定资产折旧费用的影响不显著。可能的原因是对于大规模农户来说，挖沟时有规划权，已经根据其地块规模更好地规划了"日"字型、"回"字型等虾沟的田间设计，投食船、围网等费用也得到了充分分摊，此时地块面积的增加对其成本的减少作用则十分有限。

综上所述，细碎化对小规模稻虾复合种养农户生产成本有显著的正向影响，其阻碍了机械作业服务的使用，不利于机械对劳动力的低成本替代从而增加了总生产成本。而大规模农户较少受到机械化制约，机械与劳动的替代作用难以体现，细碎化程度的增加仅对生物化学型成本有一定影响，因此细碎化对大规模农户生产成本总的影响较小。

4.3　耕地细碎化对稻虾共作经济效率的影响

4.3.1　细碎化对稻虾共作农户经济效率影响的文献综述

这里的耕地细碎化包括土地面积、土地面积的平方、地块数等。已有研究对土地经营规模与农业生产技术效率之间的关系没有形成一致的结论。

第一种观点认为，土地经营规模与农业生产技术效率呈正向变动的趋势，即农业生产技术效率随着土地经营规模的扩大而不断提高，土地细碎化对农业生产的技术效率存在显著的负向影响。沈雪等（2017）以湖北省的水稻种植户为研究对象，研究表明：水稻生产技术效率与农户经营规模呈正向变动趋势，在消除引起效率损失的因素后，农户总体的技术效率仍有30%左右的提升空间。魏娟等（2017）对山东、陕西两省的苹果种植户进行分析表明，种植面积对农户的技术效率有显著的正向影响。拉赫曼和拉赫曼（Rahman and Rahman，2009）对孟加拉国稻农的研究表明，水稻产量和技术效率随着土地细碎化程度的加深而显著下降，土地细碎化每增加1%，水稻产量和农户的技术效率分别下降0.05个百分点和0.03个百分点。黄祖辉等

（2014）对江西省水稻种植农户的研究表明，土地细碎化程度越高，农户的技术效率越低。

第二种观点则认为，土地经营规模与农业生产技术效率呈负向变动的趋势，即农业生产技术效率随着土地经营规模的扩大而下降。贾小玲等（2017）对 12 个省份大麦种植农户的分析，黄晨鸣和朱臻（2018）对黑龙江、浙江、四川三省的种粮农户的分析，以及毛双和刘鹏凌（2018）对河南小麦种植的小农户的分析，均得出了上述结论。

第三种观点认为，土地经营规模与生产技术效率之间呈倒"U"型关系（许海平，2012；刘七军和李昭楠，2012；周曙东等，2013），即农业经营规模的过度扩大会引起农业生产技术效率的下降。有学者认为，土地经营规模与技术效率之间的关系取决于经营主体的类型，刘德娟（2018）的研究表明，家庭农场的技术效率与土地规模之间呈现倒"U"型趋势，而传统小农户则呈现出"U"型分布。

还有一种观点认为，土地经营规模对生产技术效率没有显著的影响。巴尼克（Banik，1994）对孟加拉国中部地区 99 个现代 Boro 水稻农户的研究表明，农场面积和农场所有期限对技术效率没有影响。李谷成等（2009）对湖北省农户的研究表明，大农户、小农户在全面组合配置资源的综合效率和采用前沿技术以达到最大潜在可能产出的技术效率方面并不存在显著差别，技术效率与耕地规模无关。

土地经营规模与农业生产的配置效率、成本效率之间的关系在为数不多的关注中得到了重视。但是，已有研究对此并没有形成一致的结论。一种观点认为，土地经营规模与配置效率、成本效率呈正向变动的趋势。库布哈克等（Kumbhakar et al.，1989）对犹他州奶牛场的研究表明，中等规模、大规模的农场在技术效率、分配效率和规模效率上均优于小规模农场。另一种观点认为，土地经营规模对配置效率、成本效率有显著的负向影响。刘强等（2017）对水稻种植农户的调查数据分析表明，稻农的成本效率和配置效率随着土地规模的增加均呈下降趋势，但技术效率却呈上升趋势。这可能是因为，随着经营规模扩大，农户面临着较高的管理成本，要素配置效率也相对较低（Lin，1992），相反，经营规模较大的农户对新技术等的采纳、应用要优于规模较小的农户，产出能力较强，技术效率较高（Fan and Chan - Kang，2005）。还有一种观点认为，土地经营规模对配置效率、成本效率没有显著的影响。李谷成等（2009）对 1999～2003 年湖北农户数据的研究表明，大、小农户在全面组合配置资源的综合效率和采用前沿技术以达到最大潜在可能产出的技术效率方面并不存在显著差别，它们是与耕地规模无关的。

4.3.2 数据来源与分布

研究数据通过实地调研的方式获取，在数据收集过程中综合运用了参与式、质性以及量化的方法，分三次获取。2017 年 5 月，在潜江市后湖农场关庙分场三分场进行了预调研，调研过程中深度访问了 5 户稻虾、3 户稻单、2 家合作社、3 家公司，并与华中农业大学在三分场的产学研基地的研究生们进行交流学习。

预调研的主要目的是了解潜江稻虾种养的基本情况，进一步修改问卷中不合理的地方，使问卷问题符合实际并易于回答。预调研结束后，我们去掉了问卷设计中不合理的几个问题，增加了缺失的问题，问卷初稿基于预调研的经验进行了提高和完善，使受访者的理解能力、调查员的水平以及问题相匹配，最终稻虾问卷主要涉及土地使用情况、生产实践、生产成本和收益、进行稻虾共作的限制因素和社会、生态收益几个方面，完成一份问卷大约需要 1 个小时。

2018 年 6 月在荆州市再次进行调研，本次调研与长江大学的专家学者、市农业部技术培训中心和市气象局的工作人员以及当地的技术专家进行了深度的交流学习，并在松滋市、公安县以及沙市区进行了农户调研。本次调研进一步完善了自己的研究构想，并对问卷进行了合理调整。

2018 年 8 月第三次组织到湖北省进行大规模调研，将潜江市、荆州市作为主要调研地点，抽样遵循随机抽样的原则，获得共 9 个乡镇、23 个村庄的 309 份数据，其中稻虾共作农户 227 份，水稻单作农户 82 份。剔除关键变量缺失的样本，最终有效问卷 272 份。因目前湖北省荆州、潜江两地稻虾共作的普及率较高，样本中稻虾技术的农户占比相应高一些（稻虾共作样本占总样本的 69.9%、水稻单作占 30.1%），各乡镇稻虾共作和水稻单作农户的占比取决于其实际情况，样本具体分布情况（见表 4.11）。

表 4.11　　　稻虾共作和水稻单作的样本数量及分布

县/市		乡/镇	村庄数（个）	共作农户数（户）	单作农户数（户）
荆州市	荆州区	马山镇	1	4	15
		太湖港农场	1	16	3
	沙市区	岑河镇	3	25	21
		观音垱镇	3	9	27
	江陵县	普济镇	1	2	1
	石首市	横沟市镇	4	12	2
潜江市		浩口镇	5	51	10
		积玉口镇	2	34	2
		运粮湖农场	3	37	1
合计			23	190	82

资料来源：根据调研数据整理。

另外，调研过程中我们对一些合作社、公司的领导人，政府相关部门的工作人员等关键信息拥有者进行深度访谈，深入了解稻虾技术的发展历程、具体的推广实践，政府的扶持措施以及他们对不同经营主体未来发展潜力的看法等，并对他们提供的信息进行交叉比对，对信息出现矛盾进行进一步的调查评估。

4.3.3 投入产出指标构建

效率表现为通过一定数量的各类生产要素投入（包括土地、劳动力、资金等）所能实现的产出，通常用产出与投入的比值来衡量。根据对稻虾共作的概念界定可知，稻虾共作中的生产投入有水稻种子、肥料、虾苗、饲料、劳动力、农药、机械、土地。水稻单作的投入不包括虾苗和饲料。农户在进行稻虾共作的生产经营时，水稻种子和化肥主要是为了产出水稻，虾苗和饲料主要是为了产出小龙虾，而在生产过程中投入的劳动力、农药、机械、土地同时用于产出水稻和小龙虾两种产品，无法将这些生产要素投入完全划分到某一种产品的生产中。因此，将水稻种子、化肥、虾苗、饲料作为专用投入，劳动力、农药、机械、土地作为共用投入。由于农户在实践中，有多次施肥、多次投食、多次投食、多次使用机械和农药等的需求，我们在计算各要素投入成本时采用的方法是：将多次使用同一生产要素的费用求和，或者将多次使用的同一种生产要素数量和价格的乘积求和。上述投入要素均以亩均成本作为投入指标。

稻虾共作中的产出指标由水稻的产值和小龙虾的产值来衡量，小龙虾产值根据问卷中虾苗的产量和价格以及成虾的产量和价格计算得到，水稻的产值由水稻的产量和价格计算得到。2017 年，被调研农户的亩均稻虾共作和水稻单作成本和收益情况见表 4.12。其中，水稻单作中，小龙虾的产值为 0。

表 4.12　　　　　　农户 2017 年的亩均成本收益情况　　　单位：元/亩·年

项目	稻虾共作	水稻单作	t 检验
可变成本			
种子	142.6	151.8	0.620
肥料	158.0	168.3	1.315
虾苗	852.1	—	−14.56***
饲料	416.1	—	−13.01***
劳动力	773.8	182.1	−11.73***
农药	460.6	282.1	−2.56**
机械	250.3	118.7	−6.83***
总可变成本	3 053.6	903.0	—
固定成本			
土地租金	407.3	406.7	−0.0275
总固定成本	407.3	406.7	—
总成本	3 460.9	1 309.7	—
总收益			
稻谷	1 840	1 695.8	−2.14
小龙虾	5 288	—	−21.10***
总收益	7 129	1 695.8	—
净收益	3 668	386.1	—

注：（1）***$p < 0.01$，**$p < 0.05$；（2）劳动力的单位价格按照各村劳动力的市场价格计；（3）土地单位面积（标准亩：667 平方米）的价格按照各村土地的市场价格计。

4.3.4　实证分析结果

本章采用非同质 DEA 模型分析耕地细碎化对稻虾共作和水稻单作

户的经济效率的影响。该模型借鉴了周等（Zhou et al.，2019）提出的
DEA 模型，适用于投入产出不完全相同的决策单元的效率测算。模型
的具体形式参看王晓飞和谭淑豪（2020）。用于模型估计的耕地细碎化
指标的描述性统计（见表 4.13）。采用 Stata14.0 软件，对模型采用极
大似然估计，结果如表 4.14 所示。

表 4.13 耕地细碎化指标的描述性统计

变量名称	均值	标准差	最小值	最大值
农户土地经营规模（亩）	24.0	25.1	1.00	171
土地块数（块）	2.76	2.67	1.00	25.0

资料来源：根据调研数据计算。

表 4.14 耕地细碎化对效率损失影响模型的回归结果

变量	系数
农户土地经营规模	-0.001*** (0.000)
农户土地经营规模的平方	0.000** (0.000)
地块数	0.004*** (0.001)
常数	0.730*** (0.123)
sigma	0.199*** (0.004)
样本数	268

注：其他变量的结果详见王晓飞和谭淑豪（2020）。*** $p<0.01$，** $p<0.05$。

耕地细碎化指标中，土地规模对经济效率存在显著的正向影响，土

地规模的平方对经济效率则存在显著的负向影响，说明农户的经济效率随着土地规模的增加呈现出先升后降的倒 "U" 型趋势，这与许海平（2012）、刘七军和李昭楠（2012）以及周曙东等（2013）的结论具有一致性。地块数对经济效率存在显著的负向影响，说明随着细碎化程度的加剧，农户的经济效率下降，这与拉赫曼和拉赫曼（2009），黄祖辉等（2014）的研究结论具有一致性。

结合实地调研，我们认为因为调研的农户中小农户占多数，农户的土地从较小的规模逐渐增大时，由于机械等的使用，带来了效率的提高。土地块数在一定程度上反映了土地细碎化的程度，土地越细碎，越不利于农户的生产经营活动，从而引起效率损失。当土地规模扩大到一定的程度后，由于需要雇佣劳动力等原因，引起管理、监督等成本上升，从而降低农户的经济效率。

4.4　耕地细碎化对稻虾共作环境效率的影响

4.4.1　稻田综合种养的功能和面临的挑战

目前，我国稻田综合种养经济功能得到较好发挥，成为增产增收的重要途径。稻田综合种养和传统水稻单作的经济收益差异较大，前者亩均纯收益比后者（不足 200 元）增加了 90% 以上，实现了跨越式的增长。同时，稻田综合种养平均减少了 50% 以上化肥的使用量，二氧化碳和甲烷排放也分别降低了 7.3%～27.2% 和 5.9%～12.5%，有效减少了温室气体的排放。对稻田综合种养生态农业模式相关文献的总结发现，稻虾共作主要会对土壤、水和空气产生影响（见表 4.15）。本节基于农业面源污染和碳排放的视角，主要关注稻虾共作对水体环境和温室气体的影响。

表 4. 15　　　　　　　稻虾共作生态效益衡量指标

项目	稻虾共作生态效益衡量体系
土壤	土壤肥力
	病虫害
	杂草种类和数量
水	水体环境（富营养化）
	水资源消耗
	水体生物多样性
空气	温室气体降低率

稻虾共作具有"龙虾除草、虾粪肥田"的效果（奚业文等，2016），能够减少化肥的施用量。同时，小龙虾以秸秆和水稻病虫等为食，减少了饲料投入，还能防治病虫害。此外，由于小龙虾对于农药极为敏感，稻虾共作要求采用无公害的生物农药，减少和避免化学农药的使用（常先苗，2008）。可见稻虾共作不仅有利于水稻和小龙虾产品的安全性，而且能够有效减少农业污染，保护生态环境。由于稻虾共作中使用的药物成分复杂，且多为无机物，不会产生氮磷污染，本节主要关注稻虾共作过程中化肥的溢出污染，在后文的分析中也是如此。

尽管我国稻田综合种养已经取得了一定成就，但在其发展过程中仍面临诸多问题和挑战。相较于传统的水稻单作模式，稻田综合种养通过对于耕地的多样化综合利用，联结种植和养殖。这意味着其在经营规模、技术掌握、品种开发乃至服务提供等方面都有着新要求和新标准，对其发展提出了更高的要求。

首先，目前我国的稻田综合种养仍然主要以小农户自家经营为主，经营规模相差大且较为分散，而具有龙头带动效应的新型经营主体严重匮乏，整体发展状况远远达不到标准化的要求。2017 年，全国约 15% 的种养户经营规模不足 10 亩，而超过 500 亩有 20%，10 亩以上、100 亩以下的约有 1/3。这种分散的状况不利于相应服务和设施的集中提供。此外，稻田综合种养需要进行田间改造，这就使经营过于分散的农户需要开挖多处沟渠，超出池塘标准面积的风险加剧，最终可能会导致"重渔轻稻"现象的出现。

其次，稻田综合种养对于农户所掌握的农业技术提出了新要求。原本稻农只需要掌握水稻种植的相关技术，渔业养殖户只需要掌握养殖的技巧，而种养户不仅需要同时掌握这两种技术，还必须要根据自身所采用的"水稻＋"模式和具体生产情况进行相应调整。尽管基层农技站以及一些农资公司会开展相应种养培训活动，但总体而言我国职业种养户群体尚未崭露头角，绝大多数种养户都是"摸着石头过河"，常常出现"种水稻的不懂养殖，会养殖的不会种水稻"，导致生产管理粗放（黄钻华等，2018）。

最后，尽管稻田综合种养模式不断向多样化发展，但主要体现在养殖品种的不同，水稻品种仍然较为单调。优质水稻品种的缺位迫使稻田综合种养中仍以传统品类为主；而绿色稻谷又尚未构建起完善的销售渠道与平台，导致目前稻田综合种养主要靠水产品获利，稻谷发展后继乏力，部分地区出现"重渔轻稻"，不利于稳定粮食生产和稻田综合种养的长期发展。

4.4.2　数据来源和分布

本节表征耕地细碎化的指标为农户的土地经营规模，测算稻虾共作户环境效率所用数据为课题组 2018 年 8 月在湖北省潜江和荆州进行实地随机抽样入户调查所得，包括 2017 年稻虾共作户投入产出问卷 229 份，根据测算需要，剔除重要指标缺失的样本后最终得到有效问卷 199 份，问卷有效率为 86.89%。

稻虾共作需要在养殖小龙虾前进行田间改造、开挖虾沟，对于地块规模有更高要求。目前我国的稻田综合种养主要以小农户自家经营为主，经营规模相差大。根据稻虾共作的实际特点和样本分布情况，本文将稻虾共作农户按照不同的规模划分为小规模（10 亩以下）、中等规模（10~30 亩）和大规模组（30 亩以上）。不同规模组规模范围及样本分布情况（见表 4.16）。

表 4.16 不同规模组样本分布情况

项目	小规模	中等规模	大规模
规模范围（亩）	(0, 10]	(10, 30]	(30, 180]
户数（户）	60	80	59

资料来源：根据实地调研数据整理。

4.4.3 投入产出指标构建

4.4.3.1 技术效率指标

在测算不考虑环境因素的技术效率时，需要选取代表性的生产投入和产出指标。本节参考已有研究并结合稻虾共作的生产特征，对稻虾共作的生产投入、期望产出代表性指标选取如下。

投入指标包括：（1）劳动投入，指稻虾共作过程中所投入的自家劳动和雇佣劳动之和，单位为工日/亩。（2）机械投入，指稻虾共作过程中的机械投入费用，单位为元/亩。（3）苗种投入，指小龙虾虾苗与水稻种子投入费用，单位为元/亩。（4）肥料投入，指复合肥、氮肥、磷肥、钾肥的投入量，单位为元/亩。（5）饲料投入，指小龙虾饲料投入费用，单位为元/亩。（6）药物投入，指水稻农药和小龙虾病害防治费用，单位为元/亩。

期望产出指标为稻虾共作农户亩均水稻和小龙虾收入，单位为元/亩。

4.4.3.2　环境效率指标

测算环境效率时，除考虑生产投入与期望产出外，还需要考虑非期望产出，即农业污染，根据前文的分析，本节主要关注稻虾共作过程中化肥的溢出污染。投入指标和期望产出指标的数据均可通过问卷调查直接获得，非期望产出需要根据计算得出。如表4.17非期望产出衡量方法所示，面源污染包括总氮和总磷常用物质平衡法或单元调查法来计算；碳排放量一般根据各碳源量和碳排放系数计算。

表4.17　　　　　　　　　　非期望产出衡量方法

非期望产出	计算方法	参考文献
面源污染	物质平衡法	张屹山和崔晓，2014；邢丽荣和徐翔，2016
	单元调查法	赖斯芸，2004；史常亮，2016；宋大平，2018
碳排放	排放量×排放系数	李波等，2011；田伟，2014；朱宁，2018

本节主要关注稻虾共作过程中化肥的污染，包括面源污染物（氮、磷排放量）和碳排放量。根据单元调查法计算稻虾共作过程中产生的面源污染量（TN，TP），并参考李波等（2011）的碳排放测算方法计算碳排放量。参考已有研究（赖斯芸，2004；史常亮，2016；宋大平，2018），本节通过单元调查法测算稻虾共作的面源污染量。具体过程如图4.7所示。

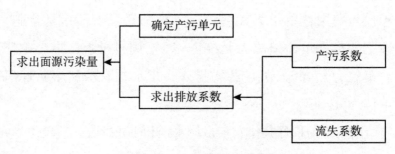

图4.7　单元调查法流程

本节以每个稻虾共作户为一个单元来计算其在农业生产中由于化肥施用造成的面源污染排污量，计算方法如图4.7所示。由于钾肥并不直接造成面源污染，本节以氮肥、磷肥和复合肥为产污单元。产污系数根据化肥折纯的化学成分来衡量，氮肥的TN产污系数为1，磷肥的TP产污系数为1，复合肥的TN、TP产污系数分别为0.33和0.15。参考赖斯芸（2004）的研究，确定湖北省的氮肥、磷肥流失率分别为20%和7%。

$$E_m = \sum E_{ij} = \sum C_{ij} \times \mu_{ij} = \sum T_i \times \rho_{ij} \times \mu_{ij} \qquad (4.2)$$

其中，E_m为化肥面源污染物总排放量，E_{ij}为单元i的第j种污染物排放量，C_{ij}为单元i的第j种污染物量产生量，T_i为单元i指标统计数，ρ_{ij}和μ_{ij}分别为产污系数和化肥流失率。

参考李波等（2011）的方法，按公式（4.2）计算化肥碳排放量：

$$C_i = F_i \times \xi \qquad (4.3)$$

其中，C_i表示第i个农户生产过程中的化肥碳排放量，F_i为化肥使用量，ξ为化肥碳排放系数。本节基于美国橡树岭国家实验室的计算方法，认为化肥的碳排放量为0.8956kg/kg。

4.4.3.3　稻虾共作户投入—产出变量的描述性统计分析

被调研农户环境效率的投入—产出指标说明（见表4.18）。在测算环境效率前，首先对2017年湖北省稻虾共作农户的投入、产出数据进

行描述性统计分析，体现整体特征。表 4.19 是 2017 年湖北省稻虾共作
农户投入变量的描述性统计分析。由表 4.19 可以看出，稻虾共作过程
中，农户平均每亩投入劳动 6.65 个标准工日，每亩机械费用投入为
192.71 元，苗种投入为 841.65 元，肥料投入 129.93 元，饲料投入
401.23 元，药物投入 544.51 元。可见在稻虾共作的各项生产投入中，
除以工日计算的劳动投入外，其他以价值量衡量的投入要素中，苗种和
药物投入耗费最多，这符合湖北省稻虾共作的实际情况。

表 4.18　　　　　　环境效率的投入—产出指标选取及说明

项目	指标选取	单位	衡量方式
生产投入	劳动投入	工日/亩	自家劳动和雇佣劳动之和
	机械投入	元/亩	农业机械使用费用
	苗种投入	元/亩	种子与虾苗总费用
	肥料投入	元/亩	化肥总费用
	饲料投入	元/亩	饲料总费用
	药物投入	元/亩	药物总费用
期望产出	稻虾收入	元/亩	水稻和小龙虾收入
非期望产出	面源污染	千克/亩	氮和磷排放量
	碳排放	千克/亩	碳排放量

表 4.19　　　　　　　　投入指标统计描述

项目	劳动投入（工日/亩）	机械投入（元/亩）	苗种投入（元/亩）	肥料投入（元/亩）	饲料投入（元/亩）	药物投入（元/亩）
均值	6.65	192.7	841.7	129.93	401.23	544.51
标准差	6.80	82.30	855.4	59.31	339.50	1 123
最大值	50.63	800	6 926	474	2 880	12 080
最小值	0.32	11.43	44.17	17	18.80	20

目前，农户对于稻虾共作技术的掌握水平较低，虾病发生率较高导致药物投入较高，而虾病频发，种虾死亡率较高又使得农户不得不重复补充虾苗，导致苗种投入增加。稻虾共作农户劳动投入相差很大，这种情况与农户掌握稻虾共作技术的劳动投入安排、技术掌握程度不同有关。

2017 年湖北省稻虾共作农户产出变量的描述性统计见表 4.20。由表 4.20 可以看出，稻虾共作的亩均收入为 5 342 元，且差距较大，每亩收入最高 8 400 元，最低则为 1 379 元，相差接近 7 倍。这一差异与价格波动关系不大，总体上 2017 年湖北省的水稻价格和小龙虾价格相对稳定，农户所面临的市场价格相近，稻谷价格基本稳定在每千克 2.0 ~ 2.2 元，小龙虾价格基本稳定在成虾每千克 30 ~ 60 元，虾苗每千克 40 ~ 60 元；而且由于小龙虾主要由虾贩收购，农户议价能力较弱，各地收购价格基本保持了一致。之所以亩均收入差异较大，主要是受到亩均小龙虾产量的影响。就稻虾共作过程中的农业污染而言，每亩面源污染达到了 5.12 千克，而碳排放量相对更高，达到了 42.58 千克。

表 4.20　　　　　　　　　产出指标统计描述

项目	亩均稻虾收入 （元/亩）	亩均面源污染 （千克/亩）	亩均碳排放 （千克/亩）
均值	5 342	5.12	42.58
标准差	1 379	1.99	18.02
最大值	8 400	13.36	152
最小值	3 009	1.28	7.61

4.4.4　实证分析结果

本节基于规模报酬可变（VRS）、非投入产出导向，运用含有非期望产出的 SBM - U 模型对湖北省 2017 年稻虾共作环境效率进行测算。结果见表 4.21。2017 年，湖北省稻虾共作环境效率的均值为 0.518，尚有较大的提升空间。

表 4.21　　　　　　　　　　不同规模稻虾共作户环境效率

项目	环境效率均值	规模范围
总体	0.518	—
小规模	0.428	(0, 10]
中等规模	0.517	(10, 30]
大规模	0.614	(30, 180]

探究不同耕地细碎化程度对稻虾共作环境效率的影响，发现在不同规模组间农户经营的环境效率差别显著，小规模组的环境效率为 0.428，中等规模组的环境效率为 0.517，大规模组的环境效率为 0.614。由此可见，随着耕地经营规模扩大，稻虾共作农户的环境效率不断上升，大规模稻虾共作户对资源损耗和农业污染较低。

将环境无效率来源分解为投入无效率、期望产出无效率和非期望产出无效率，根据田伟等（2014），可以通过各产出效率损失占各产出效率损失之和的比例计算出各产出效率损失贡献比例（见表 4.22）。

总体上，稻虾共作户投入无效率为 0.4，期望产出无效率为 0.246，非期望产出无效率为 0.280，说明稻虾共作环境效率损失的原因主要在于投入冗余，资源消耗过量是造成稻田综合种养环境效率整体水平不高的主要原因。小规模、中等规模和大规模农户的投入无效率值分别为 0.638、0.511 和 0.436，随着规模扩大，投入无效率有所减轻。此外，小规模、中等规模和大规模农户的非期望产出无效率值分别为 0.392、

0.267 和 0.186，随着规模扩大，农户稻虾共作经营的环境污染减少。

表 4. 22   稻虾共作环境无效率分解

项目	期望产出无效率	非期望产出无效率	投入无效率
小规模	0. 246 (38. 56%)	0. 392 (61. 44%)	0. 485 —
中等规模	0. 244 (47. 75%)	0. 267 (52. 25%)	0. 397 —
大规模	0. 250 (57. 34%)	0. 186 (42. 66%)	0. 318 —
总体	0. 246 (46. 77%)	0. 280 (53. 23%)	0. 400

注：括号内为非期望产出、期望产出效率损失贡献比例。

农户当前投入水平和相对的最优水平，也就是生产前沿面之间的差距，代表了个体要达到相对最大产出需改进的方向及程度，在模型中表现为各个投入指标的松弛变量。目前，除在前沿面上的稻虾共作农户以外，其余稻虾共作农户的各项投入均处于过量状态。

表4. 23 显示了2017 年不同耕地经营规模下，稻虾共作农户环境效率各投入的冗余率。从各项投入的总体情况来看，药物投入的冗余最为严重，高达55. 14%，其次为饲料投入劳动投入，分别高达51. 75% 和50. 53%。各种投入的冗余随农户经营的耕地规模而变化，无一例外地，小规模农户各种投入的冗余率远高于大规模农户。以对环境影响较为严重的药物和饲料投入为例，小规模户的药物和饲料投入冗余率分别高达65. 18% 和60. 85%，分别高出平均水平的10. 04% 和9. 1%，分别高出大规模户药物和饲料投入冗余率的21. 25% 和19. 99%。这表明，通过减轻耕地细碎化程度，如从小规模扩大为中等规模或大规模，农户可以通过较大地减少各项冗余的投入来提高效率。

表 4.23　　　　　　2017 年稻虾共作环境效率各投入冗余率　　　　单位：%

项目	劳动	机械	苗种	肥料	饲料	药物
小规模	59.20	20.96	51.81	32.90	60.85	65.18
中等规模	50.28	18.65	39.98	20.39	52.94	55.92
大规模	42.07	15.96	33.53	14.61	40.86	43.93
总体	50.53	18.54	41.63	22.45	51.75	55.14

第5章

促进耕地细碎化治理，创新农业知识
体系，提高粮食安全保障

5.1　耕地细碎化治理

耕地细碎化的产生主要是由于自然因素和历史及人为因素造成的。20世纪70年代后期以来，家庭联产承包责任制的实施，提高了农民的生产积极性，有效地促进了中国的农业生产力。但是耕地数量和质量的平均分配也导致了耕地的细碎化，成为提高耕地资源利用效率和发展现代农业的根本性制约和桎梏，进而影响粮食生产。因此，减轻土地细碎化是推动农业适度规模经营、实现农业现代化的必由之路。基于此，全球都在探讨土地细碎化的影响（Knippenberg et al.，2020；Ali et al.，2018；Deininger et al.，2017）并寻求有效的治理之策。从目前我国学术界的研究状况来看，土地细碎化治理有许多方向，如模式探索、机制分析，以及路径选择等，研究类型涉及案例研究和实证分析等。

5.1.1　耕地细碎化治理模式

从相关文献的数量来看，学术界对耕地细碎化治理模式的研究很

252

多。随着农业规模化经营的逐步推行，我国土地细碎化的现状与农地适度规模经营之间的矛盾已经日益显现。当前耕地细碎化治理模式主要有土地流转、土地整理、自愿互换等。刘小红和陈兴雷（2017）基于行为选择视角，对上述三种模式从行为目标、行为选择及治理效果三个方面进行了比较，并通过考察安徽省首创的"一户一块田"农地细碎化治理模式，建议应充分发挥农村集体所有权主体的作用，将农村集体和农户作为农地细碎化治理的核心主体。

从全国范围来看，各地应因地制宜地探索符合其实情的耕地细碎化治理模式，为发展农业适度规模经营、促进现代农业发展奠定基础。"一户一块田"模式在安徽蚌埠市怀远县应运而生。这里的农民自发开展了互换并地，实现"一户一块田"经营，有效解决农户层面的农地细碎化问题，实现我国农地分配的帕累托改进。在怀远县自发探索出解决耕地细碎化问题的有效途径之后，学术界掀起了对其研究的"热潮"。如张勇和江学祺（2022）在对该县耕地细碎化自主治理实践探索的"一户一块田"改革进行实地考察后，以蚌埠市徐圩乡为例总结了"一户一块田"的改革效果，发现该模式增加农民收益、促进适度规模经营，也提高粮食综合生产能力。在怀远县的影响下，其他地区也积极地进行了"一户一块田"的试点。如安徽蒙城县在实践过程中深入推进农村土地互换并块、户均"一块田"试点工作，取得了较大的成效，为不同地区农地细碎化问题的解决、为农地流转模式的创新提供了范例。西北 Y 区也积极回应农业经营主体对土地细碎化治理的诉求，因地制宜、分类施策，创新实施"一户一田"与"一组一田"模式，并有了显著成效（王海，2015）。

随着此模式的试点推进，其他创新的治理模式，如协同治理模式也逐渐诞生。农地细碎化的协同治理是依托于制度、政策和理念构建的特定环境，多方治理主体构建完整的组织结构和权责配置形态进而塑造农地细碎化治理秩序，在此基础上借助多元主体利益协同、多方资源整合和多重机制耦合持续优化协同过程而形成的。梁伟（2022）运用协同治理理论，基于实地调查法和经验归纳法对农地细碎化治理实践进行了实证分析，发现协同治理有效推动了农地整合与整体流转，是克服农地低效利用问题的重要方式。

可见，协同治理模式为破解农地细碎化困境提供了一种新模式，为揭示中国农地细碎化治理的实践机制和促进农地资源的高效利用提供了范例。类似地，湖北省沙洋县的按户连片耕种模式，也实现了土地集中经营，促进了当地经济发展。2016 年，沙洋县人均年收入增长 7.44%，增幅跃居荆门市首位。2017 年，沙洋县按户连片耕种面积达 86.96 万亩，占全县耕地面积的 91%，农民种田收入增加 1.3 亿多元。黄赛（2019）通过实证研究，分析沙洋县按户连片耕种模式的探索实践，总结出稳定经营权、流转经营权，实现按户连片的创新经验，为农地细碎化治理模式创新提供了参考。

此外，张等（Zhang et al.，2019）还发现一种视角新颖的治理模式。他们以广西壮族自治区隆安县为例，检验了以公司为主导的土地整理模式的有效性。与普遍采用的政府主导模式相比，在这种模式下，企业从农民手中租用分散的农田，通过土地整理项目将小地块合并为大地块，利用整理后的土地进行规模经营。整个过程中，地方政府只起辅助作用，如对项目进行补贴和监管。研究发现，这种模式有效降低了耕地细碎化程度，使地块趋于扩大化、规则化，有利于规模化和机械化作业。土地生产力的提高和政府补贴大幅增加从事农业的利润，激发了创业者投资和参与农业的热情。同时，地方政府可以从烦琐的项目设计、实施和监管分散的个人工作中解放出来。农民还可以从公司提供的土地租赁和田间就业机会中获得收入。这种新的以公司为导向的模式被证明是一种更有效的基于激励的中间策略方法，并可以提供多代理、多目标收益，这种模式在未来可以推广到其他地区进行试点，成为创新治理模式的有效实例之一。

　　总之，各地如广西的"小块并大块"、安徽怀远和陕北的"一户一田"、新疆的"互换并地"、湖北的"按户连片耕作"以及江苏的"联耕联种"等耕地细碎化治理模式均是破解耕地细碎化问题的有效途径。张蚌蚌等（2022）基于对各模式的比较（见表5.1）提出了统筹开展农田建设与耕地细碎化治理、部省层面可出台耕地细碎化治理支持政策、政府引导资金与市场投入并行推进耕地细碎化治理、发挥村组等基层组织优势，挖掘推广基层耕地细碎化治理创新模式、选派驻村干部长期指导，多主体协同推进耕地细碎化治理等建议。

表 5.1　　　　　　　　我国不同区域耕地细碎化治理模式比较

区域治理模式	地形	契机	参与主体	改革创新	优点	缺点
广西农民、合作社、公司三种"小块并大块"	山区为主	耕地整治	农民、村集体、自然资源部门	转变农田建设经营主体，由政府主导开展耕地整治向经营主体申请开展耕地整治转变；权属调整、土地流转与农田工程建设	地连片、农田工程建设	部门职能转变，未持续实施
陕北"一户一田、一组一田、一村一田"	黄土高原	农村集体产权制度改革	农民、村集体、农业农村部门	围绕产业发展需求，权属调整、土地流转、土壤改良相结合	产权改革土地流转土壤改良	实施需要能人带头
新疆"互换并地"	平原	农民对规模化经营的需求	农民、村集体、农业农村部门	地块互换自发流转自发改良农田	实现适度规模化经营	组织讨论流程复杂；监管相对复杂
湖北沙洋"按户连片耕作"	丘陵	土地承包经营权确权登记颁证	农民、村集体、农业农村部门	农户经营地块调整；实行经营权或承包权连片，向单个农户集中，向新型经营主体集中	土地连片适度规模经营	缺乏农田建设配套支持政策
江苏射阳"联耕联作"	平原	秸秆禁烧	农民、村集体、县政府	集体统一经营和农户自主经营管理的优势结合	土地连片、统一经营	缺乏农田建设配套支持政策

　　资料来源：根据张蚌蚌等（2022）整理。

实践中，耕地细碎化治理是在多元共治的行动逻辑中以"党委把控底线、政府支持引导、村社统筹协调、农户主体参与"的组织化路径形成合力，再由"土地整治＋互换并地"以及"虚拟确权＋土地流转"的系统化机制推动土地适度规模经营的。这有利于适应不同农业主体的经营需求，对农村发展产生综合效应，实现地尽其利的目标（王进和马堃，2022）。

5.1.2　耕地细碎化治理机制

在不断的探索中，符合各地特色的具有制度优势的耕地细碎化自主治理机制应运而生。王明娟和胡守庚（2019）运用实地调查法和归纳法对自主治理进行了阐述，证实自主治理机制基于自主治理理论基础，通过采取"农民主体、村社主导、政府引导"的组织化路径，形成良好的利益分配机制、风险机制和违约机制，可有效克服农地细碎化问题，推进小农户与现代农业发展的有机衔接。并认为自主治理机制可有效阐释农地细碎化治理实践，也可揭示中国克服农地细碎化问题的独特效果，为土地资源利用和农村公共事务治理提供借鉴价值和理论指导。孙新华等（2020）以山东省 W 县的田野调研资料为基础，探讨土地细碎化的自主治理机制。研究表明，土地细碎化的治理需要对承包户与细碎地块的对应关系作出调整，这本质是对土地承包权和土地经营权重新整合的过程。作为农村土地所有权单位的村民小组通过协商机制、决策机制和监督机制，能够有效调整细碎地块，实现土地的集中连片利用。土地细碎化的自主治理实际上是农民按照村民自治原则实现社区公共事务治理的过程。因此，在保持土地承包关系稳定并长久不变的前提下，国家应该赋予农民集体在法律政策范围内自主治理土地细碎化的权利。

孙新华和宋梦霜（2021）按照"市场—行政—自组织"三元分析

框架对土地细碎化治理机制进行了深入分析，发现市场机制由于无法有效解决交易成本过高问题，在实践中治理土地细碎化的效果并不明显；行政机制在土地细碎化治理中的效果也不尽理想，虽然弥补了市场机制中的一些缺陷，但带来了不少新的问题；自组织机制既能降低交易成本又能整合细碎产权，治理土地细碎化的效果较好，但实施空间受到限制。鉴于此，本书认为将三种机制充分融合成"三位一体"是我国土地细碎化治理的可行机制。

梁伟（2022）基于金峨县的经验认为，土地细碎化治理不是一方就可以简单完成的，也无法通过单一的治理方式解决，需借助多种力量合力应对，即多中心治理机制。土地细碎化治理应以县域为单元构建治理体系，整合地方政府、农民和市场主体等力量，使政府、社会和市场形成治理合力，实现土地细碎化治理的目标。在土地细碎化县域治理体系中，以地方政府引导为核心的行政化机制是前提条件，供给土地细碎化治理资源，引导土地细碎化治理实践；以农民自组织为核心的社会化是组织机制，村社集体统筹协调土地整合和土地流转过程，农民通过自主决策和民主协商参与实践过程；以市场耦合为核心的市场化机制是必要条件，耦合行政化机制和社会化机制，借助土地流转市场发育推动土地集中高效利用。王山和奉公（2016）也认为，应该对土地细碎化进行整体性治理，加强对农地细碎化的整体性认识，构建政府与社会协同治理机制，建设大部门式的治理模式。

5.1.3　耕地细碎化难以治理的制度原因

中国耕地细碎化的形成主要在于制度层面的原因。由于我国制度政策背景的特殊性，且改变制度具有极大的时间成本，想要通过直接改变制度来进行土地细碎化的治理不太现实。只有先通过部分地区试点探索，再通过结果分析等来增加今后政策采纳并实施的可能性。

郧宛琪等（2015）运用文献统计和比较分析等研究方法，在对土地碎片化现状、原因与问题分析的基础上，通过总结国内外实践经验，提出了解决土地碎片化的制度框架，即必须要通过明晰产权关系、构建市场平台、创建新型农业经营体系、推广"良田良种良法"等政策措施来逐步破解中国土地碎片化难题。也有学者（如王海娟和胡守庚，2018）对制度分析框架进行了研究。"细碎化土地"具有不确定性和不可移动性，这就导致农地利用存在计量成本和一致行动成本等交易费用。既有的"产权界定—经济激励"框架主要论证产权界定状况对农地制度绩效的影响，在农地利用外部性较大、产权界定成本较高的情况下，其解释力逐渐减弱。将土地细碎化特征和集体行动纳入农地制度绩效分析之中，通过"产权特性—产权结构"分析框架可以发现，在土地具有细碎化特征、农地利用具有较强外部性的情况下，产权界定成本很高；土地细碎化特征要求农户形成集体行动，将农地利用的外部性内部化为组织利益；建立在"准私有制"基础上的合作经济行动必将遭遇计量难题和一致行动难题，形成"反公地悲剧"的困境（王海娟，2016），而建立在集体所有制基础上的集体经济行动可以降低交易费用。这一新的分析框架可以深化对于我国地权的理论认识，揭示我国农地利用所面临的困境，也能更加深刻地认识我国集体土地制度所具有的实质性的经济功能。

邱书钦（2017）也基于探索制度变革的视角认为，无论是土地流转还是土地整治，都未能从根本上整合细碎化的土地产权。因为土地细碎化表面上是地块的细碎化，实质上是土地产权的细碎化。但怀远县基于方便农民耕种的需要，在基层大胆创新的基础上，充分发挥集体组织调整土地的功能，通过"三不变、两提倡、一调整"形成了"一户一块田"的耕种模式，有效解决了土地细碎化难题。

我国农村土地细碎化治理及制度变革，必须强化集体组织的土地统筹权利和能力，赋予其相应的土地（地块）调整职能，并加强农村基层组织建设；要立足于小农经济为主的基本国情，保护耕作者的利益，为满足现代化小农生产提供服务；既要尊重各地群众的意愿和创造性，也要规范指导，有序推进。以此破除耕地细碎化治理难的制度原因。

5.1.4　耕地细碎化治理思路

我国目前耕地细碎化治理思路可归结为三种：第一种是以农地整治为核心，强调通过土地平整工程、农田水利工程、田间道路工程等技术措施，扩大田块规模、增加耕地面积、完善基础设施，从根本上改变整治区域的生态景观；第二种是"市场路径"，以土地流转市场制度建设为核心，侧重通过土地流转、出租、转包、转让、入股等形式，扩大农户经营规模，逐步减轻并消除土地细碎化影响；第三种是"社会路径"，以土地调整为核心，注重将分散的农民组织起来，强化农村集体经济组织的统合功能，通过农户间自发的土地调整、互换等形式，将分散的土地规整、合并，最终实现农业适度规模经营。相较前两者，社会路径的成本与风险较小，但由于农村土地的分散化程度较高，地块匹配概率较低，农户间协商的交易成本与经济收益不成比例，从而使农地细碎化治理社会路径的执行难度较大。尽管如此，农地细碎化治理的社会路径还是逐渐引起了社会各界的重视。

全国许多地区均开始侧重从社会路径探索农地细碎化治理模式，并形成了多个典型案例。如河南民权县探索形成了"互换并块"模式，当地政府将引导农户互换并块纳入地方干部年度考核体系，以充分调动县一乡一村干部引导农户连片耕种的积极性；江苏射阳县发展形成了"联耕联种"模式，鼓励合作社提供专业化农业经营服务，通过"农

户 + 农户 + 合作社"的经营方式，吸引农民自愿将土地集中耕种；广西富川县则探索了"小块并大块"模式，由村集体组织动员农户自发进行土地调整，实现农地的合并与连片。虽然农地细碎化治理的社会路径更能切合农民的实际利益需求，但这些实例缺乏统一的执行标准，使社会路径的推广有一定的难度。

此外，随着研究的丰富，关于土地细碎化治理的路径，许多学者从新的视角提出了新的建议和思考，如刘福（2020）基于家庭农场发展的视角，审视土地细碎化问题的治理思路和实现路径，认为因地制宜、政府主导、联合机制是解决土地细碎化问题的有效途径。

5.1.5 耕地细碎化治理效果

耕地细碎化治理效果可通过案例研究和定量研究展示，这些研究的结果显示，耕地细碎化治理可有效提高耕地资源利用率，促进农村和当地经济的发展。如唐梦如（2020）通过广东省清远市的案例，分析了农地细碎化治理的经验，即在村民有着共同的利益基础、充分遵循村内规章制度的基础上，提出了多种土地整合确权模式，充分发挥基层组织的作用，破解农地细碎化难题，进而实现盘活闲置资源、推动农村经济的发展。该研究为在全国范围内推广"清远经验"提供了案例参考。

在江苏S县，地方政府在坚持家庭联产承包责任制的基础上，通过加强村社集体的"统"，以"联耕联种"方式治理土地细碎化，实现了以农民为主体的农业现代化。而面对日益细碎的农地经营难题，F县农民自发进行"小块并大块"土地治理，在村社组织、集体经济和国家法律的支持下，运用大众动员机制、利益调节机制和公共话语机制完成了土地治理工作，形成了"村社主导，农民主体，大众参与，民主决策"的土地治理模式，显著促进了当地的经济发展（余练，2016）。F

县土地治理启示我们，推进农村细碎地权整合应赋予村集体一定的土地调整权力，在保障私人地权的同时，完善统分结合的双层经营体制（魏程琳，2015）。甘肃省高台县东联村也结合本村实际，大胆改革创新，采取互换并地的方式开展土地细碎化治理，为农村经济发展注入新的活力（杨登辉，2016）。

文高辉等（2016）运用综合指数法和二元 Logistic 回归模型探讨了农地整治对耕地细碎化治理的效果，发现农地整治项目实施减轻耕地细碎化程度的效果不明显，需要将土地平整与土地权属调整相结合，才能有效治理耕地细碎化。刘等（Liu，2019）利用多元线性回归、地理探测器和魔方模型建立一个新的概念指标体系，用于评估耕地细碎化，认为着力解决细碎分散的土地利用格局，要因地制宜进行土地整治、推进农村土地经营权流转。他们认为农民非农化、农村青壮年劳动力流失、耕地荒废为特征的农村转型，在很大程度上导致了耕地经营碎片化和宅基地空置废弃等问题。

国际上，关于土地细碎化治理的文献多涉及景观碎片化的政治经济学、制度变迁和环境科学等复杂视角。如法拉（Falah，1992）的研究揭示了国家政策与其在地方层面的空间表达之间的联系。土地分割和空间控制的模式限制了阿拉伯拿撒勒和邻近的阿拉伯城市化村庄的城市增长和发展。国家和地方层面的政府政策对犹太和阿拉伯城市之间的不平衡发展负有责任。洛佩兹等（Onega – Lopez et al.，2010）以西班牙西北部加西利亚的农村地区为例，探讨了展示了土地管理和治理结构的两个创新示例，用于处理西班牙西北部加利西亚农村地区的土地碎片化问题。他们发现，结合使用个人财产权和共同财产权，而不是试图改变土地所有权，可使土地利用更具可持续性。

新的治理结构通过提高劳动生产率、明晰产权和减少土地废弃等方式，有助于提高土地利用效率和可持续性。这与我国的三权分置改革有着异曲同工之妙，核心都在于不改变土地的所有权。此外，巴拉蒂和阿扎蒂（Barati and Azadi，2021）阐述了伊朗是如何治理土地细碎化的。与许多其他国家类似，伊朗土地细碎化治理的两个主要参与者是农民和政府。该文运用博弈论解释和评估了农民和政府之间关于土地细碎化治理的决策，提出了一个基于玩家序数和基数偏好的土地细碎化治理战略博弈模型。研究发现，如果政府或土地政策制定者想要治理，他们不应该对所有农业用地采用相同的策略。正确策略不仅取决于政策还取决于被分割的土地和未被分割土地的价值。

在土地细碎化比较严重的东南亚国家，例如日本，农场规模较小，农田地块分散，阻碍了农田的高效利用。塔卡哈什等（Takahashi et al.，2021）以空间反公地问题为理论基础，研究了社区农业企业集体土地使用的条件。他们通过为北陆和近畿地区 6 个县的 12 028 个农村社区构建关于社区农业企业和社区特征的大规模社区级数据，使用回归分析检验了通过农业企业集体使用农田与社区功能相关变量之间的关系，控制了农村社区的特征和前直辖市的虚拟变量。研究发现，农田改良项目的水平和社区功能的规模如地方会议的数量，与社区农业企业集体使用农田呈正相关。这些影响集体行动的因素与现有文献中公共池塘资源的情况相似。结果表明，以社区为基础的自治机制可以在治理未充分利用的资源方面发挥重要作用。

5.1.6 小结

自 2016 年中央"一号文件"提出"鼓励和引导农民自愿互换承包地块实现连片耕种"以来，各地政府和基层集体组织充分利用该制度赋予的创新空间，因地制宜地开展了土地细碎化治理。但有关耕地细碎化的治理还存在几个方面的问题。

一是截至目前，耕地细碎化治理的效果到底如何尚不十分清楚。这与耕地细碎化治理效果评估的方法有关。以往对于耕地细碎化治理效果的评估多以定性方法为主，近年来，治理效果向定量评价转变，研究视角及尺度也有所拓展。但治理效果如何仍有待明确。未来耕地细碎化治理研究需要在多学科交叉、理论与实践相结合、多维评价指标体系构建、多源数据库建设、与乡村振兴、政策方针联动等方面开展研究。如周德等（2021）通过对各类土地细碎化治理实例的计量效果评价，认为需加强实证研究，为推进下一步土地细碎化治理提供数据支撑。

二是耕地整治之后，如果没有合适的经营主体接手经营土地，由原有的土地承包者继续经营，土地如何处理？有些地方的耕地经过土地整治或高标准农田建设，小块耕地整合成了大块的形状规则的标准地块，但却没有合适的经营主体接手经营整理后的地块；或者最初有人尝试接手，一两年之后由于种种原因经营不下去，不再给流转出土地的农户支付地租。而由原来承包土地的农户各自经营，又因为土地边界不清而带来耕种实践的困难。解决这一问题需要对耕地经营制度进行创新。

三是根据实地调研，河南等省一些地方的农民并不愿意进行土地整合。在这种情况下，耕地细碎化是否一定需要治理、采用什么思路进行治理需要进一步研究。现有耕地细碎化治理的思路主要有三种：通过市场机制的土地流转实现规模化经营、通过政府干预的土地整治来合并细碎化耕地，以及同时采纳以上两种思路。总之，各地需要因地制宜，探索符合农户意愿的思路进行耕地细碎化治理。也可以考虑通过另类的形式，如通过夏柱智（2015）提出的"虚拟确权"，形成"农户主体，村社中介"的土地流转模式，治理耕地细碎化。

5.2 耕地细碎化治理的一个案例：
冬闲田的规模经营

在 2023 年 4 月 23 日中央一台的早间新闻中，听到农业农村部在江西湖南等光热条件合适的地区推动一年三季作物的种植。新闻视频播放了本书研究点江西省鹰潭市余江县推动双季水稻加油菜种植的模式。这与作者十多年前提出的在南方地区治理细碎化耕地的一个想法，即冬闲田的规模利用不谋而合。规模化利用南方地区细碎化的冬闲田，对保障我国大食物观下的粮食安全具有积极意义。具体阐述如下。

随着农村劳动力的非农转移以及粮油作物种植比较效益降低，南方稻田复种指数持续下降，冬闲田面积越来越大（中央党校省部级 A 班课题组，2007）。据农业部统计，南方可利用的冬闲田面积约 1.4 亿亩，其中可以直接开发利用的达 1 亿亩左右（贵州农经网，2008）。南方冬春季光热水资源比较丰富，在全球气候变暖情况下热量资源增加尤其显著，冬闲田农业气候资源充沛（张卫建等，2001）。为了充分发挥冬闲田的生产潜力，农业部正着手编制《南方冬闲田开发利用规划（2009—2015 年）》。规划已经基本确定了以种植早熟油菜和收获营养体器官为主体的高效开发技术方向，并通过农牧结合促进产后加工的发展。

生产实践表明，影响南方冬闲田开发利用的关键因素除了农田基本设施不配套、不能充分发挥现有技术的综合效应之外，主要还受到土地经营规模偏小及土地使用权转让限制所导致的开发效益偏低的影响（辛良杰和李秀彬，2009；李燕玲和刘爱民，2009）。因此，在加强农田基本建设、强化技术集成与提高的同时，进一步提高对南方冬闲田开发意

264

义的认识，探讨冬闲田开发的土地规模经营模式和冬季农业发展策略，将对保障我国中长期粮食安全、农民增收和生态安全具有重要的现实意义。

5.2.1　南方冬闲田开发的战略意义

5.2.1.1　对保障我国中长期粮食安全意义重大在全球气候变暖、人口剧增和能源危机等多重压力下，全球性粮食安全危机日益加剧

2007 年国际粮食价格飙升了 60%，为此，在 2008 年世界粮食峰会上，联合国秘书长潘基文称全球粮食年产量在 2030 年前需增长 50% 才能确保世界粮食安全。我国是粮食消耗大国，为了保障国家粮食安全，2009 年 4 月 8 日，中国政府通过《全国新增 1 000 亿斤粮食生产能力规划（2009—2020 年)》，力争到 2020 年我国粮食生产能力达到 5 500 亿公斤以上（国务院，2009）。粮食安全始终是治国安邦的头等大事，也是当前扩大内需、应对国际金融危机、确保社会稳定的基石。在我国粮食增产规划中，改造中低产田和提高复种指数是实现粮食持续增产的两项关键措施。

我国南方稻田历来复种指数较高，以双季稻主产区江西省、湖南省、福建省为例，平均在 180% 以上。但是，由于粮食生产的效益低以及劳动力大量非农转移，近十多年南方复种指数持续下降。1998～2006 年双季稻面积下降了 2 500 万亩以上，单季中稻或晚稻面积快速增加，冬闲田规模迅速递增。一般在南方晚稻、中稻收获后到第二年水稻种植，其间有近 150 天休闲期，气候资源丰富，粮食的综合生产潜力巨大。大量试验研究表明，南方冬闲田可以种植以收获营养体为目的的经济作物，如牧草、马铃薯、蔬菜等。以江西省泰和县为例，稻田种植冬春季马铃薯，一般 1 亩可产鲜薯 1 500～2 000 公斤，按 5∶1 折合粮食

300~400公斤；湖南省宁乡市和江苏省常熟市发展冬季黑麦草，一般1亩可产鲜草5 000~7 000公斤，饲养菜鹅可以产成品肉鹅600~800公斤。如果按1:2的肉料比计算，相当于生产粮食1 200~1 600公斤。

另外，冬闲田开发下稻田肥力水平得到显著提高。以冬种马铃薯和黑麦草为例，不仅土壤有机质和总氮可以提高15%和20%以上，而且土壤理化性状也得到明显改善，能显著提高中低产田的综合生产力。总之，通过冬闲田开发可以直接或间接地促进粮食增产。

5.2.1.2 对拓展农村就业和促进农民增收贡献突出

近年来，我国农村劳动力的非农转移数量剧增，外出务工劳动力已经占农村总劳动力的35%以上。农民外出务工不仅大大减轻了通过农业来实现农民增收的压力，而且也促进了粮食生产的规模化发展。但受国际金融危机的影响，目前有大量失业农民工返乡并滞留农村，仅2009年初全国提前返乡的农民工逾1 000万人，2008年重庆市418万外出务工农民中有50万人滞留农村。因此，拓展农村就业门路、多途径解决返乡农民工就业难题、促进农民增收和农村社会稳定是目前我国农村工作的重点。

冬春季是农村劳动力剩余最多的季节，冬闲田开发不仅可以减轻当季农村劳动力就业压力，而且还可以通过产品运销和农产品"产加销"的产业链延伸为农民提供更多的就业机会。对江西省和湖南省的生产调研发现，冬闲田高效种植一般每亩可以新增1~2个就业机会。如果进一步扩展到产后加工和农牧结合及市场销售可再新增2~3个就业机会。在增收方面，以冬春种植早熟菜用马铃薯为例，每亩纯收入800元左右，如果进行加工则经济效益更高，每亩可以新增就业机会2~3个。发展油菜种植每亩纯收益也能达到200元左右。种植黑麦草发展草食性养殖业，每亩纯收入可以达到1 000元左右。另外，利用冬闲田种植一季蔬菜，也是冬季高效农业的主体模式之一，每亩纯收益可以达到500~

1 000 元。因此，冬闲田高效开发已经作为一项富民措施在我国许多地方大力发展，尤其在西南经济落后地区如四川省、重庆市以及中部的江西省、湖南省等地。冬闲田开发不仅减轻了周边发达城市接纳农村剩余劳动力的压力，而且也在一定程度上缓解了农村社会矛盾，促进了农村社会稳定。

5.2.1.3　对缓解我国粮食增产的生态环境压力效应显著

我国稻田在生产全球 10.4% 粮食的同时每年也排放了近 5.1 百万吨 CH_4，占全球 CH_4 排放总量的 1.6% 左右。由于南方双季稻田冬春季长期处于淹水状况，其冬春季 CH_4 排放量占全生育期的 20% 以上（徐华等，2000）。冬闲田开发将显著改善稻田土壤通气状况，明显减少 CH_4 排放量。自 20 世纪 80 年代推广应用湿润灌溉以来，我国稻田 CH_4 年排放量由 80 年代初的 8.5 百万吨，下降到目前的 5.1 百万吨（Qiu，2009）。尽管 CH_4 排放的减少可能导致 CO_2 排放的增加，但 1 份 CH_4 的增温效应相当于 25 份 CO_2 的效应，可见，通过冬闲田开发改变稻田土壤长期淹水状况对温室气体的减排效应显著。

5.2.2　南方冬闲田开发的土地规模经营模式

在进一步加强冬闲田开发理论与技术创新的同时，建立合理的土地季节性流转机制，构建企业带动、村集体组织和农民自发的多种规模化开发和经营模式是高效合理开发冬闲田的关键。

5.2.2.1　企业季节性租用模式

出于对生计保障、口粮安全和土地眷恋等多因素的考虑，尤其是受世界金融危机的影响，农民外出就业日益困难，因此，大多数农民不愿意将自家承包的稻田全年转包或转租出去。但是，如果农民能不长期丧失土地使用权以确保口粮自给，同时又能利用休闲季节出租农田来提高收入，农民是愿意将土地转包出去的。

与此同时，企业在租用稻田进行冬闲田开发时往往也只是占用冬春季节发展一季高效作物种植，并不影响水稻种植。所以，在农民和企业的共同需求下，稻田休闲期季节性出租在南方开始出现，尤其是在江西、广东、福建等省。例如，广州的一些出口企业在江西省租用农民的冬闲田发展大规模的稻田马铃薯种植，甚至种植鲜食玉米。一般情况下，农民按要求种植成熟期基本一致的中晚稻品种，10月底成片腾出稻田供企业种植马铃薯和春玉米。企业招聘当地农民进行田间管理，并派专业技术人员驻基地进行技术指导。企业按合同确保马铃薯在4月底前收获，或春玉米在6月底收获，便于农民整地种植双季稻或中稻。这种季节性土地流转和规模经营模式，既可以免除农民对丧失土地使用权的担忧，又可以保障农民的水稻种植，因而在当地得到了农民和政府的广泛认可。

5.2.2.2 村集体季节性征用模式

为了提高规模效益、扩大区域优势，生产上出现村集体将已经发包出去的稻田从农民手头有偿或无偿地征用过来进行冬闲田的规模开发。南方农区调研发现，目前生产上存在两种比较成功的村集体季节性征用冬闲田的规模经营模式。第一种是环境友好的稻田资源培育开发模式。在一些经济相对较发达的地区，农民对冬闲田的利用不太重视，例如，江苏省苏南地区及江西和湖南一些农村经济发展较好的地区。政府为了改善农田生态环境、提高农田综合生产力，在农民自愿的基础上将冬闲田无偿地征用过来集中种植绿肥。这种模式主要是基于社会公益事业和生态环境保护，尽管农户和村集体从中没有获得直接的经济效益，但该模式改善了农田生态环境，提升了稻田土壤肥力，其间接的增产和增收效益显著。第二种是环境友好的旅游景观营造开发模式。在一些乡村休闲旅游发展比较好的地方或旅游风景区，政府或村集体将农民的冬闲田有偿征用过来种植油菜或紫云英，营造良好的乡村田园风光，促进乡村旅游业发展。村委会保障农民能按时种植水稻，保证稻田土壤肥力得到逐步提高，村集体和农民均获得一定的经济收益。

5.2.2.3　农民自发的季节性连片种植模式

生产实践中，在一些招商引资困难、村集体财力困难、劳动力相对集中的传统稻作区，农民在种植大户的示范带动下进行季节性的连片种植，开发冬闲田。这些相邻连片种植的作物主要有冬季蔬菜、菌类和牧草等，也有常规作物如油菜等。分散的农户往往依靠种植大户的技术和市场销售，也有政府在技术和资金上的配套支持，以此降低生产的技术风险和市场风险，提高经济收益。

5.2.3　南方冬闲田季节性规模经营的发展策略

5.2.3.1　冬闲田规模经营的开发机制

综合调研结果后发现，目前比较成功的冬闲田开发机制主要有三种：一是企业引导为主的企业行为机制；二是政府引导为主的政府行为机制；三是以农户自发组织为主的农户行为机制。

（1）企业行为机制适用于"企业季节性租用"的冬闲田规模开发经营模式。企业在晚稻收获后租用农民的土地，委派相关技术人员自主进行开发。企业视实际情况可以雇用当地农民进行田间管理等农事操作。所有生产成本由企业承担，产品收获后由企业自主销售，农民除获得一定的土地出租费外还可以获得一定的工资性收入。

（2）政府行为机制适用于"村集体季节性征用"的冬闲田规模开发经营模式。村集体在收获晚稻后，征用农民的土地进行集中连片种植。村集体将要求农民在规划连片的区域内进行集中种植，不允许种植与村集体规划不同的其他作物类型及休闲，尤其是在一些为旅游服务的冬闲田开发区。田间收获的产品将归农户所有，村集体只要求获得规模效应和社会及环境效益，通过政策补贴提升土壤肥力，改善周边生态环境。

（3）农户行为机制适用于"农户季节性连片种植"的冬闲田规模经营模式。在大户的带动下，农户参照大户的种植技术进行连片布局。投资、管理和销售都是农民自己负责，大户只起到技术示范带动及市场销售的服务作用。

5.2.3.2　冬闲田规模经营的发展思路

南方稻区农业发展水平差异大，农户技术水平差距比较明显。因此，各地在进行冬闲开发时，应遵循不同规模经营的发展速度，分别采用大规模专业化和大群体规模化发展思路。前者主要适用于企业季节性租用和政府季节性征用的开发模式。在冬闲田开发初期就以较大的规模推进，形成连片规模化开发的态势。通过大企业、政府的资金投入，建立开发、销售和产后服务一体化实体，形成规模效应。该发展思路要求组织者具有较强的商品生产意识、市场开拓能力，并可能需要强大的产后加工支撑和广阔的销售渠道。这种发展方式主要应用在一些经济相对比较发达、区位优势强、市场潜力大的稻区。而大群体规模化发展思路适用于一些由政府和农业大户引导的、农民自发进行的冬闲田开发模式。该发展思路一般不改变农户土地使用权权属或不进行土地流转，而是通过政府技术推广部门的引导和生产大户的带动，促进农户自发进行相似的开发项目。尽管它是在小农户分散型开发方式中进行，但参与的农户多，也可以形成连片种植，产生一定的规模效应。这种发展思路一般适宜于一些经济相对滞后的稻区，或者在冬闲田开发初期。

5.2.3.3　冬闲田规模经营的政策建议

提高对冬闲田开发的重视程度。我国南方粮食增产潜力非常大，尤其是直接生产食物的粮食间接生产能力，例如收获营养体的作物如饲草等。国家应该在今后的农业发展战略规划中充分考虑南方冬季农业发展潜力，尤其是其食物生产潜力。南方粮食潜力的发挥不仅可以直接增产粮食和增加效益，而且还可以大大减轻北方粮食增产的生态环境压力，对我国整个粮食安全和生态安全的协调发展非常重要。

加强科技扶助与管理监督力度。国家应该在科技扶助上加大力度，提升冬闲田开发技术的整体水平，尤其是新型作物种植和产后加工技术。政府要加大对农田基本建设的工程投入，提高应用技术的综合效应。在冬闲田开发管理上也要加大监督力度，防止一些以农业开发为借口进行圈地占地的开发项目。要严格把关，杜绝以冬闲田开发为借口转换土地利用途径，变相进行土地非农利用。同时，政府也应加强对企业的管理，防止侵害农民利益，防止不顾土壤肥力提升、影响粮食生产力、片面追求经济效益的开发项目进入冬闲田。

强化农民培训与技术指导。在生产技术上，南方稻区农民习惯种植水稻，对一些新型的高效作物如马铃薯、中草药、瓜果、蔬菜等不太熟悉。在产品销售上，农民更习惯于大众农产品的政府统购统销，对市场的认识不足。在产品加工上，农民更是缺乏经验和技术。因此，为了促进冬闲田的综合开发及产业化发展，政府及技术服务部门应加大对农民的培训和技术指导，提高农民的技术水平和市场开拓能力。另外，政府还应该加大对农民的组织行为培训，提高农民的自组织能力和管理水平，促进农民协作组织的建立与壮大，增强农民对市场经济的适应能力。

5.3　创新农业知识体系，提高粮食安全保障

在保持 18 亿亩耕地红线不破的前提下，通过有效治理耕地细碎化，可在一定程度上减轻耕地细碎化对我国粮食生产的直接（通过影响生产

成本和技术效率）和间接影响（通过影响土壤肥力管理），但要在现有耕地面积和耕地细碎化状况下，进一步提高我国的粮食安全保障，就需要创新农业知识体系。以下基于荷兰农业知识体系，探讨中国农业知识体系创新。

5.3.1 农业知识创新体系对我国的意义

农业是我国的立国之本，其基础性、战略安全性并没有因为全球化和中国经济的稳定增长而降低。但是，随着世界经济、技术以及环境等的深刻变化，中国农业愈加面临一些严峻和紧迫的问题。如生态环境与土壤污染、基因技术与粮食安全、城镇化与耕地保护和农业劳动力转移等。这些问题的解决，有赖于知识和技术创新的进步与应用、农业与其他产业利益的平衡。而农业知识创新体系的建立与完备，有望成为理顺上述各种技术、价值、利益之间的复杂关系的平台之一。

5.3.1.1 我国农业知识创新体系的基本现状与问题

就特定的国家、国家内部的地区和特定的社区来说，它们在全球化过程中是获益还是受损，取决于其自身在农业转型过程中所处的位置及其所能适应的程度。相比于美国这样的发达国家，中国人口众多而人均耕地占有量低，土地经营规模很小、结构零散，土地细碎化问题严重；从农村就业结构来看，全部劳动力中农业就业比例持续下降，农民就业压力日益加大，而务农收益却相对较低。在这种情况下中国的农业能否实现可持续发展？这在很大程度上将取决于农业知识创新和农业科研成果转化为生产力的能力。不过，农业科研从立项、研究到成果最终转化为生产力是一个复杂的社会过程和庞大的系统工程，必须构建和依托国家农业知识创新体系这样的系统平台。而目前中国的农业知识创新体系存在两个方面的问题：一方面，由于农业科研、教育和推广之间严重脱节，致使农业技术进步缓慢。例如，在我国已经取得的农业知识产权中，产权主体结构不够合理，主要表现为科教单位的知识产权占据主导地位，致使农业知识产权的转化效率深受影响。另一方面，现有的农业技术存在重量轻质（即注重提高农产品产量的技术而对提高其品质的技术关注不够）、重生产轻加工、重常规轻高新，以及重知识形态轻生产力形态的所谓"四重、四轻"的特点，从而使中国的农业知识创新体系没有发挥出其应有的促进农业增长的重任。因此，创建一个有效的农业知识创新体系对于推进"生产技术先进、经营规模适度、市场竞争力强、生态环境可持续的中国特色新型农业现代化"十分必要。

5.3.1.2　完备的农业知识创新体系对我国的重要性

对中国这样一个技术暂时相对落后而人口又多的国家，农业关系国家安全、社会安定以及工商业发展的物质资源供应和内需市场支撑。在全球化与激烈的国际竞争环境下，中国的民族工业只有依靠农业、农民以及农村这个巨大的内需市场，才有生存发展和逐步壮大的可能。中国的农业、农村和农民在全球经济中显示出的强大缓冲力量，为其他产业甚至整个国民经济提供了坚强的后盾。因此，农业关系整个中国的经济和战略安全。农业知识创新是农业技术及应用的知识基础与源泉，是否能够建立一个合理、全面、系统的创新体系，直接影响中国农业的技术应用与进步以及国家的农业经济增长。完备的农业知识创新体系，目的应该是为基础研究、战略与政策研究、应用与开发研究等创新活动提供服务，并全面系统地协调科研、推广和教育三个方面，使研究产生的成果最终转化为生产力和竞争力，从而真正促进农业和农村的发展。而创新是一项系统化要求很高的活动，任何单一的因素无论有多重要，都离不开一个全面的、系统化的综合平台。只有形成一个完整的体系，创新才能够有效地发挥作用，从而实现其最终的目标。

如何构建完备合理的农业知识创新体系？有没有可供借鉴的一些经

验和启发？在这个方面，我们将目光投向了同样是农业资源稀缺而农业却极其发达的西欧小国荷兰。荷兰是位于西欧的一个小国，人口 1 640 万，国土面积 4.15 万平方千米，其中陆地面积不到 3.4 万平方千米，仅相当于 2 个北京市的面积。陆地面积的 58% 作为耕地和牧草地用于农业。人均耕地与我国基本相当，不足 1.0 亩，农业从业人员占就业人数的 3.1%。然而，荷兰的农产品出口额位居世界第二，仅次于美国（2008 年）。农业人口不到世界农业总人口的 0.02%、耕地不到世界耕地总面积的 0.07%，但却生产了世界 9%（且花卉等没有被计算在内）的农产品，荷兰农业也因此被惊叹为"奇迹"而为世人所瞩目。成就荷兰"农业奇迹"的原因是多层次和多方面的，而在诸多的原因中，影响最为深远的莫过于以农民为核心建立的全国性农业知识创新体系。

5.3.2 荷兰的农业知识创新体系

荷兰农业知识创新体系是指农业科研、教育和推广系统三者协同发展形成的"OVO"[即荷兰文单词 Onderzoek（研究）、Voorlichting（推广）和 Onderwijs（教育）首字母的组合]三位一体。研究、推广和教育被誉为荷兰农业发展和一体化经营的三个支柱，三者的紧密协作对荷兰农业长达百年持续稳定和引领世界农业前列的发展功不可没。

5.3.2.1 "OVO"的产生

荷兰农业知识创新体系可以追溯到 19 世纪末的农业危机。面对这场农业危机，荷兰政府没有采取法国和德国等所实施的消极保护主义，而是意识到必须开放市场，在市场开放的情况下积极建设自身的能力，把农业提高到新的水平，推动农业技术与经济的发展。正是这项政策开创了私人部门与政府的密切合作，导致了农业知识创新体系的产生。这种农业知识创新体系三个支柱的结合及其与农民的联系，成为荷兰农业的基础，给荷兰农业带来了巨大而深远的影响，是荷兰农业在一个多世纪里稳步发展并领先于世界农业的关键因素。荷兰自20 世纪 50 年代以来，知识和技术的发展对农业劳动生产率增长的贡献每年都在 4% 以上。

　　为什么荷兰农业知识创新体系能够在产生之后就一举成功，且持续一个世纪之久？据作者多年来对荷兰文化的了解，原因之一在于荷兰独特的地理、历史、文化和社会背景。荷兰文化崇尚协商合作，即所有的利益相关者平等参与决策，通过对话和协商来解决问题，以避免剧烈的冲突和减少决策的失误。图 5.1①非常有趣地显示成功的关键在于协商和合作。从以下农业知识创新体系的运行机制中，我们可以看出这种协商制度对保障"OVO"功能的正常发挥起到了非常重要的作用。

图 5.1　协商与合作是成功的关键

①　图 5.1~图 5.3 均转（译）自 Henk de Groot 在 2008 年 4 月 16~18 日于武汉应用生物技术国际研讨会上的发言。

5.3.2.2 "OVO"的运行

"OVO"的运行是紧密围绕研究、教育和推广三个方面来进行的，即通过研究产生知识，通过教育传播知识，而通过推广将知识转化为实际应用的技术。

农业研究分为基础研究、战略与政策研究以及应用研究和开发性研究。基础研究和战略研究是为了产生新知识和为政府提供决策依据，主要集中在大学和研究所进行；应用研究主要是将研究和实验成果用来解决生产和销售等环节中出现的实际问题。应用研究一般在试验站和实验性企业中进行；开发性研究是保障科研成果快速转化为生产力的有效方式，一般由试验站和实验农场进行。各类公司、私营企业和合作社也是开发性研究的重要参与者。

应用研究和开发性研究产生的成果最终只有转化为农民的生产力和竞争力才能够真正促进农业发展。科研机构与试验站和推广部门的有机结合形成了荷兰高效的农业知识网络。通过这个网络，农业研究的最新知识和技术成果能够迅速传播到每个农户并在全国推广普及。农业推广主要由政府和民间的各种技术咨询服务组织进行。荷兰的农业推广体系包含双向反馈：一方面，由大学和研究所以及试验站等产生的新技术和新知识会通过不同层次的网络，如各种合作社、育种公司、畜牧兽医站等普及到农户中间；另一方面，这些知识和技术的生产者们又不断从农场主那里获得反馈过来的要求，以便及时对技术进行改进和创新。以这种方式，荷兰农业的很多研究能够快速有效地用来指导生产，从而转化为生产力。

不同层次的农业教育机构遍布整个荷兰，从初等职业教育学校，到高等职业教育农学院，再到正规的大学教育（指瓦赫宁根大学和乌得勒支兽医学院），农业教育包括各种级别的课程。为了向农民传播新技术，各地还对这些技术进行实地示范，并定期举办各种短期培训班。合作社和农场主组织也会经常到有关的大学和研究所去请相关人员上门来为农民进行培训。通过各种形式灵活的方式，达到提升农村人力资本，使其能正确理解和运用农业科学知识，增强农业竞争力的目的。

　　总之，荷兰的"OVO"农业知识创新体系强调不同类型的研究、推广和教育机构之间协调一致，充分运用协商机制，既能使研究机构的产生的新知识、新方法和新技术等能够快速有效地传递到生产链的其他环节或者教育部门，又能使农场主或农民组织把在实践中遇到的问题很快反馈到研究部门。当然，这个高度一致和协调的体系的运行，不完全是靠"看不见的手"在指挥，荷兰农业部在提供资金和参与管理方面也起到了至关重要的作用。

　　以一种常见的庭院花卉绣球花的选育为例。从品种的选育，到花卉幼苗的培育，再到成品花的生产，最后到产品走向市场，生产和销售的每个环节都涉及不同的利益相关者，但整个体系却能够很好地兼顾生产链和盈利，如图 5.2 所示。

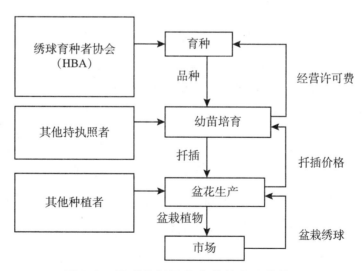

图 5.2　绣球花新品种选育的产业化体系

那么，是由谁，或由什么因素来决定育种的目标呢？图 5.3 表明，技术和经济的可行性是决定绣球花育种目标的主要因素。技术的可行性表现为对研究和培育新品种所需的植物生理和遗传学原理的掌握及其在育种操作中的应用，而经济的可行性则表现为新培育的品种能否通过降低生产成本和（或）提高商业价值来实现更高利润。降低生产成本可以通过缩短新品种的生产周期或增强品种的抗病性能等来实现，提高新品种的商业价值则可通过培育新花色或延长品种的货架寿命达到。荷兰历史上曾有过黑色郁金香价值连城、受人追捧的先例。

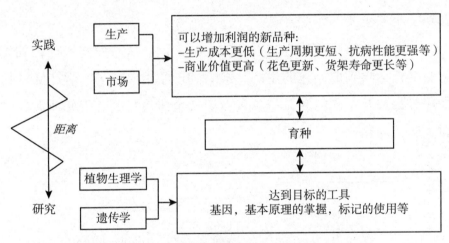

图 5.3　决定绣球花新品种选育目标的关键因素

技术和经济可行性的共同作用，极大地缩短了品种选育研究与实践之间的距离，使科研成果很快转化为生产力和商业利润。当然，新品种大面积商业利润的实现与其高效的农业推广体系，以及从研究到从市场上盈利等各个环节所涉及的众多利益相关者能就增强新品种的盈利能力这一目标充分协商是密不可分的。

5.3.2.3　新的农业知识创新模式

"OVO" 农业知识创新体系以明确的创新目标、上下互动的作用方式，以及从政府职能部门到研究机构再到农民组织的广泛参与为特征（见图 5.4），对促进荷兰农业的成功达半个世纪之后，其作用在 20 世纪 90 年代逐渐减弱。原因之一在于全球一体化使相关各利益主体的一致性产生了分歧。如以往农业创新的目标在于保障食物安全、合理配置农业生产资料、提高生产率和提供农业就业，如今，各主体利益的逐渐分化使研究和创新的目标更为宽泛，不仅要反映农业部门单方面的利益，也要更多关注社会的其他方面。

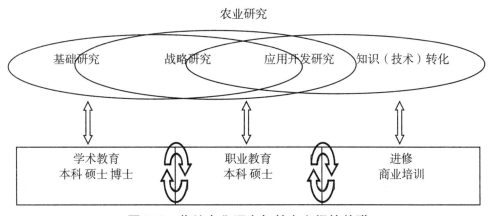

图 5.4　荷兰农业研究与教育之间的关联

为更好地适应这种变化，加强农业部门的可持续发展能力和竞争力，从 1996 年开始，荷兰对农业知识创新体系进行了改革。改革的重大举措之一是将原农业部所属瓦赫宁根农业大学和农业研究院所合并成荷兰瓦赫宁根大学及研究中心。通过合并，形成以瓦赫宁根大学为主的基础研究、以原农业部所属研究院所为主的战略研究和以原农业部所属研究试验站为主的应用研究这样一个完整统一的农业研究体系，以保持荷兰农业研究在国际上的领先地位。图 5.5^① 显示了改革后荷兰农业研

---

　　① 图 5.4 ~ 图 5.6 转（译）自 Martin Kropff 在 2009 年 11 月 5 日于第十六届中国杨凌农业高新科技成果博览会上的报告。

究与教育之间的联系以及不同研究之间的关系。

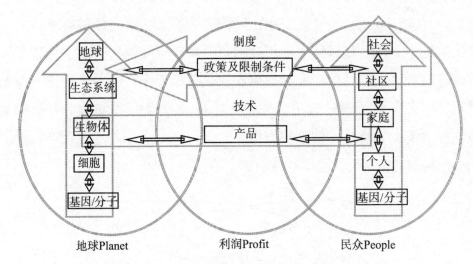

图 5.5　瓦赫宁根大学及研究中心的方法论

在新的农业知识创新体系中，科研部门在专业化和综合性上有所变化。保持一定的专业化有助于在日益国际化的背景下，保留必要的精锐力量，有效地应对竞争；而发展综合性则能从不同的专业和学科出发解决日益复杂的实际问题。图 5.5 显示了改革之后瓦赫宁根大学多学科交叉的研究方法，它充分地体现了专业性与综合性的平衡，以及从不同层次对整个社会的关注。

在这种新的农业知识创新模式中，政府重新审视自身在创新体系和社会中的定位。他们认为政府的角色主要是提供如景观、自然和环境等公共品，因此只对负有公共服务责任的研究所提供一定的经费，而将对农民的经济福利所承担的责任留给企业家（农场主）本人。农科院则从全额拨款逐步变为自负盈亏。农业知识创新模式如图 5.6 所示：科研部门、教育机构、企业和其他利益相关者（农场主、农民组织、农业加工企业等）广泛参与，开展合作创新，将以往政府职能部门承担绝大部分创新费用的状况变为公共和私人资金的结合，以激励创新，分散创新可能带来的风险。这种公私合作创新的模式能够快捷地将应用科学研究组织产生的知识转化为经济和社会价值，而这些应用科学研究组织本身就是独立的、高科技的创新型企业。

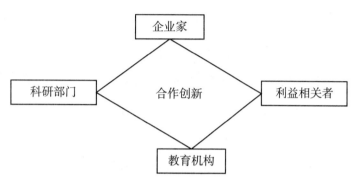

图 5.6　荷兰的农业教育、科研与创新

以瓦赫宁根大学及研究中心的改革为主的新的农业知识创新模式已经运行了近 20 年，这些年来的事实证明这种模式能够符合变化的世界和由此所产生的新需求。

5.3.3　构建中国农业知识创新体系的系统思考

中国与荷兰在许多方面有相似之处，荷兰先进的农业知识创新体系值得我们参考借鉴。但中国幅员辽阔，人口众多，历史文化积淀久远，农业知识创新体系的构建更需要将历史文化与现状加以综合考虑。因此，中国农业知识创新体系的问题，实际上是一个大系统和复杂系统的问题。一个系统的好坏，可用以下几点基本的评价指标来衡量：系统是否具有明确的目标和良好的可执行力、系统是否具有合理的宏观结构和完善的功能性、系统内部以及系统与外界环境间的接口是否清楚。作者拟从这些方面对我国农业知识创新体系的构建提出几点思考。

5.3.3.1 明确的目标和良好的可执行力

荷兰农业知识创新体系的特点之一是有明确的目标，即以产生实用、可行的知识、方法和技术，以及利用这些知识、方法和技术的创新观念直接为农民服务为创新的目标。明确的目标使得与农业相关的科研、推广和教育在统一的指导下形成了信息流畅、价值转化高效合理的一体化链条，取得了良好的实际生产力效果。

在我国，尽管大规模地加快农业科技知识与成果的转化已进行了很多年，但实际的转化仍然非常艰难，转化的生产力效果及转化率提高的幅度均不显著。我国农业科技成果的商品化、市场化程度普遍不高，除其中份额较小的物化技术成果商品化程度较高外，大量的非物化技术成果、服务性成果及基础理论成果的商品化程度都比较低，甚至不能商品化，无法形成现实的生产力。究其原因，很重要的一点是农业科研、推广、教育三者之间没有明确的、集中统一的目标导向和约束，也就不可能产生良好的可执行力，农业科技成果的实际转化效果和效益必然不高。

在市场经济条件下，农业科技知识和成果的转化动力应该主要来自市场。一项成果能否转化为农业生产力，主要取决于有无经济价值，也就是其生产出来的农产品或服务能否卖得出去，能否给使用者带来很好的效用。如果生产出的产品或服务有市场、利润大，那么成果就可以很快被转化，否则就不能转化或是转化慢。

由于农业科技成果大都是在实验室或实验田中取得的，而实验研究成功，甚至小区实验的成功并不意味着大面积、大范围推广的成功。农业科技成果由潜在生产力转化为现实生产力是一个漫长的过程，包含项目的提出、选择与确定，研究与实验、中试、成果鉴定、推广与应用等多个阶段。但目前我国涉及农业政策、科研、推广的不同部门、不同机构、不同组织存在典型的"散、乱、多"现象。各个部门、环节相互之间没有明确的、集中统一的目标，造成农业科研、推广、教育三者相互脱节，农业科技成果转化的效益与效果不佳。例如，很多农业研究机构的科研工作目标取向不对，不是面向市场和经济建设，而是面向政府和上级。有些科研人员在课题申报、验收、鉴定所花的时间和经费要占到课题经费的绝大部分，真正用在课题研究上的费用反而不多。同样因为目标取向的原因，政府项目科技带动型的农业技术推广模式缺乏创新能力，推广模式重点放在新型农业技术和产品的展示上，没有注重农业技术的实效性，而且一些特色的农产品并没有在农业市场上取得优势，并没有撼动传统农产品的地位。

综上所述，农业科技成果转化涉及的要素和环节较多，它既受自然环境的制约，又受历史文化和社会条件的制约。中国农业知识创新体系的构建与形成，首先必须要有明确的目标，即以产生实用、可行的知识、方法和技术，以及利用这些知识、方法和技术直接为农民服务为目标，才可能全面系统地指导和协调农业科研、推广和教育三个方面，整个系统也才能因此而具有比较好的可执行力，使研究产生的最终成果转化为农民的生产力和竞争力，从而真正促进中国农业的快速、健康发展。

5.3.3.2　合理的宏观结构和完善的功能性

农业是一项综合性很强的产业，它所需要的是多层次、多方面、综合性的技术和制度，一项科技成果的转化需要多方的支持和多种技术的配合，并且需要经过艰苦的努力才能实现。按照系统的观点，中国农业知识创新系统所涉及的众多要素，必然有其内在的关联性以及相互影响、相互作用的合理机制。农业知识创新系统的形成并不是某一机构、某一政策或者某几个人作用的结果，也不是一蹴而就的。其形成乃是多种因素、多个方面共同作用渐进而成的结果。在考虑中国自身历史文化因素及发展现状的基础上，分清主次、理顺关系，确保在宏观层面上形成合理的创新系统结构和完善的系统功能十分重要。系统内部如果出现结构性问题，将造成农业科研、教育和推广脱节，无法形成合力。

与荷兰的情况基本一致，从宏观的、概念的层次上，中国农业知识创新体系最核心的要素也应该是科研、推广和教育。和这三者相对应或直接相关的主要有基础研究机构、应用与推广机构、农业企业与中间商、农民与农民经济合作组织。这些要素相互影响、相互作用，构成创新体系的内核部分，其主要功能是技术与制度的创新、市场的创新及中介服务。

政府在农业知识创新和农业科技推广中也扮演重要的角色，与行业协会、信贷与金融机构及其他一些技术机构形成农业知识创新体系的外围支持部分，主要体现农业政策制定、信息网络与技术、信贷与金融服务和行业管理等功能。内核与外围的功能互补、相辅相成，形成一个结构合理、功能完善的创新体系，如图5.7所示。

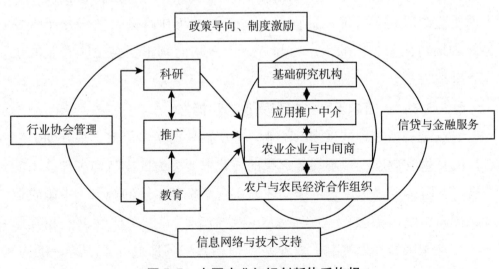

图5.7 中国农业知识创新体系构想

284

在农业知识创新体系内核中，科研、推广和教育三者的功能定位要考虑中国自身特有的情况。比如，科研的立项、申报应改变面向政府和上级的取向，重点考虑技术的先进性、应用性、成果转化后的经济效益等。农业科研人员在选题时要深入实际，把当前需要与长远发展紧密结合起来，在对国内外市场进行充分调查和精心预测基础上，摸清实际需要和现存问题，因地制宜地选准、选好研究项目，同时在研究过程中还要根据生产变化特点、科技发展的新动向，不断完善、修改课题，体现做课题时就想到用课题的意识，使研究成果不但价值高，而且易转化。同时，推广、教育工作也应考虑中国农村封闭的传统、偏重城市教育的理念和城乡分割的社会体制等特点，在农民的文化、技术与经营素质亟待提高，农民经济合作组织由于经营规模太小、合作意识薄弱而发展缓慢的情况下，非常需要农业院校等第三方的介入。完善的农民培训制度体系便于将推广工作建立在研究的基础之上，而且可以将教学与科研紧密结合在一起，运用理论解决实际问题，又能迅速将最新的研究成果推广到农民中间。

5.3.3.3　接口清楚、信息与价值链流畅

系统与外界环境之间以及系统内部各要素之间的交流渠道称为接口。农业知识创新体系是一个庞大而复杂的系统，系统中不同机构、不同组织、不同群体之间的交流不仅包括信息的流通，也包括价值的转化和交换。信息能否及时、准确和通畅地流动、价值的转化是否高效合理，两者是相互影响、相互促进的。及时、准确的信息在系统不同要素之间流动通畅，能够在系统中产生巨大的价值转化效应，而价值转化和交换的需求，反过来又是信息的重要反馈。

当今社会信息网络和技术的发达为农业知识创新提供了很好的技术可能性，但创新的不同主体之间，广泛存在制度的壁垒、传统观念的差异、文化氛围的冲突，严重阻滞了协同创新的实现。对于农业科研成

果、产品与市场、消费需求等信息的加工、获取和应用究竟应该如何发挥更好的作用，还取决于农业知识创新体系的接口是否清楚，即整个系统中有没有强大的驱动力使得信息及时、准确和通畅地流动，以及价值（利益）得到高效合理的转化。除了必要的信息网络和技术支持外，更重要的还在于创新体系是否具有促进信息流动和价值（利益）转化的内在驱动力量。

首先，战略层次上国家的农业政策、相关的激励制度所发出的信息，指导和影响着向下各个层次信息的产生、流向，以及系统中各要素间价值（利益）的转化和交换。战略层次的信息对于农业科研、推广和教育各方面起到综合的宏观调控作用。因此，这类信息是否符合国家农业知识创新体系的战略目标，就决定了其对中层、基层信息的影响，这是整个创新体系最关键、最重要的驱动力量。必须建立一个能够有力联系与激励各利益相关者（或利益相关团体）为共同的最终目标而付出努力的农业知识创新体系。在这个体系中，各利益相关者（或利益相关团体）的基层目标均可借助系统平台得以实现，而他们最终形成的客观合力，则有利于整个国家农业战略目标的实现。

其次，应用和推广中介的作用不可忽视。在农业知识创新体系中，应用和推广中介起到桥梁作用。我国农业科研的立项、研究乃至成果的转化与农民或农业企业的实际需求之间存在着比较严重的脱节现象，研究者和需求者两头的信息不对称。中介一方面可以作为农业知识创新体系各要素之间信息的收集者、整理者、评估者、发布者，另一方面也可以扮演各要素间价值（利益）转化的操作者、中间商，是整个创新体系内信息流和价值链中不可或缺的重要环节。例如，一项农业科研成果本来具有很好的技术创新价值和潜在市场前景，但研究人员往往不善于也没有精力将其推向市场。而农民或农业企业也不一定能够及时了解这个信息，或者无法了解、看到这项成果的市场价值。在这种情况下，既有一定技术素养又能敏锐地洞察市场前景的中介恰能发挥所长，为研究者和需求者相互之间达成交易提供服务，从而实现农业科研成果向实际生产力的转化。因此，国家的政策支持是创新体系的重要驱动力量，而应用和推广中介既是农业知识创新体系的要素组成部分，也是该系统中其他要素资源配置和价值转化的润滑剂。农业知识创新体系的系统接口是否清楚，应用和推广中介的连接、媒介和润滑作用至关重要。对应用和推广中介机构的政策支持和加大投入，必将有利于整个农业知识创新体系发挥系统作用，起到事半功倍的效果。

最后，高素质的农民在国家农业知识创新体系中的作用日渐显现。荷兰农民具有较高的教育水平和运用现代化技术与设备的能力，以及接受和尝试新技术、新成果的风险意识。因为荷兰的农业教育从初级职业教育到大学教育一应俱全。除了正规全日制学校外，许多地区还有学制灵活的业余学校，教授农业技术、经营、市场推广等各种与经营农场有关的知识。农业科技成果转化的终端市场在农村，终端用户是农民。影响农民是否采用新技术、新成果的关键因素是农民的文化素质。农民是农业科技成果的主要使用者，提高他们应用农业科技的能力至关重要。再先进的技术，只有被广大农民所接受和应用，才能最终转化为现实的生产力。因此，提高农民素质对提高农业科技成果的转化率有重要意义。

农民是农业知识创新体系的信息和价值链上重要的利益相关者，在整个信息和价值链中处于最终端、最下游的环节，但他们又是整个系统中信息反馈和价值转化得以实现的必不可少的重要组成部分。没有高素质的农民，构建一个好的农业知识创新体系就是空谈。农民是农业知识创新体系重要的要素，其素质的高低决定了整个系统的接口是否清楚，直接影响与其他要素间信息交流和价值（利益）转化的效果、效益。因此，建立健全各种层次的农业知识教育、培训机构和网络，通过各种方式鼓励、支持农民积极接受教育或培训,提高自身文化素质,是确保农业知识创新体系的系统接口清楚、信息与价值链流畅的重要途径。

总之,中国农业知识创新体系是一个复杂的系统工程,其建设和实施决不能是"铁匠没样,边打边像"的模式,而应该高度重视整体的规划,合理布局与协调各种局部子系统及要素的信息、价值和利益关系,并以此为指导进行科学的大体系构造、建设和实施。

第 6 章

总结与政策建议

中国为了扭转自 20 世纪 90 年代末以来粮食产量下降的趋势，自 21 世纪初政府实施了一系列旨在支持农村家庭收入、提高粮食产量和提高农业部门整体生产能力的措施（Gale et al.，2005）。减轻耕地细碎化可以通过增加有效耕地面积、促进规模经济、减少田间管理的不便（包括往来住处与地块之间的时间损失）及促进采用改良品种、节水灌溉技术和机械化等现代技术，助力这些政策目标的实现。

尽管中国的耕地细碎化程度很高，但迄今为止，关于耕地细碎化对中国粮食生产影响的系统研究很少，并且现有研究多考虑耕地细碎化对粮食生产的直接影响，如生产成本、技术效率和全要素生产力等，少有研究探讨耕地细碎化如何影响对未来粮食生产潜力意义更为重大的农户土壤肥力管理行为和农田土壤质量。迫切需要更深入地分析，将以上方面纳入耕地细碎化对中国粮食生产影响的研究范畴。本书在这方面进行了探讨。

具体地，本书的总体目标在于探究耕地细碎化如何以及在多大程度上影响中国的粮食生产。这一总体目标通过回答以下五个研究问题实现。

（1）中国耕地细碎化的特点是什么？是什么导致了细碎化程度的差异？

（2）耕地细碎化对小农水稻生产成本和技术效率有什么影响？

（3）与其他因素相比，耕地细碎化在小农农场管理决策中的相对重要性如何？由此产生的农场管理决策如何影响水稻产量和土壤质量？

（4）耕地细碎化对近年来快速发展的、被认为是农业绿色发展新模式的稻田复合种养模式有何影响？本书以稻虾共作为例，探讨耕地细碎化对农户生产成本、经济效率和环境效率的影响；

（5）应如何治理耕地细碎化，以提高中国粮食安全保障？

下面将总结对这些研究问题的回答。

6.1 各章节的主要研究发现

6.1.1 中国耕地细碎化及其成因

研究的第一部分考察了自 20 世纪 80 年代中期以来，中国的土地细碎化是如何随着时间的推移而发生变化的，并分析了细碎化过程的驱动力。使用中国整体及其三大区域的数据，我们发现，土地细碎化在西部（地块数量相对较多，地块规模较小）和东部（农场规模较小）最为严重。20 世纪 90 年代，所有地区的土地细碎化程度略有下降（平均地块面积越来越大，地块数量越来越少）。与现有数据的其他国家相比，我们发现中国的农场规模和平均地块规模要小得多。

利用江西省 11 个村庄、860 户家庭的数据，实证分析了导致土地细碎化的因素。结果表明，在向家庭分配和重新分配土地使用权时采用的平等原则对中国的土地细碎化起到重要作用。每个村庄内的土地被划分为不同的等级，每个家庭获得不同等级的土地。此外，土地基本上是根据家庭规模分配的，大家庭获得的地块数比小家庭多，获得的总土地面积也较小家庭大。我们进一步发现，土地租赁活动和参与非农就业减轻了土地细碎化，但其影响很小。市场缺失或市场发育不足不会导致土地细碎化，正如对细碎化"需求面"的解释所表明的那样。相反，我们发现郊区的土地比偏远地区的土地更为分散，可能是因为农民在这些地区种植了种类更多的高附加值作物。

6.1.2 土地细碎化对生产成本的影响

来自江西省东北部三个村庄 322 户家庭调查的数据用于检验土地细碎化对家庭水稻生产可变成本的影响。主要发现是考虑其他因素，农场规模和地块离住处的距离对水稻生产成本有显著影响。农场规模增加 1%，每吨水稻生产成本减少 0.16%。地块离家的步行时间每减少一分钟，生产成本降低约 0.8%。辛普森指数（综合地块数量、平均地块大小和地块大小分布的指标）与总生产成本之间没有显著相关性。然而有趣的是，我们发现，辛普森指数的增加导致农户从使用化肥、种子和牛/拖拉机转向使用更多劳动力。这一发现表明，地块高度分散的农民转向劳动密集型方法，使用较少的现代技术，但这种转变对总生产成本的净影响可以忽略不计。这也反映出，过于分散的地块会妨碍农场对现代技术的采用。换言之，如果要促进现代技术在农业中的采用，有必要大幅度整合细碎化的土地。

6.1.3 土地细碎化对小农户技术效率的影响

采用江西省三个村庄的同一调查数据库，使用随机前沿函数，分析土地细碎化对水稻生产者技术效率的影响。实证结果表明，单季稻的技术效率低于双季稻。平均技术效率得分（早稻 0.85，晚稻 0.83，单季稻 0.79）表明，在当时投入水平下，产量可以增加 15%～20%。必须引进新技术，以进一步提高水稻产量。

地块数量和平均地块大小对农户的技术效率有显著影响。在平均地块大小保持不变的情况下，地块数量的增加对技术效率具有正向影响，显示出一定的规模效应。同样，对于给定数量的地块，平均地块大小的增加对技术效率有正向影响。地块离家的远近对所有三种水稻的技术效率没有显著影响。这表明地块离家的平均距离大的农户与地块离家平均间距小的农户效率一样。

6.1.4 土地细碎化对农场管理的影响

本节分析土地细碎化对江西省三个村庄 47 户家庭、154 个地块管理的差异。从这些家庭中收集的 154 个地块的土壤数据和社会经济数据用于估计联立方程模型，该模型反映了管理决策、土壤质量和水稻产量之间的相互作用。控制影响农场管理决策的其他因素，我们发现土地细碎化具有混合效应：

• 在较远的地块上，劳动力和有机肥施用量较低，但氮肥施用量较高；

• 在较大地块上，单位面积劳动力、除草剂和氮肥的使用量较低，可以实现作物种植的规模经济；

• 在拥有较多地块的农场上，单位面积除草剂的使用量较高，单位面积磷肥的使用量较低。

基于这些结果我们得出结论：土地细碎化确实对农场管理方面产生了影响。将分散、细碎的地块合并为较小数量的大地块可提高投入使用效率。而在离家较远的地块上，使用的劳动力和有机肥则可能会更少。换言之，这样的地块最容易疏于管理，甚至遭到抛荒。

6.1.5　土地细碎化对水稻产量和土壤质量的影响

使用相同的地块层面数据和联立方程模型分析农场管理决策对水稻产量和土壤质量的影响。模型中的生产函数与农业经济学家通常使用的生产函数有一个本质区别。化肥和肥料仅通过影响土壤质量的动态成分间接影响作物产量。由此导出的生产函数反映了从农艺学中获得的一些重要见解。模型的回归结果表明：

- 劳动力使用和除草剂应用对作物产量有直接的正向影响。

- 有机肥施用对土壤中大量养分氮、磷、钾的储量及其有效性具有正向影响；然而，由于数据的局限性，无法确认化肥对土壤中大量养分含量的影响。

- 只有土壤中的速效磷和速效钾的含量影响水稻产量；土壤全氮和土壤有机质含量、土壤 pH 和表土层厚度对水稻产量均无显著影响。

考虑上述土地细碎化对农场管理决策的混合影响，我们可以得出结论：土地细碎化对水稻产量和土壤质量具有显著的间接影响。将小块、零碎的地块合并成较小数量的较大地块，通过在给定产量水平下减少劳动力和除草剂的使用，提高了投入效率。

此外，如果这些地块靠近宅基地，将使用更多的有机肥。增加有机肥的使用有助于改善土壤质量，并增加研究区域水稻生产中两个主要产量限制因素，即土壤速效磷和土壤速效钾的有效性。

6.1.6　耕地细碎化对稻虾共作生产成本、经济效率和环境效率的影响

随着收入的快速增长，居民食物消费需求由传统温饱型向发展型消

费转变。以稻虾共作为代表的"稻田复合种养模式"因可有效利用稻田资源,实现水稻、水产协同发展,而被誉为现代农业发展的成功典范。基于对稻虾共作发源地和生产核心区的湖北省的农户调研数据,我们发现耕地细碎化通过增加农户往返地块的时间、阻碍机械使用和加大固定成本(由于一些固定成本难以分摊)等而增加稻虾共作的生产成本,带来经济效率损失,降低环境效率。以经营规模为指标的耕地细碎化对稻虾共作生产的环境效率产生极为不利的环境影响,如与规模较大的经营户相比,小规模经营户的药物投入、饲料投入和肥料投入等均大幅度冗余,其中药物和饲料投入的冗余率高达60%以上,肥料投入的冗余率高达30%以上。

6.1.7 耕地细碎化的治理

耕地细碎化对粮食生产带来的直接和间接不利影响,可能在一定程度上影响中国目前乃至未来的粮食安全。鉴于此,总体上有必要采取恰当的方式治理耕地的细碎化。目前治理耕地细碎化的主要模式土地流转、土地整理和自愿互换地块等产生了一定成效,但未能改变耕地细碎化的基本格局。近年来一些地方发起的"一户一块田"等模式起到了一定的效果,但从全国来说可推广性存疑。创新土地经营制度,如由村集体统一经营,可较好地减轻耕地细碎化带来的不利影响。以南方冬闲田开发为例,这种模式有利于农民增收、改善农田生态从而促进粮食安全。

长期以来,农业在中国都是作为基础产业而受到重视的,即使进入21世纪,中国农业依然面临战略重视与客观投入不足的矛盾。随着城市化和工业化的快速发展,中国的农业却依然面临基础薄弱、农民就业压力大、农业环境污染、土地和水等自然资源日益稀缺等新的问题和挑战。在这种情况下中国的农业能否实现可持续发展和保障长期粮食安全，在很大程度上将取决于农业知识创新和农业科研成果转化为生产力的能力。为此，应该向同样是农业资源稀缺而农业却极其发达的西欧小国荷兰学习，从其"小国大农业"的经验中寻找有助于促进中国农业发展、提高长期粮食安全保障的借鉴。基于对荷兰农业知识创新体系的考察，创新中国农业知识体系，可望在 18 亿亩耕地红线、耕地质量状况和耕地空间布局既定的情况下，提高中国长期粮食安全保障。

6.2　结论和政策含义

6.2.1　主要结论

从本书的结果可以得出以下四个主要结论。

尽管土地细碎化在 20 世纪 90 年代略有下降，但如果维持村庄内土地分配的现行原则，中国的土地细碎化程度可能仍然很高。非农就业和土地租赁的增加可能会减少土地细碎化，但我们的结果表明，其影响相对较小。增加平均农场规模和减少地块与宅基地之间的距离有助于显著降低水稻种植的生产成本。

在现有技术下，通过解决制约技术效率的因素，可以大大提高水稻农户的生产率。在这方面，土地整合可能是一个重要的选择，因为研究表明，平均地块大小对本研究所考察的三个村庄的技术效率具有显著的正向影响。

土地细碎化对农场管理也有重要影响。增加平均地块大小和（或）减少地块与宅基地的距离可提高投入使用效率，改善研究区域水稻生产中两个主要产量限制因素（土壤中的速效磷和速效钾的含量）的可用性，并提升土壤质量。

6.2.2 政策建议

我们的发现具有重要的政策含义。本书中土地细碎化的实证分析表明：小而高度分散的地块将是水稻生产成本降低和生产力提高的重要障碍，甚至可能在不久的将来成为土壤质量改善的重要障碍。因此提出以下政策选择，以减少中国的土地细碎化、提高小农农业生产力和保障中国的粮食安全。

一是改革土地分配制度，使土地按价值而不是按实物单位分配。这可以大大减少土地细碎化，因为家庭不再需要获得每个土地类别的至少一块土地。同时，它将保持家庭之间的公平。主要缺点是评估地块价值可能涉及相当大的成本。

二是向所有农民提供可交易的土地使用权，以便他们能够在市场上自由转让其农地的使用权。目前，土地租赁市场的发育受到户籍制度和其他制度瓶颈的严重阻碍。根据一项在八个省进行的调查，尽管政府鼓励土地使用权转让，但只有3%～4%的土地是租赁的（Yao，2000b）。随着经济的进一步发展、户籍制度的自由化及非农就业机会的增加，可交易土地的使用权有望为土地租赁市场的发展做出重要贡献。然而，如第2章第1节所述，在当前制度环境下，土地租赁市场发展对土地细碎化的影响可能不大。第1章的3.1.2也表明，尽管土地流转市场发展迅速，但户均经营的地块数一直维持在5块左右。

农民之间自发的土地租赁具有一些缺点：如交易成本高、短期租赁和缺乏正式合同。因此，它在实践中几乎无助于土地整合。相反，由村集体组织的土地市场可以降低交易成本，有效促进土地整理。然而，正如田传浩等（2005）所述，村委会参与土地市场可能导致腐败，损害农民利益。未来在土地市场上实行民主决策制度可能是一种可行的方式，可以保证农户的利益，同时有助于整合土地。

三是促进在全国各地建立小型非国有地方企业，吸收大量农村劳动力，并鼓励农村人口向城市地区迁移。这不仅将创造非农就业和增加非农收入，还将刺激家庭之间的土地使用权交易。如果与前两项建议的政策相结合，这一政策可能会大大减少土地细碎化，从而降低生产成本和提高生产效率。

四是自 2005 年初以来，提高长期农业生产能力已成为一项主要的政策重点。为了使这项政策取得成功，应对灌溉设施、交通基础设施、农业科学和技术及食品加工业进行大规模投资。此外，还应向农户提供能够激励其增强农场长期生产能力的措施。研究结果表明，促进土地整理可以在这方面发挥重要作用，不仅将降低生产成本，提高农民的技术效率，而且还将提高农业长期生产潜力以保障未来粮食安全。

最后需要强调的是，近年来自上而下发起的土地整治和高标准农田建设，以及一些地方自发开展的"一户一块田"等耕地细碎化治理措施，可以在一定程度上减轻土地细碎化，但同时可能引发新的产权不清、交易成本过高和无人耕种等问题。村集体经济组织和一些企业发起的类似冬闲田的规模经营可能会是一个不错的耕地细碎化治理措施。从长远来说，在基本农田面积、质量和空间分布既定的情况下，要提高中国粮食安全的保障，更为重要的是创新中国农业知识体系，如明确农业创新目标，全面系统地指导和协调农业科研、推广和教育，使研究成果快速转化为农民的生产力和竞争力，促进中国农业的快速、健康发展，从而最终提高中国粮食安全保障。

6.3 回顾与进一步研究的建议

本书从多个角度和不同层面（村庄、农户、作物和地块层面）研究了土地细碎化对粮食生产的影响。然而，本书中使用的方法和做出的选择有一定的局限性，需要在未来的研究中进一步改进。

（1）利用地块数量和平均地块大小作为土地细碎化的指标，对江西省湖北省和广西壮族自治区土地细碎化的驱动因素进行研究。该领域的进一步研究有助于检验所获得的结果在多大程度上也适用于中国其他地区。本书的其他章节表明，地块到宅基地之间的距离对水稻生产成本和投入使用效率也有重要影响。未来的研究可能需要探讨是否影响地块离家平均距离的因素与影响土地细碎化其他两个指标（即户均地块数以及平均地块大小）的因素有所不同。

（2）通过对水稻生产成本和技术效率的分析，以及通过水稻生产中农场管理决策、农业产量和土壤质量的联立方程模型，研究了土地细碎化对粮食（水稻）生产的影响。分析的重点是生产决策。然而许多家庭同时决定生产、消费和投资。在市场严重不完善的情况下，这些决定是相互依存的（Sadoulet and de Janvry，1995）。为了更充分地了解土地细碎化对农户决策的影响，需要考虑市场不完善对农户决策影响的进一步分析。

（3）本书以水稻生产为主。然而土地细碎化程度也可能影响我们样本中家庭的活动选择。进一步的研究可能涉及替代农业活动（如蔬菜、多年生植物、牲畜）与非农业活动之间的选择对粮食生产（和土壤质量）的影响。

因此，一个重要的方法可能是构建考虑到消费和生产决策、活动选择及农业生产的自然生态方面（特别是土壤质量）之间相互作用的农户模型，作为进一步以便对土地细碎化的影响进行更全面的分析。另一种方法可能是更详细地研究我们提出建议的政策选项。特别是基于土地价值的土地分配制度以及村委会参与土地租赁市场是值得进一步研究的问题。

以上基于南方水稻主产区的水稻生产为例的研究是否适用于土地细碎化对中国其他水稻产区，如中部地区的水稻、小麦轮作区，以及北方的水稻单作区水稻生产的影响，以及土地细碎化对其他粮食如小麦和玉米生产的影响，这有待进一步证实。

最后需要说明的是，耕地细碎化之于农业生产和粮食安全并非有百害而无一益。事实上在很多地区，特别是自然生态条件随空间变化而差异性较大的地区和农村劳动力较为充足的地区，适度的耕地细碎化有助于多样化作物生产，以分散自然和市场风险，保护生物多样性，提高家庭的食物供给和收入水平。因此，在选择耕地细碎化治理模式的时候，一定要考虑农户的意愿，要在其自愿的情况下开展，最好能够让所涉及的农户参与耕地细碎化的治理。

附　录

附录 1.1　全国农村社会经济调查 (1986～2000 年) 简介

为了帮助评估中国农村改革的有效性，固定观察村是在 1984 年由中共中央原农村政策研究所和国务院农村发展研究中心经中共中央书记处授权进行的全国社会经济调查的基础上建立的。该调查采用了全国范围的村庄和村民小组系统，通过分类和抽样相结合的方式进行选择。其职能是向中央政府和各级行政部门提供制定农业和农村政策的重要信息。

主要数据收集基于 1986 年以来从 300 多个农村固定观测村收集的原始数据。数据每年根据经济区域 (东部、中部和西部) 和农村家庭收入水平进行汇总 (调查村的分布见附图 1.1～附图 1.3)。这项调查反映 300 多个村庄和 2 万多农村家庭的社会和经济发展情况。调查包括关于农村家庭的数据、关于村庄的综合数据及关于牧场主和牧民村庄的数据。数据收集基于用于计算年度总数的每日记录。

1993 年和 1995 年修订了农村固定观测村的调查指标，1992 年和 1994 年没有进行调查。1991 年的样本规模设定为约 26 000 个农村家庭、900 个牧场主家庭、300 个农业村和 14 个牧场村。自 1995 年以来，抽样规模基本保持在 2.1 万个村庄、650 个牧场主家庭、300 个农业村庄和 15 个牧场村。为了生成面板数据调查，1995 年以来，每个

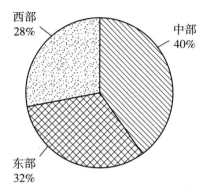

附图 1.1 各经济区域的村庄分布

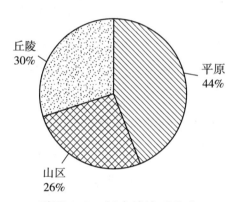

附图 1.2 村庄的地形分布

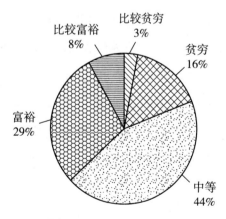

附图 1.3 村庄的收入分配

资料来源：农村固定观察办（2001）。

省（自治区、市）选定的村庄和家庭一直保持不变。从村庄移民的家庭被具有类似特征的同一村庄的其他家庭取代。可以在数据集中确定这些替代家庭。

附录2.1 中国农业综合开发项目中的土地整理

中国农业综合开发项目于1988年启动，是一项土地开发计划，旨在吸引农户、集体和国家投资，以改善农业基础设施，特别是将低质量土地转化为更高标准的土地。它包括土地整理和多样化投资。

该项目由各级政府设立的农业综合开发项目办公室管理。实际上，县级农业综合开发项目办公室负责根据早年进行的土地和自然资源调查的信息，制订农业综合开发计划，并初步选择、应用、实施和评估农业综合开发计划项目。更高级别的农业综合开发项目办公室负责项目实施的最终选择和监控。

农业综合开发项目中的土地整理包括：（1）扩大灌溉面积，改善灌溉和排水条件；（2）通过将较小和不规则形状的地块适当合并为形状更规则的较大地块，改善农场地块配置，包括地块大小、形状和布局；（3）改善农场道路系统，为工人和机械提供更好的地块通道；（4）将农民家分散在许多地方的小片、不连续的地块整合成相对较大的地块。

由于中国农村人口将继续增长，而耕地总面积将减少，因此，从长远来看，土地细碎化依然是中国农业的一个重要特征。土地整理项目不太可能显著改善土地细碎化。然而，土地整理却有可能在一定程度上减轻土地细碎化，提高全要素生产率。

改编自吴等（Wu et al. , 2005）

附表 2.1　　　　　　　　　　函数形式比较

		总成本	劳动	化肥	种子	杀虫剂和除草剂	耕牛和拖拉机
TC, *LC*, *FC*, *SC*, *HC* 和 *OC* 为对数	Normality test (prob.)	6.17 (0.05)	1.02 (0.60)	1.65 (0.44)	81.3 (0.00)	5.72 (0.06)	3.31 (0.19)
	Ramsey test (prob.)	0.97 (0.32)	1.80 (0.16)	6.39 (0.01)	0.37 (0.54)	0.22 (0.64)	0.24 (0.62)
	R – square	0.34	0.39	0.30	0.25	0.13	0.33
	Adj. R – square	0.31	0.37	0.28	0.22	0.09	0.31
	F – statistic (prob.)	12.13 (0.00)	15.39 (0.00)	10.39 (0.00)	8.09 (0.00)	3.45 (0.00)	11.92 (0.00)
线性	Normality test (prob.)	3 472 (0.00)	5 340 (0.00)	255 (0.00)	912 (0.00)	185 (0.00)	4 814 (0.00)
	Ramsey test (prob.)	7.17 (0.01)	9.18 (0.00)	0.25 (0.62)	0.93 (0.34)	2.11 (0.15)	8.40 (0.00)
	R – square	0.30	0.33	0.22	0.27	0.13	0.26
	Adj. R – square	0.27	0.31	0.19	0.24	0.09	0.23
	F – statistic (prob.)	10.08 (0.00)	11.88 (0.00)	6.62 (0.00)	8.69 (0.00)	3.52 (0.00)	8.45 (0.00)
双对数	Normality test (prob.)	3.63 (0.16)	0.92 (0.63)	43.4 (0.00)	69.5 (0.00)	22.07 (0.00)	0.50 (0.78)
	Ramsey test (prob.)	1.08 (0.30)	2.90 (0.09)	0.56 (0.46)	0.02 (0.89)	0.00 (0.97)	0.57 (0.45)
	R – square	0.35	0.40	0.26	0.25	0.17	0.36
	Adj. R – square	0.33	0.37	0.23	0.22	0.13	0.33
	F – statistic (prob.)	12.81 (0.00)	15.6 (0.00)	8.28 (0.00)	7.89 (0.00)	4.75 (0.00)	13.1 (0.00)

注：在双对数函数形式中，教育用虚拟变量表示（如果户主接受了正规教育，则为1；否则为0）、良好灌溉土地面积占比（如果农场拥有良好灌溉土地为1；否则为0）、森林面积（如果农场有林地，则为1；否则为0），储蓄（如果家庭有储蓄为1；否则为0）和信贷（如果家庭可以获得信贷为1；否则为0）。

附表2.2　　　　　　　　　**水稻成本分类回归结果**　　　　单位：元/吨

自变量	劳动	化肥	种子	杀虫剂和除草剂	耕牛和拖拉机
恒变量	5.89 *** (27.23)	5.56 *** (27.39)	42.13 *** (12.35)	3.849 *** (14.37)	4.247 *** (17.88)
上祝村	0.623 *** (8.53)	− 0.607 *** (− 8.79)	22.50 *** (7.27)	− 0.391 *** (− 4.31)	0.847 *** (10.57)
港沿村	0.196 *** (2.86)	− 0.242 *** (− 3.77)	6.916 *** (3.14)	− 0.283 *** (− 3.33)	0.477 *** (6.33)
辛普森指数	0.429 *** (2.68)	− 0.351 ** (− 2.35)	− 12.07 ** (− 1.46)	− 0.123 (− 0.62)	− 0.386 ** (− 2.20)
农场规模（亩）	− 0.021 *** (− 4.10)	0.0011 (0.23)	− 0.345 ** (− 1.85)	− 0.014 ** (− 2.26)	− 0.004 (− 0.76)
地块离家平均距离（分钟）	0.0089 *** (2.92)	0.008 *** (2.64)	0.090 (1.13)	0.0067 * (1.76)	0.007 ** (2.10)
户主年龄（岁）	0.005 ** (2.04)	0.003 (1.23)	− 0.146 (− 1.62)	0.0023 (0.72)	0.0016 (0.57)
户主受教育年限（年）	− 0.021 ** (− 2.23)	− 0.03 *** (− 3.25)	− 0.794 ** (− 2.23)	− 0.0047 (− 0.40)	− 0.005 (− 0.51)
家庭规模（人）	− 0.010 (− 0.61)	− 0.002 (− 0.12)	0.035 (− 0.63)	0.0374 * (1.82)	− 0.015 (− 0.84)
良好灌溉田占比（%）	− 0.001 (− 0.98)	− 0.0006 (− 0.87)	− 0.027 (− 0.55)	0.00058 (0.57)	− 0.001 (− 1.16)
家庭承包的林地面积（亩）	0.0068 (0.97)	− 0.010 (− 1.60)	0.330 (1.66)	− 0.0122 (− 1.41)	− 0.008 (− 1.04)
家庭自有耕牛状况	− 0.098 ** (− 1.94)	− 0.065 (− 1.37)	0.828 (1.67)	− 0.016 (− 0.26)	0.0357 (0.64)
家庭储蓄（元）	− 8.64E − 07 (− 0.20)	− 7.30E − 06 * (− 1.79)	0.0003 * (1.93)	− 7.99E − 06 (− 1.47)	− 2.00E − 06 (− 0.42)

自变量	劳动	化肥	种子	杀虫剂和除草剂	耕牛和拖拉机
家庭信贷（元）	−7.42E−06 （−1.11）	−1.31E−05** （−2.10）	−0.0002 （−0.29）	−6.92E−06 （−0.83）	−1.27E−06 （−0.17）
R^2	0.39	0.31	0.25	0.13	0.33
Adj. R^2	0.37	0.28	0.22	0.09	0.31
F−statistic	15.4	10.4	8.05	3.45	11.9

注：所有因变量均为对数。t−统计在括号之间，* 表示10%水平显著，** 表示5%水平显著，*** 表示1%水平显著。

附表2.3　　　　　　　　水稻生产净收益　　　　　　　单位：元

项目	每亩净收益		每吨净收益	
	包括劳动力	不包括劳动力	包括劳动力	不包括劳动力
早稻	−62.76	148.24	−275	508
单季稻	−51.08	198.92	−258	583
晚稻	17.76	204.76	−23	625
水稻生产总体情况	−28.16	177.84	−148	579

资料来源：笔者根据调查数据计算。

按照调研时当地情况，早稻价格为0.88元/公斤，单季稻为0.92元/公斤，晚稻平均为0.96元/公斤。稻谷平均价格为0.92元/公斤。

附表2.4　　　　　　水稻生产总成本方程估计结果

自变量	总生产成本
上祝村	0.413*** （6.93）
港沿村	0.097*** （1.74）

续表

自变量	总生产成本
平均地块大小（亩）	-0.019 (-0.64)
农场规模（亩）	-0.012*** (-2.54)
地块离家平均距离（分钟）	0.008*** (3.39)
户主年龄（岁）	0.003* (1.67)
户主受教育年限（年）	-0.020*** (-2.65)
家庭规模（人）	-0.007 (-0.54)
良好灌溉田占比（%）	-0.001 (-0.81)
家庭成本林地面积（亩）	0.003 (0.52)
自有耕牛虚拟变量	-0.073* (-1.78)
家庭储蓄（元）	-0.000 (-0.49)
家庭贷款（元）	-0.000 (-1.50)
Constant	6.764*** (43.6)
R^2	0.34
Adj. R^2	0.31
F - statistic	12.0

注：因变量为对数。t-统计在括号之间，* 表示 10% 水平显著，** 表示 5% 水平显著，*** 表示 1% 水平显著。

附表 2.5　　　　　　　水稻成本分类回归结果　　　　　　单位：元/吨

自变量	劳动	化肥	种子	杀虫剂和除草剂	耕牛和拖拉机
恒变量	6.20*** (32.32)	5.47*** (26.8)	3.37*** (13.2)	3.74*** (16.0)	3.98*** (19.0)
上祝村	0.62*** (8.42)	-0.63*** (-7.97)	0.72*** (7.32)	-0.42*** (-4.22)	0.85*** (10.5)
港沿村	0.19*** (2.68)	-0.19*** (-2.61)	0.30*** (3.25)	-0.28*** (-3.30)	0.49*** (6.45)
平均地块大小（亩）	-0.07* (-1.83)	-0.07 (0.266)	0.08 (1.58)	0.08* (1.77)	0.05 (1.36)
农场规模（亩）	-0.01* (-1.90)	-0.03 (-0.20)	-0.02*** (-2.97)	-0.02*** (-3.19)	-0.01** (-2.10)
地块离家的平均距离（分钟）	0.01*** (3.28)	-0.005 (1.35)	0.00 (0.97)	0.01* (1.75)	0.01* (1.82)
户主年龄（岁）	0.005** (2.10)	-0.001 (-0.51)	-0.01* (-1.69)	0.002 (0.63)	0.001 (0.52)
户主受教育年限（年）	-0.02** (-2.43)	-0.001*** (-2.72)	-0.03** (-2.16)	-0.006 (-0.42)	0.003 (-0.33)
家庭规模（人）	-0.01 (-0.59)	0.000* (0.077)	-0.01 (-0.66)	0.04* (1.77)	-0.02 (-0.84)
良好灌溉田占比（%）	-0.001 (-1.12)	0.000 (-0.005)	0.00 (-0.52)	0.000 (0.51)	0.00 (-1.03)
家庭承包林地面积（亩）	0.01 (0.91)	0.000 (-0.61)	0.01 (1.56)	-0.01* (-1.66)	-0.01 (-0.96)
自有耕牛状况	-0.09* (-1.81)	0.001 (-1.20)	0.11 (1.61)	-0.02 (-0.29)	0.03 (0.54)
家庭储蓄（元）	0.00 (-0.13)	0.004 (-1.34)	0.00 (1.92)	-7.88E-06 (-1.46)	-2.27E-06 (-0.47)
家庭贷款（元）	0.00 (-1.07)	0.010* (-1.69)	0.00 (-0.30)	-6.86E-06 (-0.83)	-1.45E-06 (-0.20)
R^2	0.39	0.25	0.25	0.14	0.33
Adj. R^2	0.36	0.22	0.22	0.10	0.30
F - statistic	14.9	7.93	8.09	3.69	11.6

注：所有因变量均为对数。t-统计在括号之间，*表示10%水平显著，**表示5%水平显著，***表示1%水平显著。

附表 2.6　　　　　　　　函数形式（完整方程）主要指标的比较

	项目	劳动	氮肥	磷肥	钾肥	有机肥	产量	土壤有机质	土壤全氮	土壤速效磷	土壤速效钾
线性	Jarque - Bera (prob.)	533 (0.00)	497 (0.00)	3 434 (0.00)	3 127 (0.00)	73.2 (0.00)		3.33 (0.20)	156 (0.00)	19.0 (0.00)	186 (0.00)
	Ramsey (2) (prob.)	0.54 (0.58)	0.10 (0.90)	0.31 (0.73)	0.11 (0.90)			1.43 (0.24)	0.65 (0.52)	1.45 (0.24)	0.11 (0.89)
	F - test (prob.)	5.43 (0.00)	5.45 (0.00)	7.17 (0.00)	5.90 (0.00)	−65.6[1] (0.00)		7.04 (0.00)	17.9 (0.00)	2.82 (0.01)	5.58 (0.00)
双对数	Jarque - Bera (prob.)	4.24 (0.12)	6.54 (0.04)	46.6 (0.00)	125 (0.00)	499 (0.00)	0.19 (0.90)	20.9 (0.00)	16.8 (0.00)	1.29 (0.52)	2.27 (0.32)
	Ramsey (2) (prob.)	2.25 (0.11)	0.69 (0.50)	0.60 (0.55)	0.30 (0.74)		2.41 (0.12)	2.53 (0.08)	0.46 (0.63)	0.88 (0.42)	0.11 (0.89)
	F - test (prob.)	5.39 (0.00)	11.8 (0.00)	5.96 (0.00)	6.12 (0.00)	−65.9 (0.00)	8.83 (0.00)	9.59 (0.00)	24.0 (0.00)	4.86 (0.00)	5.47 (0.00)

注：检测针对简化的方程而言。(1) 有机肥投入用 Probit 模型估计；自变量为对数。

附表 2.7　　　　　　　　一些方程形式的检测比较

	项目	劳动	氮肥	磷肥	钾肥	产量	土壤有机质	土壤全氮	土壤速效磷	土壤速效钾
线性	Normality	0	0	0	0	0.22	0.36	0	0	0
	Ramsey	0.38	0.41	0.48	0.17	0.93	0.26	0.75	0.40	0.12
	R - square	0.32	0.33	0.37	0.16	0.26	0.01	0.52	0.09	0.16
	Adj. R - square	0.30	0.31	0.35	0.13	0.24	−0.003	0.51	0.05	0.13
	F - test	8.25	9.18	14.3	17.8	14.7	11.5	28.8	3.03	8.45
双对数	Normality	0.05	0.001	0	0	0.16		0.01	0.01	0.92
	Ramsey	0.43	0.40	0.67	0.35	0.59		0.85	0.37	0.38
	R - square	0.39	0.43	0.40	0.35	0.46		0.67	0.08	0.22
	Adj. R - square	0.37	0.41	0.38	0.33	0.45		0.67	0.04	0.19
	F - test	11.0	12.1	12.3	21.0	22.4		62.2	7.08	10.9

注：方程为简化的形式，有机肥投入用 Probit 模型，结果没有在此显示。

附表2.8 劳动力和有机肥施用结果

自变量	每亩劳动力投入（2SLS）	有机肥施用（Probit）
恒变量	-8.01 (-0.79)	-26.59 *** (-2.74)
租入地块（虚拟变量，租入=1，否=0）	0.09 (0.99)	-0.03 (-0.30)
地块面积（亩）	-0.12 ** (-2.10)	0.05 (0.83)
地块数（块）	-0.10 (-0.87)	-0.08 (-0.76)
地块离家距离（分钟）（步行）	0.41 ** (2.18)	0.25 (1.38)
地块离家距离的平方	-0.11 *** (-2.79)	-0.05 (-1.37)
水稻产量（片/亩）	0.45 (1.15)	1.13 *** (3.03)
年龄（岁）	4.08 (0.80)	9.96 ** (2.04)
年龄平方	-0.48 (-0.71)	-1.31 ** (-2.04)
受教育水平（年）	0.19 (1.22)	-0.07 (-0.47)
上祝村	0.48 ** (2.19)	1.01 *** (4.79)
港沿村	-0.07 (-0.65)	0.33 *** (3.18)
R^2	0.39	0.27
Adj. R^2	0.35	
观察值	154	154

注：劳动力投入方程为双对数；有机肥施用采用 McFadden R^2。括号中为 z - 值；＊表示10%水平显著，＊＊表示5%水平显著，＊＊＊表示1%水平显著。

附表 2.9　　　　　　　　化肥施用量结果，2SLS（双对数形式）

自变量	每亩纯氮施用量	每亩 P_2O_5 施用量	每亩 K_2O 施用量
恒变量	−4.52 (−0.39)	−26.49* (−1.70)	22.61 (1.19)
租入地块（虚拟变量，租入＝1，否＝0）	0.11 (1.05)	0.36*** (2.45)	0.31* (1.74)
地块面积（亩）	−0.13** (−2.05)	−0.12 (−1.33)	−0.12 (−1.14)
地块数（块）	0.07 (0.51)	−0.42*** (−2.50)	0.20 (0.97)
地块离家的距离（分钟）	0.06 (0.27)	0.38 (1.31)	0.21 (0.58)
地块离家距离的平方	0.02 (0.44)	−0.07 (−1.16)	−0.06 (−0.79)
水稻产量（斤/亩）	1.56*** (3.50)	1.28** (2.14)	0.86 (1.17)
年龄（岁）	−1.06 (−0.18)	11.09 (1.42)	−13.87 (−1.45)
年龄的平方	0.08 (0.11)	−1.46 (−1.41)	1.81 (1.43)
受教育程度（年）	−0.46*** (−2.55)	−0.16 (−0.64)	0.20 (0.66)
上祝村	−0.13 (−0.50)	−0.61 (−1.80)	−0.69* (−1.68)
港沿村	−0.37*** (−2.93)	−0.70 (−4.17)	−0.10 (−0.47)
R^2	0.48	0.42	0.38
Adj. R^2	0.44	0.37	0.33
观察值	154	154	154

注：方程为双对数。括号中为 t 统计；*表示 10% 水平显著，**表示 5% 水平显著，***表示 1% 水平显著。

附表 2.10　　　　土壤有机质含量和土壤全氮含量结果，2SLS

自变量	土壤有机质含量	土壤全氮含量
恒变量	3.49 *** (3.32)	-2.58 *** (-2.91)
每亩纯氮施用量（斤）	-0.02 (-1.09)	-0.04 (-0.60)
有机肥施用（虚拟变量，是 = 1，否 = 0）	0.84 (1.47)	-0.06 (-0.65)
水稻产量（斤/亩）	0.00 (0.00)	0.05 (0.38)
土壤黏粒含量（%）	0.00 (0.00)	
上祝村	0.59 (1.02)	0.05 (0.56)
港沿村	0.74 *** (2.82)	-0.01 (-0.23)
土壤有机质含量（%）		0.74 *** (6.40)
R^2	0.20	0.71
Adj. R^2	0.17	0.70
观察值	154	154

注：土壤全氮方程为双对数。*** 表示 1% 水平显著。

附表 2.11　　　　土壤速效磷和土壤速效钾含量结果，2SLS

自变量	土壤速效磷含量	土壤速效钾含量
恒变量	0.41 (0.09)	3.84 (1.13)
每亩磷肥施用（斤）	0.38 (1.42)	
每亩钾肥施用（斤）		-0.30 (-1.46)

续表

自变量	土壤速效磷含量	土壤速效钾含量
有机肥施用（虚拟变量，用 = 1，否 =0）	0.54 (1.08)	− 0.01 (− 0.03)
土壤 pH 值	0.34 (0.18)	− 3.16 *** (− 2.48)
土壤黏粒含量（%）	− 0.32 * (− 1.78)	0.59 *** (4.12)
水稻产量（斤/亩）	0.05 (0.07)	0.74 (1.31)
上祝村	0.86 (1.35)	0.34 (0.97)
港沿村	0.89 *** (3.13)	− 0.30 * (− 1.82)
R²	0.09	− 0.01
Adj. R²	0.04	− 0.07
观察值	154	154

注：两个方程中均为双对数。* 表示 10% 水平显著，*** 表示 1% 水平显著。

附表 2.12　　　　　　　农作物产量的结果，2SLS

自变量	产量
长变量	6.20 *** (2.88)
每亩劳动力投入（天/亩）	0.18 (1.34)
土壤有机质含量（%）	− 0.42 (− 0.81)
土壤全氮含量（%）	0.42 (0.70)
土壤速效磷含量（克/千克）	0.22 ** (2.19)

续表

自变量	产量
土壤速效钾含量（毫克/千克）	0.09 (0.70)
土壤 pH 值	0.49 (0.66)
表土层厚度（厘米）	-0.17 (-1.17)
上祝村	-0.69*** (-5.15)
港沿村	-0.10 (-0.82)
R^2	0.39
Adj. R^2	0.35
观察值	154

注：式中为双对数；括号中为 t 统计。

附表 2.13　　　　租入和承包地块的土壤质量比较

		土壤有机质	土壤全氮	土壤速效磷	土壤速效钾
租入地块	平均值	3.858	0.251	14.73	83.38
	标准误	1.067	0.064	10.66	48.15
承包地块	平均值	3.779	0.264	12.89	98.19
	标准误	1.003	0.072	11.35	56.33

资料来源：基于调研数据计算。

参 考 文 献

（一）中文部分

［1］毕泗锋．经济效率理论研究述评［J］．经济评论，2008（06）：133－138.

［2］蔡基宏．关于农地规模与兼业程度对土地产出率影响争议的一个解答——基于农户模型的讨论［J］．数量经济技术经济研究，2005（03）：28－37.

［3］蔡荣．管护效果及投资意愿：小型农田水利设施合作供给困境分析［J］．南京农业大学学报（社会科学版），2015，15（04）：78－86，134.

［4］曹凑贵，江洋，汪金平，等．稻虾共作模式的"双刃性"及可持续发展策略［J］．中国生态农业学报，2017，25（09）：1245－1253.

［5］曹凑贵．稻田种养的"双刃性"与"双水双绿"模式［C］．2019年中国作物学会学术年会论文摘要集，2019：70.

［6］常先苗．小龙虾稻田养殖安全用药技术［J］．中国水产，2008（07）：67－68.

［7］陈华．有偿联产承包责任制的实践与体会［J］．中国农村经济，1992（07）：37－39.

［8］陈培勇，陈风波．土地细碎化的起因及其影响的研究综述

［J］. 中国土地科学，2011，25（09）：90 - 96.

［9］陈锡文. 构建新型农业经营体系刻不容缓［J］. 求是，2013（22）：38 - 41.

［10］程竹，陈前恒. 种植专业化会提高小农生产技术效率吗［J］. 财经科学，2018（09）：50 - 62.

［11］丁启朔，丁为民，杨伟，等. 耕地细碎化条件的机械化特征——小型收割机的田间作业行为调查［J］. 浙江农业学报，2013，25（06）：1397 - 1403.

［12］樊纲. WTO 对中国经济的影响［J］. 学习月刊，2002（04）：12 - 13.

［13］费孝通. 江村农民生活及其变迁［M］. 甘肃：敦煌文艺出版社，2004.

［14］顾天竹，纪月清，钟甫宁. 中国农业生产的地块规模经济及其来源分析［J］. 中国农村经济，2017（02）：30 - 43.

［15］郭贯成，丁晨曦. 土地细碎化对粮食生产规模报酬影响的量化研究——基于江苏省盐城市、徐州市的实证数据［J］. 自然资源学报，2016，31（02）：202 - 214.

［16］韩旭东，王若男，杨慧莲，郑风田. 土地细碎化、土地流转与农业生产效率——基于全国 2745 个农户调研样本的实证分析［J］. 西北农林科技大学学报（社会科学版），2020，20（05）：143 - 153.

［17］黄赛. 规模化经营形势下农地细碎化治理模式的创新——以湖北省沙洋县按户连片耕种模式为例［J］. 知识经济，2019（01）：9 - 10.

［18］黄贤金，尼克·哈瑞柯，鲁尔特·卢本，等. 中国农村土地市场运行机理分析［J］. 江海学刊，2001（02）：9 - 15.

［19］黄祖辉，王建英，陈志钢. 非农就业、土地流转与土地细碎化对稻农技术效率的影响［J］. 中国农村经济，2014（11）：4 - 16.

[20] 黄钻华, 刘玉明, 王永超, 吕春花. 新一轮稻田综合种养发展现状与建议 [J]. 基层农技推广, 2018, 6 (03): 78-80.

[21] 纪月清, 顾天竹, 陈奕山, 等. 从地块层面看农业规模经营——基于流转租金与地块规模关系的讨论 [J]. 管理世界, 2017 (07): 65-73.

[22] 纪月清, 熊晶白, 刘华. 土地细碎化与农村劳动力转移研究 [J]. 中国人口·资源与环境, 2016, 26 (08): 105-115.

[23] 纪月清, 钟甫宁. 非农就业与农户农机服务利用 [J]. 南京农业大学学报 (社会科学版), 2013 (05): 47-52.

[24] 贾小玲, 孙致陆, 李先德. 我国农户大麦生产技术效率及其影响因素分析——基于 12 个省份大麦种植户的调查数据 [J]. 农业现代化研究, 2017, 38 (04): 713-719.

[25] 康宽, 陈俞全, 郭沛, 陈景帅. "双碳" 目标下农地细碎化对植被碳汇的影响研究 [J/OL]. 中国农业资源与区划: 1-14, 2023-05-05.

[26] 赖斯芸, 杜鹏飞, 陈吉宁. 基于单元分析的非点源污染调查评估方法 [J]. 清华大学学报 (自然科学版), 2004 (09): 1184-1187.

[27] 冷敏华. 中东欧农地改革背景下的土地细碎化与土地整理研究 [D]. 南京: 南京农业大学, 2013.

[28] 李春梅, 邵景安, 曹飞. 浅丘低丘地貌背景下耕地细碎化评价及分区研究 [J/OL]. 中国农业资源与区划: 1-11, 2023-05-05.

[29] 李功奎, 钟甫宁. 农地细碎化、劳动力利用与农民收入——基于江苏省经济欠发达地区的实证研究 [J]. 中国农村经济, 2006 (04): 42-48.

[30] 李谷成, 冯中朝, 范丽霞. 小农户真的更加具有效率吗? 来自湖北省的经验证据 [J]. 经济学 (季刊), 2010, 9 (01): 95-124.

［31］李谷成，冯中朝，占绍文．家庭禀赋对农户家庭经营技术效率的影响冲击——基于湖北省农户的随机前沿生产函数实证［J］．统计研究，2008，195（01）：35-42．

［32］李庆东，王秋兵，钱凤魁，刘洪彬，邹志华．农户耕地经营细碎化分析——以辽宁省昌图县为例［J］．广东农业科学，2010，37（06）：230-232．

［33］李鑫，欧名豪，马贤磊．基于景观指数的细碎化对耕地利用效率影响研究——以扬州市里下河区域为例［J］．自然资源学报，2011，26（10）：1758-1767．

［34］李鑫，欧名豪，肖长江，等．基于景观指数的细碎化对耕地生产效率影响研究［J］．长江流域资源与环境，2012，21（06）：707-713．

［35］李燕玲，刘爱民．长江流域冬季农业主要作物的耕地竞争机制及案例研究［J］．长江流域资源与环境，2009，18（02）：146-151．

［36］连雪君，毛雁冰，王红丽．细碎化土地产权、交易成本与农业生产——来自内蒙古中部平原地区乌村的经验调查［J］．中国人口·资源与环境，2014，24（04）：86-92．

［37］梁伟．土地细碎化县域治理：体系构建与实践机制［J］．西北农林科技大学学报（社会科学版），2022，22（02）：36-45．

［38］刘闯，陈友明．虾稻共作稻田设计规划技术要点［J］．水产养殖，2018，39（05）：35-36．

［39］刘德娟，周琼，黄欣乐，黄颖，李晗林，杨勋华．福建省水稻生产效率及其影响因素分析——基于家庭农场和传统小农户的微观视角［J］．江苏农业科学，2018，46（24）：422-426．

［40］刘福．家庭农场土地细碎化治理思路和实现路径浅析［J］．农村实用技术，2020（02）：112-113．

［41］刘宏曼，王梦醒．土地细碎化和土地质量是否影响小麦技术

效率——基于山东省小麦种植户的实证分析 [J]. 中国农业资源与区划, 2019, 40 (09): 57-63.

[42] 刘七军, 李昭楠. 不同规模农户生产技术效率及灌溉用水效率差异研究——基于内陆干旱区农户微观调查数据 [J]. 中国生态农业学报, 2012, 20 (10): 1375-1381.

[43] 刘强, 刘琦, 杨万江. 农户土地经营规模对我国水稻生产成本效率的影响分析 [J]. 中国农业大学学报, 2017, 22 (04): 153-161.

[44] 刘涛, 曲福田, 金晶, 石晓平. 土地细碎化、土地流转对农户土地利用效率的影响 [J]. 资源科学, 2008 (10): 1511-1516.

[45] 刘小红, 陈兴雷, 于冰. 基于行为选择视角的农地细碎化治理比较分析——对安徽省"一户一块田"模式的考察 [J]. 农村经济, 2017 (10): 44-50.

[46] 卢华, 胡浩. 土地细碎化增加农业生产成本了吗?——来自江苏省的微观调查 [J]. 经济评论, 2015 (5): 129-140.

[47] 鲁如坤. 土壤农业化学分析方法 [M]. 北京: 中国农业科技出版社, 2000.

[48] 罗必良, 万燕兰, 洪炜杰, 钟文晶. 土地细碎化、服务外包与农地撂荒——基于9省区2704份农户问卷的实证分析 [J]. 经济纵横, 2019, 404 (07): 63-73.

[49] 吕挺, 纪月清, 易中懿. 水稻生产中的地块规模经济——基于江苏常州金坛的调研分析 [J]. 农业技术经济, 2014 (02): 70-77.

[50] 吕晓, 黄贤金, 钟太洋, 赵雲泰. 中国农地细碎化问题研究进展 [J]. 自然资源学报, 2011, 26 (03): 530-540.

[51] 毛双, 刘鹏凌. 乡村振兴视域下小农户生产效率的影响因素分析——基于河南省沈丘县小麦农户的调查数据 [J]. 云南农业大学学报 (社会科学), 2018, 12 (05): 11-17.

[52] 梅建明. 再论农地适度规模经营——兼评当前流行的"土地规模经营危害论"[J]. 中国农村经济, 2002 (09): 31 - 35.

[53] 秦立建, 张妮妮, 蒋中一. 土地细碎化、劳动力转移与中国农户粮食生产——基于安徽省的调查 [J]. 农业技术经济, 2011 (11): 16 - 23.

[54] 邱书钦. 农村土地细碎化治理及制度变革启示——安徽省怀远县"一户一块田"的实践探索 [J]. 西部论坛, 2017, 27 (04): 30 - 36.

[55] 沈雪, 张俊飚, 张露, 程文能. 基于农户经营规模的水稻生产技术效率测度及影响因素分析——来自湖北省的调查数据 [J]. 农业现代化研究, 2017, 38 (06): 995 - 1001.

[56] 史常亮, 李赟, 朱俊峰. 劳动力转移、化肥过度使用与面源污染 [J]. 中国农业大学学报, 2016, 21 (05): 169 - 180.

[57] 宋大平, 左强, 刘本生, 邹国元, 刘东生. 农业面源污染中氮排放时空变化及其健康风险评价研究——以淮河流域为例 [J]. 农业环境科学学报, 2018, 37 (06): 1219 - 1231.

[58] 宋浩楠, 栾敬东, 张士云, 江激宇. 土地细碎化、多样化种植与农业生产技术效率——基于随机前沿生产函数和中介效应模型的实证研究 [J]. 农业技术经济, 2021 (02): 18 - 29.

[59] 苏丹. 中国粮食生产的适度规模研究 [D]. 郑州: 郑州大学, 2018.

[60] 苏章锋. 潜江市虾稻产业发展现状与展望 [J]. 中国农技推广, 2019, 35 (10): 35 - 36.

[61] 孙巍, 杨程博. 收入分布变迁与消费结构转变——基于门限模型的非线性计量分析 [J]. 数理统计与管理, 2015, 34 (02): 307 - 315.

[62] 孙新华, 宋梦霜. 土地细碎化的治理机制及其融合 [J]. 西

北农林科技大学学报（社会科学版），2021，21（01）：80-88.

[63] 孙新华，周佩萱，曾凡木. 土地细碎化的自主治理机制——基于山东省 W 县的案例研究 [J]. 农业经济问题，2020（09）：122-131.

[64] 孙雁，赵小敏. 分宜县土地细碎化的中观尺度研究 [J]. 中国土地科学，2010，24（04）：25-31.

[65] 谭淑豪，Nico Heerink，曲福田. 土地细碎化对中国东南部水稻小农户技术效率的影响 [J]. 中国农业科学，2006（12）：2467-2473.

[66] 谭淑豪，曲福田，尼克·哈瑞柯. 土地细碎化的成因及其影响因素分析 [J]. 中国农村观察，2003（06）：24-30，74.

[67] 谭淑豪. 现行农地经营格局对农业生产成本的影响 [J]. 农业技术经济，2011（04）：73-79.

[68] 唐梦如. 农地细碎化的治理路径与逻辑分析——基于清远案例分析 [J]. 现代管理科学，2020（01）：64-67.

[69] 田传浩，陈宏辉，贾生华. 农地市场对耕地零碎化的影响——理论与来自苏浙鲁的经验 [J]. 经济学（季刊），2005（02）：769-784.

[70] 田孟，贺雪峰. 中国的农地细碎化及其治理之道 [J]. 江西财经大学学报，2015，98（02）：88-96.

[71] 田伟，杨璐嘉，姜静. 低碳视角下中国农业环境效率的测算与分析——基于非期望产出的 SBM 模型 [J]. 中国农村观察，2014（05）：59-71，95.

[72] 万广华，程恩江. 规模经济、土地细碎化与我国的粮食生产 [J]. 中国农村观察，1996（03）：31-36，64.

[73] 王大鹏，朱迎春. 中国七大流域水环境效率动态评价 [J]. 中国人口·资源与环境，2011，21（09）：20-25.

[74] 王国顺，张建玲. 生态经济效率评价方法比较分析 [J]. 生态经济（学术版），2008（02）：28-30.

［75］王海. 农地细碎化治理模式的创新与农地制度改革——以安徽蒙城县"一块田"改革为例［J］. 新余学院学报，2015，20（06）：31-33.

［76］王海娟，胡守庚. 土地细碎化与农地制度的一个分析框架［J］. 社会科学，2018（11）：62-74.

［77］王进，马埜. 适度规模经营视域中土地细碎化治理：西北县域例证［J］. 兰州学刊，2022（05）：129-140.

［78］王嫚嫚，刘颖，蒯昊，周晓时. 土地细碎化、耕地地力对粮食生产效率的影响——基于江汉平原354个水稻种植户的研究［J］. 资源科学，2017，39（08）：1488-1496.

［79］王青，顾晓薇，王军，丁一. 本国环境载荷与环境效率研究［J］. 东北大学学报（自然科学版），2007（04）：589-591.

［80］王山，奉公. 中国农地细碎化的治理逻辑与现实路径——对江苏射阳联耕联种模式的考察［J］. 甘肃社会科学，2016（02）：232-236.

［81］王学，李秀彬. 土地细碎化和种植制度对华北平原农户粮食生产及其效率的影响——基于河北省沧县的案例分析（英文）［J］. Journal of Resources and Ecology，2020，11（06）：580-588.

［82］王亚辉，李秀彬，辛良杰. 耕地地块细碎程度及其对山区农业生产成本的影响［J］. 自然资源学报，2019，34（12）：2658-2672.

［83］魏程琳. 土地细碎化治理与农地制度变革——基于桂北F县农村调研［J］. 北京社会科学，2015（05）：90-97.

［84］魏娟，赵佳佳，刘天军. 土地细碎化和劳动力结构对生产技术效率的影响［J］. 西北农林科技大学学报（社会科学版），2017，17（05）：55-64.

［85］文高辉，杨钢桥，李岩，赵微，汪文雄. 农地整治对耕地细碎化的治理效果及其原因分析——以湖北省江夏、咸安、通山三区

（县）为实证 [J]. 中国土地科学, 2016, 30 (09): 82 - 89.

[86] 文高辉, 杨钢桥. 耕地细碎化对农户耕地生产率的影响机理与实证 [J]. 中国人口·资源与环境, 2019, 29 (05): 138 - 148.

[87] 吴雪, 谢坚, 陈欣, 等. 稻鱼系统中不同沟型边际弥补效果及经济效益分析 [J]. 中国生态农业学报, 2010, 18 (05): 995 - 999.

[88] 奚业文, 周洵. 稻虾连作共作稻田生态系统中物质循环和效益初步研究 [J]. 中国水产, 2016 (03): 78 - 82.

[89] 夏庆利, 罗芳. 土地利用效率影响因素分析——基于湖北的调查 [J]. 农业经济问题, 2012 (5): 15 - 21.

[90] 辛良杰, 李秀彬. 近年来我国南方双季稻区复种的变化及其政策启示 [J]. 自然资源学报, 2009, 24 (01): 58 - 65.

[91] 徐华, 蔡祖聪, 李小平, 鹤田治雄. 冬作季节土地管理对水稻土 CH_4 排放季节变化的影响 [J]. 应用生态学报, 2000 (02): 215 - 218.

[92] 徐梦洁, 郭义强, 张颖, 侯为义. CEECs 国家的农地细碎化与土地整理——以保加利亚为例 [J]. 安徽农业科学, 2011, 39 (30): 18805 - 18807.

[93] 许海平. 国营农场最优经营规模研究——以海南国营植胶农场为例 [J]. 农业技术经济, 2012 (08): 96 - 104.

[94] 许恒周, 郭玉燕, 吴冠岑. 农民分化对耕地利用效率的影响——基于农户调查数据的实证分析 [J]. 中国农村经济, 2012, 330 (06): 31 - 39, 47.

[95] 许金海, 王梦婷, 胡新艳. 农地确权、土地细碎化与农户生产要素投入决策——来自广东粤北山区农户的调查分析 [J]. 新疆农垦经济, 2021 (1): 15 - 27.

[96] 许庆, 田士超, 徐志刚, 邵挺. 农地制度、土地细碎化与农

民收入不平等 [J]. 经济研究, 2008, 478 (02): 83 - 92, 105.

[97] 杨登辉. 开展农村土地细碎化治理为农村经济发展注入新活力 [J]. 江西农业, 2016 (23): 114.

[98] 叶春辉, 许庆, 徐志刚. 农地细碎化的缘由与效应——历史视角下的经济学解释 [J]. 农业经济问题, 2008 (9): 9 - 15.

[99] 余练. 统分结合视角下土地细碎化治理模式创新——基于江苏 S 县联耕联种的实地调查 [J]. 云南行政学院学报, 2016, 18 (03): 12 - 18.

[100] 郧宛琪, 朱道林, 梁梦茵. 解决土地碎片化的制度框架设计 [J]. 地域研究与开发, 2015, 34 (04): 111 - 115.

[101] 张蚌蚌, 刘芳苹, 侯学博. 我国耕地细碎化治理模式比较及其对农业现代化启示 [J]. 中国农业综合开发, 2022 (04): 32 - 35.

[102] 张凤荣, 张天柱, 李超, 李子忠编著. 中国耕地 [M]. 北京: 中国农业出版社, 2021.

[103] 张红宇, 王乐君, 李迎宾, 等. 关于深化农村土地制度改革需要关注的若干问题 [J]. 中国党政干部论坛, 2014 (06): 13 - 17.

[104] 张卫建, 谭淑豪, 江海东, 章熙谷. 南方农区草业在中国农业持续发展中的战略地位 [J]. 草业学报, 2001 (02): 1 - 6.

[105] 张勇, 江学祺. 耕地细碎化自主治理的运行机制与实践探索——基于蚌埠市徐圩乡"一户一块田"改革的考察 [J]. 江南大学学报 (人文社会科学版), 2022, 21 (03): 25 - 34.

[106] 章立, 余康, 郭萍. 农业经营技术效率的影响因素分析——基于浙江省农户面板数据的实证 [J]. 农业技术经济, 2012, 203 (03): 71 - 77.

[107] 赵冈. 中国传统农村的地权分配 [M]. 北京: 新星出版社, 2006.

[108] 赵凯. 论土地细碎化及其定量测定方法 [J]. 中国土地科

学,2011,25（10）：35 - 39,88.

［109］赵小睿,张光宏.耕地细碎化背景下农户地块整合分析——以河南省粮食主产县为例［J］.农业技术经济,2018（04）：44 - 53.

［110］周德,戚佳玲,袁承程.近40年来中国农地细碎化研究进展与展望［J］.中国土地科学,2021,35（01）：107 - 116.

［111］周曙东,王艳,朱思柱.中国花生种植户生产技术效率及影响因素分析——基于全国19个省份的农户微观数据［J］.中国农村经济,2013（03）：27 - 36,46.

［112］周应堂,王思明.中国土地零碎化问题研究［J］.中国土地科学,2008,22（11）：63 - 67,71.

（二）英文部分

［1］ Abalu G. , Hassan R. Agricultural Productivity and Natural Resource Use in Southern Africa ［J］. Food Policy, 1998, 13 (6)：477 - 490.

［2］ Abubakari Z. , Van der Molen P. , Bennett R. , Kuusaana E. D. Land Consolidation, Customary Lands, and Ghana's Northern Savannah Ecological Zone：An Evaluation of the Possibilities and Pitfalls. Land Use Policy 2016, 54：386 - 398.

［3］ Agarwal, S. K. Economics of Land Consolidation in India. New Delhi：Chand, 1972.

［4］ Aigner D. J. , Lovell C. A. , Schmidt P. J. Formulation and Estimation of Stochastic Frontier Models ［J］. Journal of Econometrics, 1997, 6 (1)：21 - 37.

［5］ Ali M. , Byerlee, D. Productivity Growth and Resource Degradation in Pakistan's Punjab：a Decomposition Analysis. Economic Development and Cultural Change, 2002, 50 (4)：839 - 863.

［6］ Ali M. Quantifying the Socio-economic Determinants of Sustainable

Crop Production: an Application to Wheat Cultivation in the Tarai of Nepal. Agricultural Economics, 1996, 14: 45 – 60.

［7］Amghani M. S. , Kalantari K. , Asadi A. et al. Measuring the Rate of Fragmentation and Dispersion of Arable Lands in East Azarbaijan Province, Iran. Journal of Rural Research, 2019, 9 (4): 520 – 535.

［8］Anthony R. , M. Kenneth B. F. , Johnston W. O. Jones and V. C. Uchendu. Agricultural Change in Tropical Africa. Ithaca: Cornell University Press, 1979.

［9］Audibert, M. Technical Inefficiency Effects Among Paddy Farmers in the Villages of the ' Office du Niger', Mali, Western Africa. Journal of Productivity Analysis, 1997, 8 (4): 379 – 394.

［10］Bangbang Zhang, Wenhao Niu, Linyan Ma, Xuyang Zuo, Xiangbin Kong, Haibin Chen, Yifan Zhang, Wei Chen, Minjuan Zhao, Xianli Xia. A company-dominated pattern of land consolidation to solve land fragmentation problem and its effectiveness evaluation: A case study in a hilly region of Guangxi Autonomous Region, Southwest China. Land Use Policy, 2019, 88 (C).

［11］Bangladesh Center on Integrated Rural Development for Asia and the Pacific (CIRDAP). CIRDAP: Center on Integrated Rural Development for Asia and the Pacific. Cirdap Center on Integrated Rural Development for Asia & the Pacific, 1980, 54 (4): 557 – 567.

［12］Banik A. Technical efficiency of irrigated farms in a village of Bangladesh ［J］. Indian Journal of Agricultural Economics, 1994, 49 (1): 70.

［13］Battese G. E. , Coelli T. J. A Model for Technical Inefficiency Effects in a Stochastic Frontier Production Function for Panel Data. Empirical Economics, 1995, 20 (2): 325 – 332.

［14］ Battese G. E. , Coelli T. J. Frontier Production Functions, Technical Efficiency and Panel Data: With Application to Paddy Farmers in India. Journal of Productivity Analysis, 1992, 3 (3): 153 – 169.

［15］ Battese G. E. A Note on the Estimation of Cobb – Douglas Production Functions When Some Explanatory Variables Have Zero Values. Journal of Agricultural Economics, 1997, 48 (2): 250 – 252.

［16］ Baum S. , Frohberg K. , Hartmann M. et al. The Future of Rural Areas in the CEE New Member States. Report of the Network of Independent Agricultural Experts in the CEE Candidate Countries, 2004.

［17］ Bentley J. W. Economic and Ecological Approaches to Land Fragmentation: in Defense of a Much-maligned Phenomenon ［J］. Annual Review, 1987, 16: 31 – 67.

［18］ Binns O. B. The Consolidation of Fragmented Agricultural Holdings. FAO Agricultural Studies ［J］. Geography, 1955, 40 (4): 307.

［19］ Binns O. B. The Consolidation of Fragmented Agricultural Holdings. FAO Agricultural Studies 11. Rome: Food and Agriculture Organization, 1950.

［20］ Birgegaard L. E. Natural Resource Tenure: a Review of Issues and Experiences with Emphasis on Sub – Saharan Africa. Rural Development Studies (Sweden), 1993.

［21］ Blarel B. , P. Hazell, F. Place and J. Quiggin. The Economics of Farm Fragmentation: Evidence from Ghana and Rwanda, The World Bank Economic Review, 1992, 6: 233 – 254.

［22］ Bontkes T. S. , Keulen H. V. Modeling the Dynamics of Agricultural Development at Farm and Regional Level. Agricultural Systems, 2003, 76: 379 – 396.

［23］Brown L. R. Who Will Feed China? Wake-up Call for a Small Planet. The Worldwatch Environmental Alert Series. London: W. W. Norton & Company, 1995.

［24］Buck J. L. Land Utilization in China. London: Oxford University Press, 1937.

［25］Burton S. , King R. Land fragmentation and consolidation in Cyprus: a descriptive evaluation ［J］. Agricultural Administration, 1982, 11（3）: 183 – 200.

［26］Cai X. Small Scale Management and Transaction Costs. Current Economic Research, 2003, 1: 54 – 57.

［27］Carter M. R. and Y. Yao. Market versus administrative reallocation of land in a period of rapid industrialization. World Bank Policy Research Working Paper 2203, 1999.

［28］Carter M. R. Soil Quality for Sustainable Land Management: Organic Matter and Aggregation Interactions that Maintain Soil Functions. Agronomy Journal, 2002, 94: 38 – 47.

［29］Cassman K. G. , Harwood R. R. The Nature of Agricultural Systems: Food Security and Environmental Balance. Food Policy, 1995, 20: 439 – 454.

［30］CBS. Statistical pocket book Nepal 2000 ［M］. Katmandu Nepal Central Bureau of Statistics, 2000.

［31］Chao K. Man and Land in Chinese History: An Economic Analysis. Stanford, CA: Stanford University Press, 1986.

［32］Charlesworth N. The Origins of Fragmentation of Landholdings in British India: A Comparative Examination. Rural India. London: Carson Press, 1983.

［33］Chavas J. P. , Aliber M. An Analysis of Economic Efficiency in

Agriculture: a Nonparametric Approach. Journal of Agricultural and Resource Economics, 1993, 18 (1): 1 – 16.

[34] Chen F. , J. Davis and L. Wang Current in China's land reforms. Centre for Rural Studies. Working Paper No. 1/97. The Queen's University of Belfast, 1997.

[35] Chen A. Z. , Huffman W. E. , Rozelle S. Technical Efficiency of Chinese Grain Production: a Stochastic Production Frontier Approach. Paper presented at the American Agricultural Economics Association Annual Meeting, 2003.

[36] Chen H. Q. , Hou R. X. , Gong Y. S. et al. Effects of 11 Years of Conservation Tillage on Soil Organic Matter Fractions in Wheat Monoculture in Loess Plateau of China. Soil and Tillage Research, 2009, 106 (1): 85 – 94.

[37] Ciaian P. , Guri F. , Rajcaniova M. , Drabik D. , Paloma S. G. Land Fragmentation, Production Diversification, and Food Security: A Case Study from Rural Albania. International Conference of Agriculture Economics. No. 1008 – 2016 – 80183, 2015.

[38] Coelli T. , Perelman S. A Comparison of Parametric and Non-parametric Distance Functions: With Application to European Railways. European Journal of Operational Research, 1999, 117 (2): 326 – 339.

[39] Coelli T. , Rahman S. , Thirtle C. Technical, Allocative, Cost and Scale Efficiencies in Bangladesh Rice Cultivation: a Non-parametric Approach. Journal of Agricultural Economics, 2002, 53 (3): 607 – 626.

[40] Cungu A. , Swinnen J. F. M. Albania's Radical Agrarian Reform. Economic Development and Cultural Change, 1999, 47 (3): 605 – 619.

[41] Daryanto H. , Battese G. E. , Fleming E. M. Technical Efficien-

cies of Rice Farmers under Different Irrigation Systems and Cropping Seasons in Western Java [D]. England: University of New England, 2002.

[42] De Costa W. A., Sangakkara U. R. Agronomic Regeneration of Soil Fertility in Tropical Asian Smallholder Uplands for Sustainable Food Production. Journal of Agricultural Science, 2006, 144: 111 – 133.

[43] De Jager, Kariuki A., Mariri I. et al. Linking Nutrient Balances and Economic Performance in Three Districts in Kenya. Agriculture, Ecosystems and the Environment, 1998, 71: 81 – 92.

[44] Deininger K., Monchuk D., Nagarajan H. K., Singh S. K. Does land fragmentation increase the cost of cultivation? Evidence from India. The Journal of Development Studies, 2017, 53 (1): 82 – 98.

[45] Deininger K., Jin S. The Impact of Property Rights on Households' Investment, Risk Coping, and Policy Preferences: Evidence from China. Economic Development and Cultural Change, 2003, 51 (4): 851 – 882.

[46] Deininger K., Singh S., Xia F. Smallholders and Land Tenure in India: A Review of Evidence and Emerging Issues. World Development, 2017, 98: 138 – 148.

[47] Demetriou D., Stillwell J., See L. A New Methodology for Measuring Land Fragmentation [J]. Computers, Environment and Urban Systems, 2013, 39: 71 – 80.

[48] Di Falco S., Penov I., Aleksiev A. et al. Agrobiodiversity, Farm Profits and Land Fragmentation: Evidence from Bulgaria. Land Use Policy, 2010, 27 (3): 763 – 771.

[49] Dovring F. K. Land and labor in Europe in 1900 – 1950 [M]. The Hague: Martinus Nyhoff, 1960.

[50] Downing T. E. Partible Inheritance and Land Fragmentation in an

Oaxaca Village. Human Organization, 1977, 36 (3): 235 - 243.

[51] Edmonds R. L. Patterns of China's Lost Harmony: A Survey of the Country's Environmental Degradation and Protection [M]. London: Routledge, 1994.

[52] Eitzinger J. , Orlandini S. , Stefanski R. et al. Climate Change and Agriculture: Introductory Editorial. Journal of Agricultural Science, 2010, 148: 499 - 500.

[53] Elder J. Land Consolidation in an Indian Village: a Case Study of the Consolidation of Holdings Act in Uttar Pradesh. Economic Development and Cultural Change, 1962, 11 (1): 16 - 40.

[54] Fan S. , Chan - Kang C. Is Small Beautiful? Farm Size, Productivity, and Poverty in Asian Agriculture [J]. Agricultural Economics, 2005, 32: 135 - 146.

[55] Fan S. Effects of Technological Change and Institutional Reform on Production Growth in Chinese Agriculture. Journal of American Agricultural Economics, 1991, 73: 266 - 275.

[56] Fan S. and P. G. Pardey. Research, Productivity, and Output Growth in Chinese Agriculture. Journal of Development Economics, 1997, 53: 115 - 137.

[57] Farrell M. J. The Measurement of Productive Efficiency [J]. Journal of the Royal Statistical Society: Series A (General), 1957, 120 (3): 253 - 281.

[58] Feder G. , Onchan T. , Chalamwong Y. et al. Land Policies and Farm Productivity in Thailand [M]. Baltimore: The Johns Hopkins University Press, 1988.

[59] Feng L. , Ye J. P. , Jiang Y. et al. The Sequential Variation and

Regional Difference of Land Reallocation in Rural China: An Empirical Study based on a Survey in 17 Provinces from 1999 – 2010 (in Chinese). China Land Science, 2011, 25: 14 – 22.

[60] Fenoaltea S. Risk, Transaction Costs, and the Origin of Medieval Agriculture. Exploration in Economic History, 1976, 13: 129 – 151.

[61] Fenoaltea S. Risk, Transaction Costs and the Organization of Medieval Agriculture. Explorations in Economic History, 1992, 3 (2): 129 – 151.

[62] Fleisher C. M. and Y. Liu. Economies of Scale, Plot Size, Human Capital, and Productivity in Chinese Agriculture. Quarterly Review of Economics and Finance, 1992, 32 (3): 112 – 123.

[63] Foster A., Rosenzweig M. R. Barriers to Farm Profitability in India: Mechanization, Scale and Credit Markets [C]. Conference Agriculture for Development – Revisited, University of California, Berkeley, 2010.

[64] Francisco – J Ónega – López, Jose Antonio Puppim de Oliveira & Rafael Crecente – Maseda. Planning Innovations in Land Management and Governance in Fragmented Rural Areas: Two Examples from Galicia (Spain), European Planning Studies, 2010, 18: 5, 755 – 773.

[65] Fujimoto A. Malay Farmers Respond [M]. Tokyo University of Agriculture: World Planning Co., LTD, 1994.

[66] Gale F., B. Lohmar and F. Tuan. China's New Farm Subsidies. USDA Outlook WRS – 05 – 01. Washington, D. C.: United States Department of Agriculture (USDA), Economic Research Service, 2005.

[67] Gao L. L., Huang J. K., Rozelle S. Rental Markets for Cultivated Land and Agricultural Investments in China. Agricultural Economics, 2012, 43: 391 – 403.

［68］Ghazi Falah. Land Fragmentation and Spatial Control in the Nazareth Metropolitan Area ［J］. The Professional Geographer, 1992, 44（1）.

［69］Giovarelli R., Bledsoe D. L and Reform in Eastern Europe. Rural Development Institute Journal, 2001, 2（1）: 1 – 24.

［70］Gong Z. T., Zhang G. L., Chen Z. C. Pedogenesis and Soil Taxonomy ［M］. Beijing: China Science Press（in Chinese）, 2007.

［71］Gorton M. Agricultural Land Reform in Moldova. Land Use Policy, 2001, 18（3）: 269 – 279.

［72］Grandy A. S., Robertson G. P. Land Use Intensity Effects on Soil C Accumulation Rates and Mechanisms. Ecosystems, 2007, 10: 58 – 73.

［73］Greene W. H. The econometric approach to efficiency analysis ［M］. New York: Oxford University Press, 1993.

［74］Greenland D. J., Nabhan H. Soil fertility management in support of food security in sub – Saharan Africa ［M］. Food and Agriculture Organization of the United Nations, 2001.

［75］Grepperud S. The Impact of Policy on Farm Conservation Incentives in Developing Countries: What Can Be Learned from Theory? Quarterly Journal of International Agriculture, 1997, 36: 59 – 80.

［76］Guang H. Wan and Enjing Chen. Effects of land fragmentation and returns to scale in the Chinese farming sector. Applied Economics, 2001, 33: 183 – 194.

［77］Guo J. H., Liu X. J., Zhang Y. et al. Significant Acidification in Major Chinese Croplands. Science, 2010, 327（5978）: 1008 – 1010.

［78］Guo L. B., Gifford R. M. Soil Carbon Stocks and Land Use Change: a Meta Analysis. Global Change Biology, 2002, 8: 345 – 360.

［79］Hayami Y. and V. W. Ruttan. Agricultural Development: An

International Perspective. Baltimore MD: Johns Hopkins University Press, 1985.

[80] Hazarika J., Alwang J. Access to Credit, Plot Size and Cost Inefficiency among Smallholder Tobacco Cultivators in Malawi. Agricultural Economics, 2003, 29 (1): 99 – 109.

[81] Hazell P., Spence D., Gulati A. The Future of Agriculture in Sub – Saharan Africa and South Asia: W (h) ither the Small Farm? [M]. International Food Policy Research Institute, 2002.

[82] Heerink N., Kuyvenhoven A., Van Wijk M. S. Economic Policy Reforms and Sustainable Land Use in LDCs: Issues and Approaches [M]. Economic Policy and Sustainable Land Use: Recent Advances in Quantitative Analysis for Developing Countries, 2001.

[83] Heerink N. Population Growth, Income Distribution and Economic Development: Theory, Methodology and Empirical Results [M]. Berlin: Springer – Verlag, 1994.

[84] Heerink N. Soil Fertility Decline and Economic Policy Reform in Sub – Saharan Africa. Land Use Policy, 2005, 22: 67 – 74.

[85] Heston A. and D. Kumar. "The persistence of land fragmentation in peasant agriculture: An analysis of South Asian cases", Exploration in Economic History, 1983, 20: 199 – 220.

[86] Hou P. C., Xu X. D., Pan G. Influence of Land Use Change on Topsoil Organic Carbon Stock a Case Study of Wujiang Municipality (in Chinese with English summary). Journal of Nanjing Agricultural University, 2007, 32: 68 – 72.

[87] Hu W. Household Land Tenure Reform in China: Its Impact on Farming Land Use and Agro-environment. Land Use Policy, 1997, 14 (3):

175 – 186.

［88］ Huang J. Agricultural development, policy and food security in China ［M］. Wageningen: AB – DLO, 1997.

［89］ Huang C. , Liu J. Estimation of a Non – Neutral Stochastic Frontier Production Function. Journal of Productivity Analysis, 1994, 5 (2): 171 – 180.

［90］ Huang G. B. , Zhang R. Z. , Li G. D. et al. Productivity and Sustainability of a Spring Wheat – Field Pea Rotation in a Semi-arid Environment under Conventional and Conservation Tillage Systems. Field Crops Research, 2008, 107: 43 – 55.

［91］ Huang G. Q. Cropland Resources and the Sustainable Use of Jiangxi (in Chinese). Acta Agriculturae Jiangxi, 1999, 11: 48 – 53.

［92］ Hyodo S. Aspects of Land Consolidation in Japan ［M］. Madison: University of Wisconsin Press, 1963.

［93］ Ilbery B. W. Farm Fragmentation in the Vale of Evesham. Area, 1984, 16: 159 – 165.

［94］ IPCC. Climate Change: the Physical Science Basis: Contribution of Working Group I to the Fourth Assessment Report of the Intergovernmental Panel on Climate Change ［M］. Cambridge: Cambridge University Press, 2007.

［95］ Jabarin A. S. and F. M. Epplin. Impact of Land Fragmentation on the Cost of Production Wheat in the Rain-fed Region of Northern Jordan. Agricultural Economics, 1994, 11: 191 – 196.

［96］ Jiangxi Bureau of Land Management (JBLM). Soils of Jiangxi ［M］. Beijing: China Agricultural Science & Technology Publishing House (in Chinese), 1991.

334

［97］ Jing Liu, Xiaobin Jin, Weiyi Xu, Rui Sun, Bo Han, Xuhong Yang, Zhengming Gu, Cuilan Xu, Xueyan Sui, Yinkang Zhou. Influential Factors and Classification of Cultivated Land Fragmentation, and Implications for Future Land Consolidation: A Case Study of Jiangsu Province in Eastern China ［J］. Land Use Policy, 2019, 88 （C）.

［98］ Jondrow J. C. , Lovell C. A. , Materov I. S. On Estimation of Technical Inefficiency in the Stochastic Frontier Production Function Model. Journal of Econometrics, 1982, 19 （2 –3）: 233 –238.

［99］ Kalirajan K. P. , Shand R. , T. Estimating Location – Specific and Firm – Specific Technical Efficiency: an Analysis of Malaysian Agriculture. Journal of Economic Development, 1986, 11: 147 –160.

［100］ Katz E. G. Social Capital and Natural Capital: a Comparative Analysis of Land Tenure and Natural Resource Management in Guatemala. Land Economics, 2000, 76 （1）: 114 –132.

［101］ Kebede T. A. Farm Household Technical Efficiency: A Stochastic Frontier Analysis – A Study of Rice Producers in Mardi Watershed in the Western Development Region of Nepal ［D］. Norway: Agricultural University of Norway, 2001.

［102］ Kim K. B. , Barham B. L. , Coxhead, I. Measuring Soil Quality Dynamics: a Role for Economists, and Implications for Economic Analysis. Agricultural Economics, 2001, 25: 13 –26.

［103］ King R. Land Reform: A World Survey ［M］. Boulder: Westview Press, 1977.

［104］ Klaus D. , Daniel M. , Hari K. N. et al. Does land fragmentation increase the cost of cultivation? Evidence from India ［J］. The Journal of Development Studies, 2017, 53 （1）: 82 –98.

[105] Knippenberg E. , Jolliffe D. and Hoddinott J. Land Fragmentation and Food Insecurity in Ethiopia. American Journal of Agricultural Economics, 2020, 102 (5): 1557 – 1577.

[106] Kompas T. Market Reform, Productivity and Efficiency in Vietnamese Rice Production, 2002.

[107] Koning N. , Heerink N. , Kauffman S. Food Insecurity, Soil Degradation and Agricultural Markets in West Africa: Why Current Policy Approaches Fail. Oxford Development Studies, 2001, 29: 189 – 207.

[108] Kopp R. J. , Smith V. K. Frontier Production Function Estimates for Steam Electric Generation: a Comparative Analysis. Southern Economic Journal, 1980, 47 (4): 1049 – 1059.

[109] Kortelainen M. Dynamic Environmental Performance Analysis: A Malmquist Index Approach [J]. Ecological Economics, 2008, 64 (4): 701 – 715.

[110] Kovács E. , Osskó A. Is Land Consolidation Just a Dream in Hungary? Journal of Environmental Geography, 2004, 1 (2): 33 – 38.

[111] Krasachat W. Technical Efficiency of Rice Farms in Thailand: a Non-parametric Approach. Hawaii International Conference on Business, 2003.

[112] Kuiper M. and F. van Tongeren. Growing Together or Growing Apart? A Village Level Study of the Impact of the Doha Round on Rural China. Putting Development back into the Doha Agenda: Poverty Impacts of a WTO Agreement, Washington, D. C. : World Bank, 2005.

[113] Kuiper M. , N. Heerink, S. Tan, Q. Ren and X. Shi. Report of Village Selection for the Three Village Survey, Working Paper, Development Economics Group, Wageningen University, The Netherlands, 2001.

［114］ Kuiper M. Village Modeling – A Chinese Recipe for Blending General Equilibrium and Household Modeling ［D］. Wageningen: Wageningen University, 2005.

［115］ Kumbhakar S. C. , Tsionas E. G. , Sipiläinen T. Joint Estimation of Technology Choice and Technical Efficiency: An Application to Organic and Conventional Dairy Farming ［J］. Journal of Productivity Analysis, 2009, 31 (3): 151 – 161.

［116］ Kumbhakar S. C. Efficiency Estimation in a Profit Maximizing Model Using Flexible Production Function. Agricultural Economics, 1994, 10 (2): 143 – 152.

［117］ Kumbhakar S. C. The Measurement and Decomposition of Cost Efficiency: The Translog Cost System. Oxford Economic Paper, 1991, 43: 667 – 683.

［118］ Kung J. K. Egalitarianism, Subsistence Provision, and Work Incentives in China's Agricultural Collectives. World Development, 1994, 22 (2): 175 – 187.

［119］ Kung J. K. Common Property Rights and Land Reallocations in Rural China: Evidence from a Village Survey. World Development, 2000, 28 (4): 701 – 719.

［120］ Kuyvenhoven A. , Ruben R. , Kruseman G. Options for Sustainable Agricultural Systems and Policy Instruments to Reach Them ［M］. Dordrecht: Kluwer Academic Publishers, 1995.

［121］ Lafrance J. T. Do Increased Commodity Prices Lead to More or Less Soil Degradation? Australian Journal of Agricultural Economics, 1992, 36 (1): 57 – 82.

［122］ Lal R. Offsetting China's CO_2 Emissions by Soil Carbon Sequestration. Climatic Change, 2004, 65: 263 - 275.

[123] Lal R. Soil Carbon Sequestration Impacts on Global Climate Change and Food Security. Science, 2004, 304: 1623 - 1627.

[124] Lal R. Soil Carbon Sequestration in China Through Agricultural Intensification, and Restoration of Degraded and Desertifified Ecosystems. Land Degradation and Development, 2002, 13: 469 - 478.

[125] Laure L. , Laurent P. Does Land Fragmentation Affect Farm Performance? A Case Study from Brittany, France [J]. Agricultural Systems, 2014 (129): 68 - 80.

[126] Leibenstein H. Allocative efficiency vs. "X - efficiency" [J]. The American Economic Review, 1966: 392 - 415.

[127] Lewandrowski J. , Peters M. , Jones C. et al. Economics of Sequestering Carbon in the U. S. Agricultural Sector, 2004: 1 - 69.

[128] Li G. , Rozelle S. , Brandt L. Tenure, Land Rights, and Farmer Investment Incentives in China. Agricultural Economics, 1998, 19: 63 - 71.

[129] Li L. L. , Huang G. B. , Zhang R. Z. et al. Benefits of Conservation Agriculture on Soil and Water Conservation and Its Progress in China. Agricultural Sciences in China, 2001, 10 (6): 850 - 859.

[130] Liao Q. L. , Zhang X. H. , Li Z. P. et al. Increase in Soil Organic Carbon Stock over the Last Two Decades in China's Jiangsu Province. Global Change Biology, 2009, 15: 861 - 875.

[131] Lin J. Y. Rural reforms and agricultural growth in China [J]. The American economic review, 1992: 34 - 51.

[132] Lin Q. Sharing Ownership and Leasing Use: A Land Tenure Innovation Model for Sustainable Agricultural Development. In: Huang, Z.

(eds.) Sustainable Development and Eco-economics (in Chinese). Beijing: China Environmental Scientific Press, 2000.

[133] Lindert P. The Bad Earth? China's Soil and Agricultural Soils and Development since the 1930s. Economic Development and Cultural Change, 1999, 47 (4): 701 – 736.

[134] Liu S. Structure and its Changes in Farmland Collective Ownership of China [M]. Beijing: China Economic Press, 2000.

[135] Liu S. , Carter M. , Yao Y. Dimensions and Diversity of Property Rights in Rural China: Dilemmas on the Road to Further Reform. World Development, 1998, 26: 789 – 1806.

[136] Looga J. , Jürgenson E. , Sikk K. et al. Land Fragmentation and Other Determinants of Agricultural Farm Productivity: The Case of Estonia [J]. Land Use Policy 2018, 79: 285 – 292.

[137] Lusho S. and D. Papa. Land Fragmentation and Consolidation in Albania 11. Land Tenure Center Working Paper, No. 25, 1998.

[138] Magleby R. Agricultural Resources and Environmental Indicators: Soil Management and Conservation, 2002. http: //www. ers. usda. gov/publications/arei.

[139] Mandel E. Marxist Economic Theory [M]. New York: Monthly Review Press, 1970.

[140] Maunder A. and Renborg U. Agriculture in a Turbulent World Economy: Proceedings of the 19th International Conference of Agricultural Economists. Renborg, Gower Publishing Company, 1986: 703 – 716.

[141] McMillan J. , J. Whalley and L. Zhu. The impact of China's economic reforms on agricultural productivity growth. Journal of Political Econom-

ics, 1989, 97: 781 – 807.

[142] Mcpherson M. F. Land Fragmentation: A Selected Literature Review [J]. Harvard Institute for International Development, Development Discussion Paper, 1982: 4 – 8.

[143] McPherson M. F. Land Fragmentation in Agriculture: Adverse? Beneficial? And for Whom? Development Discussion Paper No. 145. Harvard Institute for International Development, Harvard University, 1983.

[144] Meeusen W. B. Efficiency Estimation from Cobb – Douglas Production Functions with Composed Error. International Economic Review, 1977, 18 (2): 435 – 444.

[145] Milne E. , Paustian K. , Easter M. et al. An Increased Understanding of Soil Organic Carbon Stocks and Changes in Non-temperate Areas: National and Global Implications. Agriculture, Ecosystems and Environment, 2007, 122: 125 – 136.

[146] Moreno F. , Murillo J. M. , Pelegrin F. et al. Longterm Impact of Conservation Tillage on Stratification Ratio of Soil Organic Carbon and Loss of Total and Active $CaCO_3$. Soil and Tillage Research, 2006, 85: 86 – 93.

[147] NACOC (National Agricultural Census Office of China) and FASC (Food and Agricultural Statistics Center, China) Abstract of the First National Agricultural Census in China. Beijing: China Statistics Press, 1999.

[148] Najafi B. and M. Bakhshoodeh. "The Effects of Land Fragmentation on the Efficiency of Iranian Farmers: A Case Study" . Journal of Agricultural Science and Technology, 1992, 1: 15 – 22.

[149] Najafi A. Land Consolidation as a Movement Toward Agricultural Productivity Promotion: Experience of the Islamic Republic of Iran. From

Impact of Land Utilization Systems on Agricultural Productivity: Report of the APO Seminar on Impact of Land Utilization Systems on Agricultural Productivity, Islamic Republic of Iran, 2003.

[150] National Agricultural Census Office of China (NACOC) and Food and Agricultural Statistics Census, China (FASC). Abstract of the first national agricultural census in China [M]. Beijing: China Agriculture Press (in Chinese), 1999.

[151] National Bureau of Statistics of China (NBS). China statistical yearbook 2003 [M]. Beijing: China Statistics Press, 2003.

[152] Nguyen T., E. Cheng and C. Findlay. Land fragmentation and farm productivity in China in the 1990s. China Economic Review, 1996, 7 (2): 169 - 180.

[153] Niroula G. S., Thapa G. B. Impacts and Causes of Land Fragmentation, and Lessons Learned From Land Consolidation in South Asia [J]. Land Use Policy, 2005, 22 (4): 358 - 372.

[154] Norton G. W., Alwang J. Introduction to economics of agricultural development [M]. Virginia Polytechnic Institute and State University: McGRAW - HILL, INC, 1993.

[155] Ntihinyurwa P. D. and de Vries W. T. Farmland Fragmentation and Defragmentation Nexus: Scoping the Causes, Impacts, and the Conditions Determining its Management Decisions. Ecological Indicators, 2020, 119, 106 - 828.

[156] Ogle S. M., Breidt F. J., Paustian K. Agricultural Management Impacts on Soil Organic Carbon Storage under Moist and Dry Climatic Conditions of Temperate and Tropical Regions. Biogeochemistry, 2005, 72: 87 - 121.

[157] Oldenburg P. Land Consolidation as Land Reform in India. World Development, 1990, 18 (2): 183 – 195.

[158] Olesen O. B., Petersen N. C., Lovell C. A. Efficiency and Frontier Analysis: Proceedings of a Research Workshop on State-of-the-art and Future Research in Efficiency Analysis. Journal of Productivity Analysis, 1996, 7 (2 – 3): 87 – 98.

[159] Omamo S. W., Williams J. C., Obare G. A. et al. Soil Fertility Management on Small Farms in Africa: Evidence from Nakuru District, Kenya. Food Policy, 2002, 27 (2): 159 – 170.

[160] Organization for Economic Cooperation and Development (OECD). Review of agricultural policies: China [M]. Paris: OECD (forthcoming), 2005.

[161] Osher L. J., Matson P. A., Amundson R. Effect of Land Use Change on Soil Carbon in Hawaii. Biogeochemistry, 2003, 65: 213 – 232.

[162] Oudendag D. A., Luesink H. H. The Manure Model: Manure, Minerals (N, P and K), Ammonia Emission, Heavy Metals and the Use of Fertilizer. Environmental Pollution, 1998, 102: 241 – 246.

[163] Ou – Yang J. L., Yu Z. R., Zhang F. R. The Study of the Change of Soil Quality and the Analysis of Farm Household Based on Eco-economy Zone (in Chinese with English summary). Acta Ecologica Sinica, 2003, 23: 1147 – 1155.

[164] Pacini C. G., Giesen A., Wossink L. et al. The EU's Agenda 2000 Reform and the Sustainability of Organic Farming in Tuscany: Ecological – Economic Modeling at Field and Farm Level. Agricultural Systems, 2004, 80: 171 – 197.

[165] Pajo M. The Restructuring of Estonian Agriculture [M]. Estoni-

an Ministry of Agriculture, 1994.

[166] Pan G. X., Li L. Q., Wu L. S. et al. Storage and Sequestration Potential of Topsoil Organic Carbon in China's Paddy Soils. Global Change Biology, 2004, 10: 79 –92.

[167] Pan G. X. Stock, Dynamics of Soil Organic Carbon of China and the Role in Climate Change Mitigation. Advance in Climate Change Research, 2009, 5: 11 –18.

[168] Papageorgiou E. Fragmentation of land holdings and measures for consolidation in Greece. In: Parsons, K. H., R. J. Penn and P. M. Raup (eds.) Land Tenure. Madison: University of Wisconsin Press, 1963.

[169] Parikh A., Shah K. Measurement of Technical Efficiency in the North – West Frontier Province of Pakistan. Journal of Agricultural Economics, 1994, 45 (1): 132 –138.

[170] Pattanayak S., Mercer D. E. Valuing Soil Conservation Benefits of Agroforestry: Contour Hedgerows in the Eastern Visayas, Philippines. Agricultural Economics, 1998, 18: 31 –46.

[171] Phan N. T., Lee J. – Y., Kien N. D. The Impact of Land Fragmentation in Rice Production on Household Food Insecurity in Vietnam. Sustainability, 2022, 14: 11 –162.

[172] Pierre Damien Ntihinyurwa, Walter Timo de Vries, Uchendu Eugene Chigbu, Patrick Acklam Dukwiyimpuhwe. The Positive Impacts of Farm Land Fragmentation in Rwanda, Land Use Policy, 2019, 81: 565 – 581.

[173] Place F., Masupayi R., Otsuka K. Tree and Cropland Management in Malawi [M]. Baltimore and London: The Johns Hopkins University Press, 2001.

［174］Prosterman，R. Land Tenure，Food Security and Rural Development in China. Development，2001，44（4）：79 – 84.

［175］Qin G. Y. , Tan S. H. Analysis of the Effects of Farmers' Risk Perception on Their Willingness of Land Transfer（in Chinese）. Journal of Northwest A&F University（Social Science Edition），2013，13：61 – 67.

［176］Qu F. N. , Heerink N. , Wang W. M. Land Administration Reform in China：Its Impact on Land Allocation and Economic Development. Land Use Policy，1995，12（3）：193 – 203.

［177］Rahman S. , Rahman M. Impact of land fragmentation and resource ownership on productivity and efficiency：The case of rice producers in Bangladesh［J］. Land Use Policy，2009，26（1）：95 – 103.

［178］Rahman S. Determinants of agricultural land rental market transactions in Bangladesh［J］. Land Use Policy，2010，27（3）：957 – 964.

［179］Rasul G. , Thapa G. B. The Impact of Policy and Institutional Environment on Costs and Benefits of Sustainable Agricultural Land Uses：The Case of the Chittagong Hill Tracts，Bangladesh. Environmental Management，2007，40（2）：272 – 283.

［180］Reinhard S. , Lovell C. A. K. , Thijssen G. J. Environmental Efficiency with Multiple Environmentally Detrimental Variables；Estimated with SFA and DEA［J］. European Journal of Operational Research，2000，121（2）：287 – 303.

［181］Rembold F. Land fragmentation and its impact in Central and Eastern European countries and the Commonwealth of independent states，2004.

［182］Rozelle S. , Veeck G. , Huang, J. The Impact of Environmental Degradation on Grain Production in China，1975 – 1990. Economic Geography，1997，73：44 – 66.

[183] Ruben R. , van den Berg M. , Tan S. Land Rights, Farmers' Investment, and Sustainable Land Use: Modeling Approaches and Empirical Evidence [M]. Heidelberg: Physica – Verlag, 2001.

[184] Rui W. Y. , Zhang W. J. Effect Size and Duration of Recommended Management Practices on Carbon Sequestration in Paddy Field in Yangtze Delta Plain of China: a Meta-analysis. Agriculture Ecosystems & Environment, 2010, 135: 199 – 205.

[185] Rusu M. "Land fragmentation and land consolidation in Romania", 2002.

[186] Sabates W. R. Consolidation Initiatives After Land Reform: Responses to Multiple Dimensions of Land Fragmentation in Eastern European Agriculture [J]. Journal of International Development, 2002, 14: 1005 – 1018.

[187] Sadoulet E. , A. de. Janvry. Quantitative Development Policy Analysis. Baltimore, MD: The Johns Hopkins University Press, 1995.

[188] Sah K. D. , Sarkari D. , Seal A. et al. Micro-level Planning for Optimum Land Use in a Coastal Area of West Bengal: a Case Study. Agropedology, 2010, 20: 19 – 29.

[189] Salasya B. D. Crop Production and Soil Nutrient Management: an Economic Analysis of Households in Western and Central Kenya [D]. The Netherlands: Wageningen University, 2005.

[190] Sanchez P. A. Soil Fertility and Hunger. Science, 2002, 295: 2019 – 2012.

[191] Schaltegger S. , Sturm A. Environmental Rationality [J]. Die Unternehmung, 1990, 44: 117 – 131.

[192] Scherr S. , Yadav S. Land Degradation in the Developing World:

Issues and Policy Options [M]. In: Pinstrup – Anderson P and Pandya – Lorch R, edites. , The Unfinished Agenda: Perspectives on Overcoming Hunger, Poverty, and Environmental Degradation. International Food Policy Research Institute, 2001: 133 – 138.

[193] Schultz T. W. The Economic Organization of Agriculture. New York: McGraw Hill, 1953.

[194] Sharma K. R. , Leung P. , Zaleski H. M. Productive Efficiency of the Swine Industry in Hawaii: Stochastic Frontier vs. Data Envelopment Analysis. Journal of Productivity Analysis, 1997, 8 (4): 447 – 459.

[195] Sherlund S. M. , Barrett C. B. , Adesina A. A. Smallholder Technical Efficiency Controlling for Environmental Production Conditions. Journal of Development Economics, 2002, 69: 85 – 101.

[196] Shiferaw B. , Holden S. T. Peasant Agriculture and Land Degradation in Ethiopia: Reflections on Constraints and Incentives for Soil Conservation and Food Security. Forum for Development Studies, 1997: 277 – 305.

[197] Simmons S. Land Fragmentation in Developing Countries: the Optimal Choice and Policy Implications. Explorations in Economic History, 1988, 25 (3): 254 – 262.

[198] Smith O. H. , Petersen G. W. , Needelman B. A. Environmental Indicators of Agro-ecosystems. Advances in Agronomy, 1999, 69: 75 – 97.

[199] Smith P. , Somogyi Z. , Trines E. et al. A Synopsis of Land Use, Land-use Change and Forestry (LULUCF) under the Kyoto Protocol and Marrakech Accords. Environmental Science and Policy, 2007, 10: 271 – 282.

[200] Smith P. , Trines E. Agricultural Measures for Mitigating Climate Change: Will the Barriers Prevent Any Benefits to Developing Countries? International Journal of Agricultural Sustainability, 2007, 4: 173 – 175.

[201] Smith P. Land Use Change and Soil Organic Carbon Dynamics. Nutrient Cycling in Agroecosystems, 2008, 81: 169 – 178.

[202] Soil Survey Office of Yujiang County (SSOYC). Soils of Yujiang County: a soil survey report [M]. Yujiang, Jiangxi: SSOYC (in Chinese), 1986.

[203] Soil Survey Staff, USDA (SSS – USDA). Soiltaxonomy: A Basic System of Soil Classification for Making and Interpreting Soil Surveys [M]. Natural Resources Conservation Service, USDA – ARS, 1999.

[204] Soltow L. Land Fragmentation as an Index of History in the Virginia Military District of Ohio. Explorations in Economic History, 1983, 20 (3): 263 – 273.

[205] Sombrero A. , de Benito A. Carbon Accumulation in Soil. Ten – Year Study of Conservation Tillage and Crop Rotation in a Semi – Area of Castile – Leon, Spain. Soil and Tillage Research, 2010, 107: 64 – 70.

[206] Song G. H. , Li L. Q. Pan G. X. et al. Topsoil Organic Carbon Storage of China and Its Loss by Cultivation. Biogeochemistry, 2005, 74: 47 – 62.

[207] Statistical Center of Iran. Iran Statistical Year Book 2016 – 2017 [M]. 2017.

[208] Stryker J. D. Population Denisity, Agricultural Technique, and Land Utilization in a Village Economy [J]. The American Economic Review, 1976, 66 (3): 347 – 358.

[209] Su X. , Wang X. Farmland Fragmentation and Grain Production: a Study of Laixi City of Shandong Province. China Rural Economy (in Chinese), 2002, 4: 22 – 28.

[210] Sui F. , Yang Y. , Zhao S. Labor Structure, Land Fragmenta-

tion, and Land – Use Efficiency from the Perspective of Mediation Effect: Based on a Survey of Garlic Growers in Lanling, China [J]. Land, 2022, 11 (6): 952.

［211］Sundqvist P. , Lisa A. A Study of the Impacts of Land Fragmentation on Agricultural Productivity in Northern Vietnam [J]. Department of Economics, 2006.

［212］Takahashi D. , Fujie T. and Senda T. Conditions for Collective Land Use by Community – Based Organizations: Case Study of Community Farming Enterprises in Japan. International Journal of the Commons, 2022, 16 (1): 209 – 224.

［213］Tan S. , Heerink N. , Kuyvenhoven A. and Qu F. Impact of Land Fragmentation on Rice Producers' Technical Efficiency in South – East China. NJAS – Wageningen Journal of Life Sciences, 2010, 57 (2): 117 – 123.

［214］Tan S. , N. Heerink and F. Qu. "Land Fragmentation and its driving forces in China", Land Use Policy, 2006, 23: 272 – 285.

［215］Tan S. , Heerink N. , Kruseman G. et al. Do Fragmented Landholdings Have Higher Production Costs? Evidence from Rice Farmers in Northeastern Jiangxi Province, P. R. China. China Economic Review, 2008, 19: 347 – 358.

［216］Tan S. F. , Qu X. H. , Heerink N. Institutions, Policies and Soil Degradation: Theoretical Examinations and Case Studies in Southeast China. Chinese Journal of Population, Resource and Environment, 2004, 2 (1): 14 – 21.

［217］Taylor T. G. , Shonkwiler J. S. Alternative Stochastic Specifications of the Frontier Production Function in the Analysis of Agricultural Credit

Programs and Technical Efficiency. Journal of Development Economics, 1986, 21: 149 – 160.

[218] Thampapillai D. J. , Anderson J. R. A Review of the Socio-economic Analysis of Soil Degradation Problems for Developed and Developing Countries. Review of Marketing and Agricultural Economics, 1994, 62 (3): 291 – 315.

[219] Thapa G. B. , Paudel G. S. Farmland Degradation in the Mountains of Nepal: a Study of Watersheds "with" and "without" External Intervention. Land Degradation & Development, 2002, 13 (6): 479 – 493.

[220] Thapa G. B. , Weber K. E. Managing Mountain Watersheds in Nepal: Issues and Policies. International Journal of Water Resources Development, 1994, 10 (4): 475 – 495.

[221] The United Nations Statistics Division (UNSD). UN statistical yearbook 2002 – 2004 [M]. 2004.

[222] Thiesenhusen, W. C. SriLanka: Strife, Development, and the Environment. Land Reform, Land Settlement & Cooperatives, 1990, 1 (2): 50 – 62.

[223] Thomas R. L. Modern econometrics: an introduction [M]. Chelmsford: Addison – Wesley Longman, 1997.

[224] Thomas, J. Property Rights, Land Fragmentation and the Emerging Structure of Agriculture in Central and Eastern European Countries. Ejade Electronic Journal of Agricultural & Development Economics, 2006, 3 (2): 225 – 275.

[225] Tittonell P. , Muriuki A. , Shepherd K. D. et al. The Diversity of Rural Livelihoods and Their Influence on Soil Fertility in Agricultural Systems of East Africa: a Typology of Smallholder Farms. Agricultural Systems,

2010, 103: 83 – 97.

[226] Tittonell P. , Vanlauwe B. , de Ridder N. et al. Heterogeneity of Crop Productivity and Resource Use Efficiency within Smallholder Kenyan Farms: Soil Fertility Gradients or Management Intensity Gradients? Agricultural Systems, 2007, 94: 376 – 390.

[227] Tu Q. , Bulte E. , Tan S. H. Religiosity and Economic Performance: Micro-econometric Evidence from Tibetan Area. China Economic Review, 2011, 22: 55 – 63.

[228] Udo R. K. Disintegration of Nucleated Settlement in Eastern Nigeria. Geographical Review, 1965, 55 (1): 53 – 67.

[229] United Nations Development Programme (Gambia). The Gambia human development report [M]. UNDP, 2003.

[230] Vermeer E. B. Egalitarianism and the Land Question in China: a Survey of Three Thousand Households in Industrializing Wuxi and Agricultural Baoding. China Information, 2004, 18: 107 – 140.

[231] Wadud M. A. , White. B. Farm Household Efficiency in Bangladesh: a Comparison of Stochastic Frontier and DEA Methods. Applied Economics, 2000, 32 (13): 1665 – 1673.

[232] Walker T. S. and J. G. Ryan Village and Household Economies in India's Semi-arid Tropics. Baltimore and London: The Johns Hopkins University Press, 1990.

[233] Wan G. H. , Cheng E. Effects of Land Fragmentation and Returns to Scale in the Chinese Farming Sector [J]. Applied Economics, 2001, 33 (2): 183 – 194.

[234] Wang Xue, LI Xiubin. Impacts of Land Fragmentation and Cropping System on the Productivity and Efficiency of Grain Producers in the North

China Plain: Taking Cangxian County of Hebei Province as an Example. J. Resour. Ecol, 2020, 11 (6): 580 - 588.

[235] Wang Y. , Li X. , Lu D. and Yan J. Evaluating the Impact of Land Fragmentation on the Cost of Agricultural Operation in the Southwest Mountainous Areas of China. Land Use Policy, 2020, 99: 105099.

[236] Wang C. J. , Pan G. X. , Tian Y. et al. Changes in Cropland Topsoil Organic Carbon with Different Fertilizations under Long - Term Agro-ecosystem Experiments across Mainland China. Science China: Life Sciences, 2010, 53: 858 - 867.

[237] Wen D. , Tang Y. , Zheng X. et al. Sustainable and Productive Agricultural Development in China. Agricultural Ecosystem and Environment, 1992, 39 (1 - 2): 55 - 70.

[238] World Bank. World Development Report 1978. New York: Oxford University Press, 1978.

[239] Wu Z. , Liu M. , Davis J. Consolidation and Productivity in Chinese Household Crop Production. China Economic Review, 2005, 16: 28 - 49.

[240] Xu Q. , Rui W. Y. , He H. et al. Characteristics and Regional Differences Soil Organic Carbon Density in Farmland under Different Land Use Patterns in China (in Chinese with English summary). Scientia Agricultura Sinica, 2006, 39: 2505 - 2510.

[241] Yan J. Land Contract System and Sustainable Farmland Use: an Empirical Analysis. China Rural Survey (in Chinese), 1998, 6: 11 - 15.

[242] Yang H. S. Resource Management, Soil Fertility and Sustainable Crop Production: Experiences of China. Agriculture, Ecosystems and Environment, 2006, 116: 27 - 33.

［243］Yang Z. To Further Ascertain Peasants' Land Use Rights. Agricultural Economic Problems（in Chinese），1995，2：48 - 52.

［244］Yao Y. Inducing Institutional Transition under the Decision - Making of Collective：a Case Study of the Evolution of Land Tenure Stability in Rural China. China Rural Survey（in Chinese），2000，2：11 - 19.

［245］Yao Y. The Development of the Land Lease Market in Rural China. Land Economics，2000，76（2）：252 - 266.

［246］Ye J. ，Prosterman L. ，Xu X. et al. Research on 30 Years Chinese Rural Land User-rights Investigation：Reults and Policy Suggestions from 17 Provinces. Management World（in Chinese），2000，2：163 - 172.

［247］Ye L. ，Ranst V. E. Production Scenarios and the Effect of Soil Degradation on Long - Term Food Security in China. Global Environmental Change，2009，19（4）：464 - 481.

［248］Yu H. ，Huang J. K. ，Rozelle S. ，Brandt L. ，Zhang L. X. Economic Research（in Chinese），2003，9：89 - 91.

［249］Yu H. Land Rights，Reform and the Evolution of China's Soil Resource［D］. Chinese Academy of Agricultural Sciences，2002.

［250］Yucer A. ，Demirtas M. ，Kalanlar S. et al. The Importance of Creating New Inheritance Policies and Laws that Reduce Agricultural Land Fragmentation and Its Negative Impacts in Turkey［J］. Land Use Policy，2016，（56）：1 - 7.

［251］Zhang L. X. ，Huang J. K. ，Rozelle S. et al. Land Policy and Land Use in China［C］. Organization Economic Cooperation & Development，1997：71 - 77.

［252］Zhang L. ，J. Huang and S. Rozelle. Land Policy and Land Use in China. Agricultural Polices in China，1997.

［253］ Zhang X. Dilemma of Chinese Rural Land Property Rights ［N］. Takungpao （in Chinese）, 2001 – 01 – 17.

［254］ Zhang L. China's Rice Economy and Policy: With Implications to WTO Entry. Workshop on Integrated Assessment of the WTO Agreement on Agriculture in the Rice Sector, 5 April 2002, Geneva, Switzerland.

［255］ Zhang L. , J. Huang and S. Rozelle. Land Policy and Land Use in China. Paper presented at OECD Conference on Agricultural Policies in China, Paris, 12 – 13 December 1996.

［256］ Zhang L. X. , Xu X. M. Farm Household Behaviour in Production under Different Policy Environment （in Chinese）. Journal of Agro – Technological Economy, 1996, 4: 27 – 32.

［257］ Zhang Q. , Li L. Q. , Pan G. X. et al. Dynamics of Topsoil Organic Carbon of Paddy Soils at Yixing over the Last 20 Years and the Driving Factors （in Chinese with English summary）. Quaternary Sciences, 2004, 24: 236 – 242.

［258］ Zhao Q. G. The Red Soil Material Cycling and Its Regulation ［M］. Beijing: China Science Press （in Chinese with English summary）, 2002.

［259］ Zhao Y. Land with Public Ownership and Private User Rights: Economic Analysis on Rural Land Institutions in China （in Chinese） ［M］. Shanghai: San Lian Book Store Publishing House, 2006.

［260］ Zhao H. Government Plans to Make Grain Crops Pay Better. China Daily, March 11, 2004.

［261］ Zhao H. Research Guarantees Adequate Rice Supplies. China Daily, October 5, 2004.

［262］ Zhen L. , Michael A. Z. , Chen G. B. et al. Sustainability of Farmers' Soil Fertility Management Practices: a Case Study in the North China Plain. Journal of Environmental Management, 2006, 79: 409 - 419.

［263］Zhou Z., Jin Q., Xiao H. et al. DEA Methods for Evaluating Non - Homogeneous DMUs Using Known Internal Structures ［J］. Available at SSRN 3342254, 2019.

［264］Zhou J. Land Consolidation in Japan and Other Rice-based Economies under Private Landownership in Monsoon Asia. Land Reform, 1998: 123 - 134.

［265］Zhou P., Zhang X. H., Pan G. X. Effects of Long-term Different Fertilizations on Total and Particular Organic Carbon and the Depth Distribution a Rice Soil from Tai Lake Region, Jiangsu, China (in Chinese with English summary). Plant Nutrition and Fertilizer Sciences, 2006, 12: 765 -771.

［266］Zhu D. Re-thinking on Extension of Land User Rights to Additional 30 Years. Agricultural Economic Problems (in Chinese), 2001, 1: 37 -41.

［267］Zhu L., Jiang, Z. From Brigade to Village Community: The Land Tenure System and Rural Development in China. Cambridge Journal of Economics, 1993, 17 (4): 441 -461.

［268］Zingore S., Murwira H. K., Delve R. J. et al. Influence of Nutrient Management Strategies on Variability of Soil Fertility, Crop Yields and Nutrient Balances on Smallholder Farms in Zimbabwe. Agriculture, Ecosystems and Environment, 2007, 119: 112 -126.

［269］Ziping W., Minquan L. and John D. Land Consolidation and Productivity in Chinese Household Crop Production ［J］. China Economic Review, 2005, 16: 28 -49.

后 记

很长时期以来,耕地细碎化一直是中国农业最主要的特征之一。自1999年1月入学荷兰瓦赫宁根大学社会科学系发展经济组攻读博士学位,选定耕地细碎化对水稻小农户生产行为及效果的影响为题进行研究以来,断断续续,关注这个领域的研究长达20余年。

近年来,随着农村劳动力的大量非农转移及农业机械的大范围采用,耕地虽然发生了大面积流转,但根据中国农村固定观察点的调查,农户层面的耕地细碎化程度并未得到实质性降低。2020年,户均经营的耕地依然高达5块以上,且耕地细碎化对农业生产的影响越发明显。高度细碎分散的耕地对旨在支持农村家庭收入、提高国内粮食产量和提高农业部门整体生产能力以应对国际竞争挑战的政策造成重大制约。

本书旨在基于原有研究,结合近年来的案例,以水稻为例,探讨耕地细碎化对中国粮食生产的影响,并进一步探讨如何促进耕地细碎化治理,创新农业知识体系,以提高我国粮食安全保障。研究得益于诸多的帮助,包括:"中(国)—荷(兰)"科技战略联盟SERENA项目、科技部"十三五""稻作区土壤培肥与丰产增效耕作技术"(项目批准号:2016YFD0300905)项目"复合种养田培肥与丰产增效耕作模式"课题的经费资助,以上两个项目的团队及被访谈农户的大力支持。在此向给予帮助和支持项目开展与数据收集的所有人员表示感谢!

本书的内容部分基于本人早前的博士论文研究,部分基于作者后来的创作，还有一些章节为与他人的合作研究。具体为：导言基于和谭仲春合作的成果，原文发表于《中国经济社会论坛》（2015 年第 6 期）。第 1 章绪论和最后一章的耕地细碎化治理的部分内容，是在几位在读的硕士研究生王若琰、叶子龙、杜宇芬、张歆煦和左莉琳的帮助下完成的，包括查阅农村固定观察点的相关数据、整理 2000 年以来中国耕地细碎化趋势、整理一些国家的土地细碎化文献、查阅并梳理欧盟的耕地细碎化状况及清理参考文献等。第 2 章为博士论文研究的主体部分。第 3 章的"耕地细碎化的成因"基于和曲福田及尼可·希里克（Nico Heerink）的合作，原文发表于《中国农村观察》（2003 年第 6 期）；"耕地细碎化的成本"和"耕地细碎化与土壤肥力管理"为本人独立创作，分别发表于《农业技术经济》（2011 年第 4 期）和 *Journal of Integrative Agriculture*，2014：13（11）；"耕地细碎化对耕层土壤质量的影响"基于本人设计和主持的调研和采样，和冯淑怡及潘根兴等的合作成果，原文发表于 *Journal of Agricultural Science*，2011：149。第 4 章基于本人主持课题资助的三位硕士研究生韩宜宁、王晓飞和刘青的部分毕业论文。第 5 章的"耕地细碎化治理的一个案例：冬闲田的规模化经营"和"创新农业知识体系，提高粮食安全保障"，原文分别发表于《农业经济问题》（2010 年第 5 期）和《中州学刊》（2014 年第 7 期）（和谭仲春合作）。

以上收录于本书与他人合作的内容，皆征得了主要合作者的同意。感谢各位合作者的支持！文责自负，书中的不妥之处由本人负责。恳请读者批评指正！

谭淑豪

2023 年 12 月 10 日

于中国人民大学明德主楼